Rosemary Low

Papageien
sind einfach anders

Eigenheiten verstehen
und Verhaltensprobleme lösen

Aus dem Englischen von Claudia Ade

Ulmer

Inhalt

Einleitung

Meine Freundin Irene fuhr mit Max, ihrem Gelbbrustara, den sie in einer Plastikbox trug, durch London. Sie mussten dabei auch die U-Bahn benutzen. Max verhielt sich ruhig, bis die Bahn die Station Baker Street erreichte. Dort stieg ein Mann ein und fragte mit lauter Stimme: „Fährt die Bahn zur Liverpool Street?" Blitzschnell gab Max genau so laut zur Antwort: „Ganz recht!" Die Fahrgäste brachen in schallendes Gelächter aus. Einem Mädchen rannen vor Lachen sogar die Tränen aus den Augen, so dass ihr die Wimperntusche über das Gesicht lief.

Während der übrigen Fahrt präsentierte Max seine Lieblingssprüche wie ‚Was gibt's zum Essen?' und ‚Wie geht es Ihnen?'. Den Fragen folgte jeweils ein hysterisches Gelächter. Er versuchte sogar, eines der wenigen Lieder, die er beherrschte, zum Besten zu geben. Er war so aufgeregt darüber, im Mittelpunkt zu stehen, dass er sein gesamtes Repertoire darbot. Als Irene ausstieg, bekam Max einen Riesenapplaus. Wie man weiß, ist es nicht einfach, Fahrgäste der Londoner U-Bahn aus der Reserve zu locken und sie für Dinge in ihrer Umgebung zu begeistern. Aber Menschen können sich der Faszination von Papageien einfach nicht entziehen.

Ihre Farbenpracht, die aufmerksamen Augen, ihr Nachahmungstalent und ihre drolligen Eigenheiten. Papageien verzaubern durch ihre Schönheit und Intelligenz. Der Wunsch nach einem Papagei kann nach einer einzigen Begegnung aufkommen – wie diese in der U-Bahn.

In Wirklichkeit ist jedoch nicht alles eitel Freude! Als Besitzer eines Papageies hat man Verantwortung wie für einen Menschen, man muss immer daran arbeiten, dass alles funktioniert. Papageien sind von Natur aus nicht dazu gemacht, in Häusern zu leben. Sie sind laut und destruktiv und leiden wahrscheinlich mehr als jedes andere Haustier darunter, wenn sie in einer eintönigen Umgebung gehalten werden. Damit sie sich wohl fühlen, brauchen sie eine konstante Beziehung entweder mit einem Menschen oder mit einem anderen Papagei. Die Haltung eines Papageis erfordert um einiges mehr als das Halten einer Katze oder eines Hundes. Dass viele Besitzer hier kläglich versagen, zeigt sich darin, dass es immer mehr Aufnahmestationen für Papageien gibt. Diese Heime sind voll federrupfender, mit Phobien beladener Papageien, deren frühere Besitzer sich keine Gedanken über ihre emotionalen Bedürfnisse gemacht haben.

Anders als viele Vögel gehen die meisten Papageienarten sehr starke Paarbindungen ein. In Menschenobhut, wo sie keine Artgenossen um sich haben, übertragen sie ihre Zuneigung auf einen Menschen – jedoch nur, wenn sich dieser in die Persönlichkeit und Bedürfnisse des Papageis einfühlen kann. Ganz anders als ein Hund gibt der Papagei seine Freundschaft nicht bedingungslos. Aber hat man das Herz eines Papageien gewonnen, dann ist er ein Freund fürs Leben. Ich weiß, wovon ich spreche.

Während ich diese Zeilen schreibe, lebt meine Surinam-Amazone Lito nun schon seit 33 Jahren bei mir. Sie wird in diesem Buch noch öfter auftauchen, deshalb will ich noch einiges über sie erzählen. Sie schlüpfte in den Wäldern Mittel- oder Südamerikas, wahrscheinlich an der Grenze zwischen Kolumbien und Panama. Höchstwahrscheinlich wurde sie als ganz junger Vogel aus dem Nest genommen (vielleicht nachdem der Baum gefällt worden war) und von Einheimischen mit der Hand aufgezogen. Sie lebte einige Jahre bei einer Familie, lange genug, um ein paar Brocken spanisch zu sprechen. Die Familie kümmerte sich bestimmt gut um sie, denn ihr Verhalten heute zeigt, dass ihre frühen Jahre glücklich waren.

Eines Tages kam ein Mann in den Ort, der Vögel und andere Tiere kaufte (damals wurden kaum Papageien in Menschenobhut gezüchtet). Er bot für Lito eine verlockend hohe Geldsumme, von der sich die Familie mehrere Tage ernähren konnte. Also wurde Lito verkauft. Zusammen mit anderen Papageien wurde sie mit dem Schiff zu einem Sammellager gebracht, das mit schmutzigen Käfigen überfüllt war und das Futter hauptsächlich aus Bananen und Reis bestand. Nach einigen Tagen wurde sie an einen anderen Ort gebracht und dann in einer Holzkiste nach England verfrachtet.

Das war in den 60er Jahren des vergangenen Jahrhunderts, lange bevor es in Großbritannien Quarantänebestimmungen für importierte Tiere gab. Ein Händler holte die Tiere vom Flughafen ab und verkaufte sie so schnell wie möglich weiter – eventuell an andere Händler. An diesem Tag im März 1967 wurden Lito und eine Reihe weiterer Papageien (vorwiegend Amazonen) gerade vom Flughafen abgeholt. Einige Leute sahen interessiert zu, wie der Händler die Kisten öffnete und als Erstes Lito selbstbewusst heraus spazierte. Eine dieser Zuschauerinnen war sich in dem Moment klar darüber, dass Lito ihr gehören würde.

Sie ist immer noch bei mir, eine unbezahlbare Gefährtin. Sie hat mir viel über das Zusammenleben mit einem Papageien beigebracht. Ich hoffe, ich kann einiges davon an Sie weitergeben und Ihnen damit helfen, mindestens 33 Jahre oder länger mit einem Papagei glücklich zu leben.

1
Das Verhalten von Papageien

■ Wodurch wird das Verhalten beeinflusst?

Viele Papageienhalter sind sich nicht bewusst, wie viele verschiedene Faktoren das Verhalten ihres Tieres beeinflussen. Anders als Finken oder Kanarienvögel sind Papageien emotional sehr komplexe Lebewesen. Sie besitzen außerdem ein ausgezeichnetes Gedächtnis. Diese beiden Eigenschaften sind der Grund dafür, dass sich Erlebnisse in der Vergangenheit auf ihr Verhalten tief gehend auswirken können. Die meisten Papageien sind Schwarmvögel – doch in den letzten Jahren wurden viele von ihnen für den Tiermarkt mit der Hand aufgezogen und von frühester Jugend an ohne die Möglichkeit, jemals Artgenossen kennen zu lernen. Emotional gesehen kann dies Spuren fürs ganze Leben hinterlassen, besonders dann, wenn sie zu früh entwöhnt worden sind. Gesundheit und Ernährung sind weitere Faktoren, die das Verhalten beeinflussen können. Und – wie bei uns Menschen – spielen auch die Wesenseigenschaften jedes einzelnen Tieres eine Rolle dabei, wie es sich verhält. Auch das emotionale Umfeld wirkt sich darauf aus. Diese einzelnen Aspekte sollen hier näher betrachtet werden.

Persönlichkeit und Verhalten des Besitzers

Beides hat haben einen sehr starken Einfluss auf das Verhalten des Papageien. Es gibt Menschen, die sich besser nie einem Papageien nähern sollten, geschweige denn einen besitzen. Dazu gehören Personen, die laut sind und dadurch bedrohlich wirken.

Vögel bevorzugen Menschen, die ruhig und sanft sind, in ihren Bewegungen und in ihrer Art. Meist sind solche Personen von Natur aus empfindsamer gegenüber anderen Lebewesen.

Es gibt Leute, die sich weder für Tiere noch die Natur interessieren und dennoch einen Papageien halten. Sie haben sich einen Papageien aus den falschen Gründen angeschafft: weil sie es gerade als modisch empfinden oder weil sie mit einem Ara auf der Schulter mehr auffallen. Wenn eine natürliche Zuneigung zu Vögeln nicht vorhanden ist, dann spürt ein Papagei das. Die größeren Papageien sind außergewöhnlich sensible Tiere. Im Gegensatz zu Hunden verehren Papageien ihren Besitzer nicht automatisch. Es kann sogar sein, dass sie eine starke Abneigung gegenüber einem Menschen empfinden, wenn dieser keinen Bezug zu Vögeln hat. Dasselbe kann passieren, wenn der Papagei einem Menschen begegnet, der zwar Papageien liebt, der ihn aber unglücklicherweise an eine Person erinnert, die ihn nicht mit der entsprechenden Einfühlsamkeit behandelt hat. Es kann lange dauern, bis diese Erinnerungen gelöscht sind – vielleicht gelingt es auch nie. Manche menschlichen Verhaltensweisen – wie schnelle Bewegungen und laute Stimmen – können ja abgelegt werden. Auch Kinder sollten darauf achten.

Überraschenderweise gibt es Menschen, die sich vor ihren Papageien fürchten. Ja, diese großen Schnäbel können jemanden ernsthaft verletzen. Aber intelligente und einfühlsame Halter werden fast nie gebissen, sobald eine enge Bindung zwischen ihnen und dem Papagei besteht. Papageien können die Angst eines Menschen fühlen oder an den zögernden Bewegungen, mit denen ihnen jemand die Hand zum Daraufsitzen anbietet, erkennen. Während einem jungen, von Menschen aufgezogenen Papageien dies wahrscheinlich noch nicht auffällt, wird einer, der Erfahrung mit Menschen hat, sehr wohl darauf reagieren.

So wie der Papagei merkt, wenn eine Person nervös oder schlecht gelaunt ist, so sollte auch der Besitzer lernen, die Stimmungen seines Papageis zu erkennen. Menschen können anderen ihren eignenen Gemütszustand durch eine hochentwickelte und komplexe Sprache mitteilen. Vögel können das natürlich nicht, aber wenn wir eine bestimmte Papageienart genau beobachten, dann verstehen wir ihre Stimmungen und Lautäußerungen. Wenn wir mit einem Vogel zusammenleben, dann verstehen wir ihn mit der Zeit immer besser. Wir sollten auch davon ausgehen, dass Vögel versuchen, sich mit uns zu verständigen, dass die meisten von uns sie aber nicht verstehen.

Es gibt Zeiten, in denen ein Papagei allein sein möchte. Die aggressiveren Arten können dann sogar beißen, wenn man dann versucht, sich mit ihnen abzugeben. Graupapageien gehören zu den am wenigsten aggressiven Arten. Beim Umgang untereinander tritt aggressives Verhalten bei ihnen selten auf. Wenn ein Graupapagei zu einer bestimmten Zeit keine menschliche Zuwendung möchte, dann wird er eher einen Finger fest mit seinem Schnabel umschließen, aber nicht beißen. Aber er wird beißen, wenn diese Warnung ignoriert wurde und vor allem auch aus Angst wird er beißen.

Ihre eigene Reaktionen auf ein bestimmtes Verhalten Ihres Papageien bestimmt natürlich wiederum dessen Verhalten. Wenn Sie zum Beispiel ärgerlich zurückschreien, wenn der Papagei schreit, dann wird dieser das als Bestätigung empfinden und beim nächsten Mal umso mehr schreien. Wenn Sie jedoch sein Schreien völlig ignorieren, nicht einmal in seine Richtung schauen, dann haben Sie nichts getan, das diese Angewohnheit verstärken würde. Er hat durch das Schreien Ihre Aufmerksamkeit nicht bekommen und er wird es mit der Zeit aufgeben. In diesem Fall sind wir davon ausgegangen, dass der Papagei durch sein Geschrei die Aufmerksamkeit auf sich lenken wollte. Das ist auch meistens der Fall. Wenn er aber aus irgendeinem anderen Grund schreit, wird das Ignorieren nicht helfen.

Stimmungsschwankungen des Besitzers

Seien Sie sich dessen bewusst, dass Ihre eigene Stimmungslage das Verhalten Ihres Papageien grundlegend beeinflussen kann. Dies gilt vor allem, wenn Sie sich über ihn ärgern. Sie werden das Tier nicht dadurch beeindrucken, dass Sie ihren Ärger an ihm auslassen, im Gegenteil, das macht alles nur viel schlimmer.

Bericht eines Papageienhalters: „Denken Sie an das letzte Mal, als Sie mit schlechter Laune nach Hause kamen. War da Ihr Graupapagei nicht gleich ein wenig schwieriger im Umgang? Hat er sich nicht geweigert, aus dem Käfig zu kommen? Hat er Sie in den Finger gezwickt und mehr Futter als sonst auf dem Boden verstreut? Hat er mehr nervtötende Schreie von sich gegeben als sonst? Stress ist für uns schlimm genug, für unsere Graupapageien ist er aber pures Gift. Deshalb spiegeln Graupapageien unsere eigene Stimmungen wider. Sind Sie zornig oder nervös, dann steigt die Wahrscheinlichkeit, dass Ihr Graupapagei darauf reagiert, indem er „schwierig" wird (entweder er beißt Sie oder er zerbeißt sein Gefieder)." (Zadalis, 1996)

Ellen Zadalis schlägt vor, dass wir uns selbst genau beobachten und versuchen sollten, unser Stressverhalten abzubauen. Wir sollten wir uns entspannen und unseren Kopf frei machen. Sie selbst tut das, indem sie sich das Lied „ What a wonderful world" von Louis Armstrong anhört.

Ein Beispiel wie Vögel auf schlechte Laune reagieren, ist Folgendes: Meine

Loris in den Außenvolieren werden nachts in die Innenräume gesperrt. Zwei Paare wollen manchmal nicht gern ins Haus gehen. Ich muss für jedes Paar eine separate Taktik anwenden. Wenn ich mich über die Sammetloris ärgere, weil sie nicht hinein wollen, wird das Männchen immer schwieriger, gelegentlich sogar aggressiv. Wenn sie bereits drinnen waren und dann in die Außenvoliere flogen, weil sie mich sahen oder kommen hörten, dann hatte ich Probleme, sie wieder dazu zu bewegen, nach Drinnen zu gehen. Ich löste das Problem, indem ich sie ignorierte und in den Innenräumen einige Dinge erledigte. Daraufhin kamen sie herein, um zu sehen, was ich da gerade machte und ich konnte zur Außenvoliere laufen und den Durchschlupf schließen. Der Trick war, die Konfrontation zu vermeiden, die darin bestand, dass ich die Voliere betrat.

Ein junges Paar von Stella-Papualoris reagierte ganz anders. Sie hatten sich immer gut benommen und waren sofort in die Innenvoliere geflogen, sobald ich kam, um sie einzuschließen. Dann begannen sie mich herauszufordern: Sie wollten nicht mehr ins Haus und ich musste sie jagen – mehr Stress für mich als für sie. Sie sind vollkommen zahm und furchtlos. Am dritten Abend holte ich das Fangnetz und fing das Männchen damit ein, um es nach Innen zu bringen. Das passte ihm nicht. Die meisten Papageien mögen keine Netze. An den darauf folgenden Abenden nahm ich das Netz mit. Ich brauchte es nur zu zeigen und sie flogen sofort ins Innengehege. Diese List hätte bei dem Sammetlori-Männchen nicht funktioniert. Der Anblick des Netzes hätte ihn aggressiv gemacht.

Diese Begebenheiten sollen zeigen, dass es Möglichkeiten gibt, um Konfrontationen zu vermeiden. Gehen Sie weg, wenn Sie merken, dass Sie sich zu ärgern beginnen.

Gesundheit und Ernährung

Ernährungsbedingte Mängel bei Papageien sind häufig. Sie können Auswirkungen auf das Verhalten haben. Ein Papagei kann beispielsweise an einer leichten, aber nicht unmittelbar lebensbedrohlichen bakteriellen Infektion leiden. Oder er kann todkrank sein und bis einige Tage vor seinem Tod keine äußeren Symptome zeigen. In beiden Fällen kann sich sein Verhalten durch das Unwohlsein oder durch Schmerzen ändern. Schmerzen können auch ein Grund dafür sein, dass er sich die Federn ausrupft.

Kein Faktor beeinflusst die Gesundheit eines Vogels und damit die Lebenserwartung mehr als die Ernährung. Aber die Wahl des Futters ist keinesfalls leicht. Gibt man bestimmten Arten die falsche Körnermischung, so riskiert man unter Umständen lebensbedrohliche Mangelzustände, vor allem von Vitamin A, die beispielsweise Schnupfen verursachen können (*siehe* Niesen).

Graupapageien sind besonders anfällig für Kalziummangel, wenn man sie mit Körnern ernährt. (Manchmal werden bei der Behandlung von Graupapageien Kortisonpräparate eingesetzt. Denken Sie daran, dass dies eine Kalziumunterversorgung im Blut nach sich ziehen kann). Krampfanfälle und ein früher Tod sind die Folge, wenn nicht behandelt wird. Als Alternative kann man Pellets füttern, die ausreichend Kalzium und Grundnährstoffe enthalten. Die Hersteller sprechen von „Vollnahrung". Aber Vollnahrung für welche Arten? Es werden über 200 Papageienarten in Menschenobhut gehalten. In der Natur nehmen nicht einmal zwei Arten das gleiche Futter zu sich. Kein industiell hergestelltes Futter kann daher die Bedingungen für so viele Arten mit solch unterschiedlichen Nahrungsanforderungen erfüllen.

Besitzer von Papageien- und Sittichmutationen sollten darüber Bescheid wissen, dass sich der Stoffwechsel dieser Vögel von dem natürlich gefärbter Papageien unterscheiden kann. Pelletiertes Futter kann Nebenwirkungen für diese Vögel haben. Anscheinend werden die in handelsüblichem Futter enthaltenen Mengen an Vitamin D3, Kalzium und Phosphor von gewissen Mutationen bei Nymphensittichen und Sperlingspapageien nicht gut vertragen.

Die Gesundheit hat einen viel größeren Einfluss auf das Papageienverhalten, als den meisten Besitzern klar ist. Auch das Ausrupfen der Federn beispielsweise ist oft die Folge bakterieller Infektionen, Schmerzen und Allergien.

Handaufzucht

Wenn man sich einen von Hand aufgezogenen Papageien kauft, geht man davon aus, dass er leicht umgänglich, zahm und freundlich ist. Die Handaufzucht macht Papageien aber nicht automatisch zu liebenswürdigen Hausgenossen. Die Art der Handaufzucht und der Entwöhnung kann einen tief gehenden und langfristigen Effekt auf das Verhalten haben. Selbst die Fütterungsmethode kann entscheidend sein. Besonders umsichtige Züchter und solche, die nur relativ wenige Vögel aufziehen, verwenden dazu einen Löffel. Dies ist die natürlichste Methode, weil sie der Art am nächsten kommt, wie ein Elternvogel in freier Natur sein Junges füttert. Auch für die Jungen ist es die beste Vorgehensweise, weil sie aufhören können zu fressen, wenn sie satt sind. Das Füttern mit der Spritze direkt in den Schnabel ist die zweitbeste Methode. Beides ist sehr zeitaufwändig, doch der Züchter kann eine Bindung zu den Jungpapageien aufbauen, die ihnen bei ihren späteren Besitzern zugute kommt. Eine Fütterung mit der Spritze in den Kropf geht natürlich viel schneller und wird dort durchgeführt, wo viele Vögel von Hand aufgezogen werden. Dies muss eine gute Beziehung zwischen Mensch und Papagei in diesem frühen Stadium jedoch nicht ausschließen, wenn der Züchter bereit ist, jedem Jungvogel ein wenig extra Zeit zu widmen.

Es gibt noch eine weitere Fütterungsmethode: die Ernährung mit der Kropfsonde. Eine Sonde ist ein Metallröhrchen, mit dessen Hilfe Medikamente verabreicht werden. Es muss sehr unangenehm sein, wenn ein harter Gegenstand durch die Kehle in den Kropf hinunter geschoben wird. Diese Methode sollte meiner Meinung nach bei der Handaufzucht niemals verwendet werden. Der Halter eines durch Sondenernährung aufgezogenen Papageien berichtete, wie der junge Papagei jedes Mal zu Tode erschrak, wenn sich jemand mit einem Gegenstand in der Hand näherte. Er hasste die Fütterungszeiten. Nach sechs Monaten fasste er mehr Vertrauen, weil sein neuer Besitzer ihm nicht gewaltsam den Schnabel öffnete und ein Metallröhrchen durch den Schlund schob.

Ein weiterer Faktor, der das Verhalten von Hand aufgezogener Papageien beeinflussen kann ist, ob es zwischen Züchter und Endbesitzer noch einen Mittelsmann gegeben hat. Dieser Mittelsmann ist meistens der Besitzer einer Zoohandlung. Meist hat das Personal in einem solchen Geschäft nicht viel Ahnung, wie man frisch entwöhnte Papageien richtig füttert und behandelt, manchmal ist auch einfach zu wenig Personal da, das mit den Tieren genug Zeit verbringt. Die Jungpapageien können unter Ernährungsmängeln und Vernachlässigung leiden. In diesem wichtigen Lebensabschnitt würde das zu schweren Verhaltensstörungen führen. Wird ein von Hand aufgezogener Papagei nach der Entwöhnung einige Wochen lang in einem Zoogeschäft falsch behandelt, dann kann der Umgang mit ihm schwierig werden. Bestimmte Arten verlieren sogar ihre Zutraulichkeit. Erwirbt man einen Papageien aus einer Zoohandlung, dann sollte man immer darum bitten, ihn anfassen zu dürfen. Wird einem dies verweigert, dann sollte man äußerst misstrauisch sein.

9

Hohes Alter

Das Verhalten eines jungen Papageis, Wellen- oder Nymphensittichs, der von Hand aufgezogen wurde, unterscheidet sich stark von dem eines erwachsenen Vogels. Es verwundert immer wieder, dass viele Menschen beim Anblick eines niedlichen, jungen Kakadus oder einer Baby-Amazone davon ausgehen, dass dieser Vogel für den Rest seines Lebens so bleiben wird. In unserer Welt der harten Realität wäre es hier angebracht, dieser Person außer dem Jungvogel ein fünfjähriges Exemplar derselben Art zu zeigen und sie dann zu fragen: „Schaffen Sie es auch, mit einem solchen ausgewachsenen Tier klar zu kommen?"

Nach ihrer Entwöhnung sind Papageien der am häufigsten gehaltenen Arten anhänglich, freundlich, ruhig und umgänglich. Doch dieser Zustand hält nicht lange an. Die meisten werden bald aufmüpfig, laut, fangen an zu zwicken und werden unkooperativ. Deshalb ist es so wichtig, schon beim Jungvogel mit der Erziehung zu beginnen.

Wie bei uns Menschen, kann sich höheres Alter auch auf das Verhalten auswirken. Alte Vögel sind weniger aktiv und manchmal schlecht gelaunt, wenn man sich mit ihnen beschäftigt. Fast alle älteren Papageien leiden an Arthritis in den Füßen und deshalb sollte man vorsichtig mit ihnen umgehen. Sie können sich nur schlecht auf der Sitzstange halten und nachts herunter fallen. Die Sitzstange sollte dann im Käfig weit unten angebracht sein. Eine vertikale, leiterähnliche Anordnung von Sitzstangen kann helfen, diese nächtlichen Stürze zu vermeiden. Die Arthritis kann sich auch auf die Flügel auswirken, so dass der Vogel nicht mehr nach oben fliegen kann. Sehr alte Papageien leiden oft an grauem Star. Sie sehen schlecht, so dass man besondere Vorsicht walten lassen muss, wenn sie außerhalb des Käfigs sind.

Umgebung

Der Ort, an dem der Käfig zu Hause aufgestellt wird, kann für die Gesundheit und das Wohlbefinden des Papageien eine große Rolle spielen. Er muss sich sicher fühlen. Der Käfig sollte sich daher in einer Ecke oder in einer Nische befinden. Auf keinen Fall sollte der Käfig von allen Seiten zugänglich sein. Auch die Höhe des Käfigs ist von Bedeutung. Der Papagei sollte sich auf Augenhöhe oder knapp darunter befinden. Ist seine Position höher als die der Menschen, gibt ihm dies einen höheren Status. In der Natur nehmen sich die dominanten Vögeln die höchsten Sitzplätze. Wenn der Papagei erhöht sitzt, wird er schwieriger im Umgang sein. Andererseits darf der Käfig niemals so aufgestellt werden, dass sich der Kopf des Papageien unterhalb der Taillenhöhe der Menschen befindet. Viele Vögel fühlen sich unsicher, wenn sie ständig auf einer niedrigen Sitzstange aufhalten müssen. In der Natur wären sie damit eine leichtes Opfer für Beutegreifer. Eine solche Position kann zu einem Mangel an Selbstbewusstsein führen. In diesem Fall verhält sich der Papagei ruhig und ahmt keine Laute nach (*siehe* auch Dominantes Verhalten).

Vermeiden sie Plätze in der Nähe eines Fernsehers oder Computer-Bildschirms. Das flimmernde Licht wirkt sehr störend. Diese Geräte senden außerdem Frequenzen aus, die sich auf das Wohlbefinden des Vogels negativ auswirken können. Dies könnte sein Verhalten nachhaltig beeinflussen und ihn träge und schläfrig machen. Besonders für Jungvögel ist es sehr wichtig, dass sie ausreichend Schlaf bekommen. und nicht durch Licht und Geräusche gestört werden.

Viele Papageienhalter wollen nicht wahrhaben, dass sich ein kleiner Käfig negativ auf das Verhalten eines großen Papageien auswirkt. Bei nervösen Papageien und aggressiven Kakadus oder bei Wildfängen zeigt sich ein deutlicher Rückgang der Aggressionen oder in ihrem generell unfreundlichen Verhalten, wenn man sie, nachdem sie in einem kleinen Käfig gehalten worden waren, in eine kleine (oder große) Voliere setzt. Die großen Aras brauchen über sich viel Raum und fühlen sich wesentlich wohler, wenn der Abstand vom Kopf bis zur Käfigdecke mindestens 60 cm beträgt.

Einfluss von Farben

Ein Aspekt, der selten beachtet wird ist, dass Farben negative Auswirkungen haben können. Dies gilt sowohl für die Farbe der Wände in der Umgebung des Käfigs, als auch für die Farben der Kleider der Personen in der Nähe der Vögel.

In der Natur kommen leuchtende Farben in zusammenhängenden Flächen sehr selten vor: Papageien sehen die verschiedenen Brauntöne der Bäume, die hundert Schattierungen von Grün mit hellen Abstufungen, die von Licht und Schatten unterbrochen werden und die roten und orangefarbenen Tupfer der Blüten. Die leuchtendsten Farben für sie sind die in ihrem eigenen Gefieder. Hart weiß gestrichene Wände und schlimmer, großflächig angebrachte, leuchtende Farben schaffen eine „kalte", unnatürliche Umgebung. Dies bedeutet großen Stress, zumindest am Anfang, für Wildfänge oder Papageien aus Freiflugvolieren.

Die bei weitem schlimmste Farbe, die ein Mensch in der Nähe der Vögel tragen kann, ist Hellrot. Wenn sich diese Farbe bewegt (an einer Person), kann ein Vogel in Panik geraten und sterben. Eines Tages rief mich ein Freund an, der ein Paar Himalaya-Glanzfasane hielt – prächtige Vögel mit irisierendem Gefieder. Er war sehr aufgebracht über die Tragödie, die sich bei ihm zugetragen hatte: Sein Freund wollte am Abend die Fasane einsperren, als das Männchen in Panik geriet, gegen die Wand flog und das Genick brach. Was war geschehen? Der Vorgang war der gleiche wie jeden Abend gewesen, doch dieses eine Mal hatte sein Freund eine hellrote Jacke getragen.

In der Natur steht Rot für Gefahr. Die sonst braun gefärbten Männchen einer Chamäleonart werden leuchtend orangerot, bevor sie anfangen, mit einem anderen Männchen zu kämpfen. Ich trage nie rote Kleidung, wenn ich mit Vögeln zusammen bin. Na ja, fast nie. Einmal besaß ich einen hellroten Pullover, über den ich jedoch immer eine Jacke zog, wenn ich mich den Vogelgehegen näherte. Eines Tages war es sehr warm, so dass ich völlig gedankenlos die Jacke auszog. Als ich im Gehege der Sammetloris die Nektarschüssel entfernen wollte, wurde ich von dem Männchen gebissen. Es war eine tiefe Bisswunde – wie mit einer Rasierklinge geschnitten (Loris haben sehr scharfe Schnäbel). Plötzlich wusste ich auch den Grund dafür: Ich trug nicht nur ein rotes Kleidungsstück, sondern hatte dieses auch noch vor einem Papageien hin- und her bewegt, der vorwiegend schwarz ist. Bei Bedrohung spreizt er seine Flügel ab, damit die hellrote Unterseite sichtbar wird. Für diese Art stellt einfarbiges Rot die größte Bedrohung dar – und flößt auch vielen anderen Furcht ein.

Vögel nehmen Farben intensiver wahr als wir Menschen. Sie sind auch in der Lage, ultraviolette Strahlen zu sehen. Dr. Rosina Sonnenschmidt, die auf ganzheitliche Behandlungsmethoden bei Papageien spezialisiert ist, beschreibt, wie sie sie nennt, die drei lebenswichtigen Farben für Vögel: Grün, Blau und Gold. Sitzt man an einem sonnigen Tag unter einem Baum und betrachtet den Himmel, dann sind dies die Farben, die man wahrnimmt (wobei die goldgelbe Farbe durch Licht entsteht, das sich in ständiger Bewegung befindet). Sie glaubt, dass Blau für das Wohlbefinden der intelligenten Papageien extrem wichtig ist. Sie schlägt vor, dass wenn einem Papageien das Sprechen beigebracht wird, dies höchstens eine Viertelstunde lang am Tag geschehen und der Vogel während dieser Zeit von blauem Licht umgeben sein sollte. Vögel, die durch Schock oder übermäßigen Stress ihre Stimme verloren hatten, begannen wieder, Laute von sich zu geben, sobald sie in blaues Licht gesetzt wurden (Sonnenschmidt, 1996a).

Emotionales Umfeld

In seinem Buch *Why does my dog...?* schreibt John Fisher Folgendes: „Zweifellos werden unsere Haustiere unbewusst zum Ausgleich für den Stress und die Belastungen des Alltags unbewusst." Dies gilt auch für Papageien, vor allem jetzt, wo man von Hand aufgezogene Jungvögel ganz leicht erwerben kann. In Anzeigen werden diese Vögel oft als „verschmust" beschrieben und ziehen einen anderen Typ von Mensch an, der sich normalerweise keinen Papageien anschaffen würde (*siehe* Verschmust).

Früher hielt man sich Papageien und andere Vögel aus einem einzigen Grund: Man freute sich an ihrer Gesellschaft. Intelligentere Tierarten wie die Papageien wissen instinktiv, ob eine Person, der eigene Besitzer oder jemand anderes, sich zu ihnen hingezogen fühlt, weil er Vögel liebt, respektiert und bewundert. Heute werden Papageien leider oft nur gehalten, weil sie wie bestimmte Reptilien – Leguane oder Rieseschlangen – gerade „in" sind. Andere besitzen Papageien nur aus kommerziellen Gründen. Manche Besitzer können mit Vögeln oder Tieren allgemein überhaupt nichts oder nur wenig anfangen und haben keine Ahnung, wie sich in ihrer Gegenwart verhalten sollen. Wenn eine solche Person schreit oder große, fremdartige Gegenstände in die Nähe des Papagienkäfigs oder die Voliere bewegt, dann ist sie nicht sensibel und nachdenklich genug, um sich klar zu machen, wie viel Furcht dies beim Vogel auslöst. Solch ein Vogel kann ständig unter Stress und Anspannung stehen. Es ist dann kein Wunder, wenn sich solche Papageien nicht zähmen lassen (wenn sie nicht von Hand aufgezogen wurden) und auch keine Anstalten machen, zu sprechen. In der Obhut einer einfühlsamen, aufmerksamen

Person, die sich in das Gemüt eines Papageien hineinversetzen kann, wäre der gleiche Vogel ein glücklicher, lebhafter und lieber Begleiter.

Dr. Rosina Sonnenschmidt weiß auch aus ihrer eigenen Praxis, wie sehr ein Papageienbesitzer unbewusst Einfluss auf das psychologische Wohlbefinden seines Vogels nehmen kann. Sie schrieb: „Wenn jemand mit mir über seinen schwierigen Papageien spricht, dann versuche ich, in einem Gespräch herauszufinden, welche persönlichen psychischen Probleme dieser Person auf den Papageien projiziert werden. Es ist unglaublich, wie präzise Heimtiere auf unser Denken oder genauer, unsere Einstellung reagieren. Herrscht eine positive oder eine negative Grundeinstellung vor?

Selbst wenn sich ein Besitzer damit rechtfertigt, dass es nicht sein Fehler sei, der Vogel schon schwierig war, als er zu ihm kam, so müssen wir uns doch fragen, warum manche Menschen scheinbar immer von den schwierigen Vögel angezogen werden!"

Ein Papagei, der zu einer sensibleren Art gehört und dessen Besitzer ständig unter Stress steht, kann auf Dauer darunter leiden. Pamela Clark schrieb über Graupapageien:

„...unsere Graupapageien fühlen die ‚Energie' unserer Emotionen. Sie nehmen nicht nur ihre Art wahr (Wut, Trauer, Stress, Freude, Vertrauen), sondern auch gegen wen sie gerichtet sind. Stimmen unser Ausdruck und Tonfall nicht mit der Bedeutung der Emotion überein, die der Vogel fühlt, dann erzeugt dies bei ihm Verwirrung. Wenn wir unter chronischem Stress stehen, werden unsere Graupapageien das fühlen, auch wenn wir uns noch so bemühen, zu lächeln und liebevoll und heiter zu wirken. Sie merken, dass 'etwas nicht stimmt', aber sie haben nicht die Fähigkeit, dies in irgendeine Art von Zusammenhang zu bringen. Wenn ein Papagei in der Natur ein solches Signal von einem Mitglied seines Schwarms empfängt, herrscht höchste Alarmstufe, es kann unmittelbare Lebensgefahr bestehen.

Die Folge davon ist ein Heimtier, das sich ständig unwohl oder unsicher fühlt. Das sicherlich am wenigsten geeignete Zuhause für einen Graupapageien ist eines, in dem die 'Schwarmmitglieder' nur mit sich selbst beschäftigt sind und sich – außer dass sie ihm Nahrung und jeden Abend etwas Alibi-Beschäftigungszeit geben – keine Gedanken über die Bedürfnisse eines Papageien machen. Graupapageien brauchen eine emotionale Bindung an uns Menschen so nötig, dass eine Zuhause wie oben beschriebene beinahe als tierquälerisch bezeichnet werden kann, selbst wenn die körperlichen Bedürfnisse des Vogels erfüllt werden. Unter solchen Lebensumständen entwickeln sich häufig Symptome des Sich-nicht-wohl-Fühlens wie Federn kauen, nervös an den Füßen picken oder beißen." (Clark, 2000)

Es besteht keinen Zweifel darüber, dass Papageien manche unserer Gefühle deuten können. Die Besitzerin eines Weißbürzelloris hatte große Probleme mit dem Vogel, weil ihr Ehemann ihn nicht mochte und sie ihn deshalb in den oberen Teil des Hauses verbannt hatte. Der unglückliche Lori wurde sehr aggressiv, zweifellos aus Mangel an Zuwendung und Beschäftigung. Die Halterin erzählte mir, dass der Lori, wenn er wütend auf sie war, mit dem Ausspruch „Halt den Mund!" reagierte. Der Lori hatte ganz klar den gegen ihn gerichteten Ärger verstanden, wenn sie zu ihm gesagt hatte, er solle den Mund halten, und seinen Ärger dann bei der entsprechenden Gelegenheit auf seine Besitzerin zurück geworfen.

Bindungen unter Papageien

Der Besitzer eines einzelnen Papageien macht sich sicherlich weniger Gedanken über die Komplexität der Beziehungen, die zwischen den Papageien in einem Schwarm oder einer Familiengruppe existieren, verglichen mit einem Besitzer, der seine Vögel in der Voliere pflegt.

Für mich gehört dies in der Papageienhaltung zu den interessantesten Erscheinungen überhaupt. Diejenigen, die sich die Zeit nehmen zu beobachten, werden Vorkommnisse und Geschichten erleben, die fast so spannend sind wie die Seifenopern im Fernsehen. Da die meisten Papageien in Freiflugvolieren paarweise und nicht im Schwarm gehalten werden, gibt es für die meisten Halter nur wenig Gelegenheit, diese faszinierende Seite der Papageien kennen zu lernen. Doch auch ihr Familienleben sorgt für Überraschungen.

Ein Beispiel: Ein Paar Stella-Papualoris zog sein erstes Junges groß. Es war ein Männchen. Nachdem es das Nest verlassen hatte, übertrug der Papageienvater seine ganze Zuneigung vom Weibchen auf das junge Männchen. Stundenlang verbrachten sie gemeinsam auf dem Boden des Geheges mit Ringkämpfen. Das Weibchen wollte mitmachen, flog immer wieder zu den beiden hin, aber sie wollten sie nicht mitspielen lassen. Aus menschlicher Sicht könnte man dieses Verhalten ansehen als: „typisch Männer". Während der Ruhezeit saßen die beiden Männchen nebeneinander und pflegten sich gegenseitig das Gefieder. Das Weibchen wurde von allem ausgeschlossen und durfte auch nur als Letzte fressen – obwohl mehrere Näpfe zur Verfügung standen. Wenn die Männchen sehr aufgeregt waren, kam es vor, dass das eine vor dem anderen balzte (was man jedoch nicht als Homosexualität interpretieren sollte).

Wenn man sich die Zeit nimmt und beobachtet, wie Papageien miteinander umgehen, lassen sich leicht Parallelen zu menschlichem Verhalten ziehen. Dies gilt wahrscheinlich für die Mehrzahl der intelligenteren Vogelarten, für den menschlichen Beobachter sind die Verhaltensweisen der Papageien aber am leichtesten zu verstehen. Das ist neben allen anderen Gründen mit ein Grund, warum Kakadus, Aras und Amazonen so liebenswerte Heimtiere sind: Sie scheinen das Herz am rechten Fleck zu tragen.

Sozialisierung

Es ist sehr wichtig, dass der Papagei in das Alltagsgeschehen so weit wie möglich mit einbezogen wird. Die Menschen seiner Umgebung sind Mitglieder seiner Sippe. Papageien sind soziale Lebewesen, die in der Natur mit vielen Schwarmgefährten – nicht nur mit dem eignen Partner – in Wechselbeziehungen stehen. Kümmern sich nicht alle Familienmitglieder um den Papagei, dann schließt er sich übermäßig der Person an, die ihn versorgt. Das kann natürlich immer passieren, man sollte aber versuchen, es von Anfang an zu vermeiden. Es hat viele Vorteile: Wenn die Hauptbezugsperson einmal nicht da sein sollte, kann der Papagei die gleiche Lebensqualität genießen, aus dem Käfig genommen werden und sich im Haus frei bewegen. Im Idealfall müsste ein junger, von Hand aufgezogener Papagei von allen Familienmitgliedern (außer kleinen oder unzuverlässigen Kindern) versorgt werden können und zu allen eine Bindung haben. Um dies zu erreichen, muss jedes Familienmitglied täglich einige Minuten lang mit dem Papageien verbringen, und zwar am besten nicht in dem Zimmer, in dem sein Käfig steht.

Der Ort spielt dabei eine wichtige Rolle, weil Papageien anfangs in einer fremden Umgebung weniger Selbstvertrauen haben. Dadurch wird die Bindung an die jeweilige Person gestärkt, weil der Ort zwar fremd, die Person jedoch vertraut ist. Nach einer Weile wird der Vogel natürlich auch mit dem Ort vertraut werden, doch bis dahin hat sich die Freundschaft zwischen Papagei und Mensch schon entwickelt.

Das hat doppelten Nutzen. Wenn jedes Familienmitglied den Papageien täglich einige Minuten lang mit auf sein Zimmer nimmt (das Tier darf jedoch nicht geärgert werden), dann wird der Tagesablauf des Vogels interessanter, er sieht nicht immer das Gleiche, sein Horizont erweitert sich und er wird sich in einer fremden Umgebung ausgeglichener verhalten. In jedem Zimmer sollte sich eine Sitzstange befinden, so dass man den Papageien nicht ständig auf der Hand halten muss, sondern allerlei andere Dinge tun kann.

Geschlecht

Das Geschlecht eines Papageien wirkt sich auch auf seine Persönlichkeit und sein Verhalten aus. Je nach Art können sowohl die Männchen als auch die Weibchen anhänglicher sein. So ist es bekannt, dass sich männliche Wellensittiche besser als Heimtiere eignen als die Weibchen – eine Erfahrung, die ich aus meiner Teenagerzeit nur bestätigen kann. Die Weibchen sind unabhängiger und weniger anhänglich. Bei Papageien, bei denen die Weibchen besonders dominant sind, wie bei einigen Arten von Unzertrennlichen und Edelpapageien, gilt dies ebenso. Bei Graupapageien spielt das Geschlecht kaum eine Rolle, außer dass die Männchen hormonbedingt für kurze Zeit etwas schwierig sein können. Bei Amazonen und Rotsteißpapageien sind meiner Meinung nach die Weibchen umgänglicher. Bei einigen Loris, vor allem den größeren *Chalcopsitta*-Arten (zu denen auch der Schwarzlori [*C. atra*] zählt) sind die Weibchen viel anhänglicher (wenn sie zahm sind) als die Männchen.

Herkunft

Heute werden relativ wenige Wildfänge nach England importiert. In die USA dürfen normalerweise überhaupt keine mehr eingeführt werden – abgesehen von Ausnahmen, wenn wenige Exemplare von Züchtervereinigungen eingeführt werden oder einzelne als Heimtiere gehaltene Vögel, die in Quarantäne müssen, weil ihre Besitzer den Wohnort in die USA verlegt haben. Trotzdem werden dort aber immer noch Wildfänge illegal über die mexikanische Grenze geschmuggelt (meist Aras und Amazonen).

In Europa ging die Zahl der angebotenen Wildfänge durch ein Verbot, beziehungsweise eine Einschränkung des Imports bestimmter Papageienarten deutlich zurück. Laut offizieller Angaben wurden 1988 noch 43.132 der Natur entnommene Papageien nach England importiert. Bis zum Jahr 1997 war die Zahl auf 5.500 (darunter 302 Graupapageien) gesunken. Leider stellen diese Zahlen nur die halbe Wahrheit dar. Neue Gesetze ermöglichen die Einfuhr von Vögeln aus Belgien (und zwar ohne Quarantäne) nach Großbritannien, wenn sie ein tierärztliches Gesundheitszeugnis besitzen. (Im Normalfall ist für alle Papageien, die nach England importiert werden, ein Quarantäneaufenthalt von 35 Tagen vorgesehen). Erwartungsgemäß wurde die Einfuhr über Belgien missbraucht. Wie viele der zahlreichen, der Natur entnommenen Graupapageien, die 1998 zum Kauf angeboten wurden, über Belgien ins Land kamen (wahrscheinlich mit Gesundheitszeugnis) und wie viele über den offiziellen Weg, ist unbekannt.

In England sind viele Menschen der Meinung, es würden keine Wildfänge mehr zum Verkauf angeboten. Das ist aber leider nicht wahr. Für den Käufer ist es wichtig, dass er zwischen Wildfängen und in menschlicher Obhut aufgewachsenen Vögeln unterscheiden kann, weil die Herkunft eine große Auswirkung auf Verhalten, Gesundheit und Lebenserwartung hat. Es ist traurig, dass ein großer Anteil der gefangenen Papageien schon wenige Wochen nach der Einfuhr stirbt. Wenn viele gefangene Vögel, die schon unter schrecklichem Stress leiden, zum Transport zusammengepfercht werden, dann können Krankheiten grassieren.

Im Jahr 1999 sagte mir ein Mann am Telefon, er habe mit einem Freund zusammen von einem Vogelhändler auf einer Vogelausstellung 19 Grau- bzw. Mohrenkopfpapageien erworben. Jetzt – nach acht Wochen – waren bereits 16 von ihnen tot. Ich hatte großes Mitleid mit den Vögeln. Wenn Papageien zu niedrigen Preisen angeboten werden, kann man davon ausgehen, dass es sich um Naturentnahmen handelt. Von Hand aufgezogene afrikanische Papageien kosten meist doppelt so viel wie importierte Vögel.

Moralisch gesehen ist es falsch, einen Handel zu unterstützen, der mit so viel Leid und Tod verbunden ist: Wie kann der Käufer also wissen, ob es sich um einen Wildfang oder um einen gezüchteten Vogel handelt? Zuerst einmal sollte man sich als Käufer die Mühe machen, einen Züchter ausfindig zu machen und keinen Vogel unbekannter Herkunft auf einer Ausstellung erwerben. Zweitens müssen Züchter ihre Jungvögel kennzeichnen, verantwortungsvolle Züchter tun dies mit einem geschlossenen Ring. Auf diesen Ringen sind meist die Züchternummer und das Geburtsjahr eingeprägt. In Deutschland ist die Beringung aller Psittaciden (Papageienvögel) vom Gesetzgeber und aus veterinärrechtlichen Gründen vorgeschrieben. Dies gilt auch für Naturentnahmen, dann ist der Ring allerdings immer offen! Zum Dritten sagt der Preis einiges aus. Vor allem aber geben Verhalten und Alter des Papageien wertvolle Hinweise.

Frisch gefangene, erwachsene Graupapageien fürchten sich vor Menschen: Wenn man sich ihnen nähert, dann schreien sie, springen auf den Käfigboden und versuchen, ihren Kopf in einer Ecke zu verstecken. Das Alter lässt sich an der Augenfarbe ablesen: gelblich bei älteren Jungvögeln und kräftig hellgelb bei Altvögeln. Bei Jungtieren ist die Iris grau. Ein gefangener Jungpapagei ist meist zähmbar (wenn er überlebt hat!) – viel hängt jedoch davon ab, wie viel er bereits durch Menschenhand hat erleiden müssen.

Viele dieser gestressten Graupapageien werden dann an arglose Menschen verkauft, denen man weismacht, dass sich das Verhalten der Vögel schon bessern würde, wenn sie sich an ihr neues Zuhause gewöhnt hätten. Doch das ist leider nur selten (wenn überhaupt) der Fall. Manche Besitzer bemühen sich monatelang vergeblich, solche Papageien zu zähmen und geben sie dann wieder an

15

Zoohandlungen ab, wo alles wieder von vorne beginnt. Ein anständiger Händler würde einen solchen Papageien nur an einen Züchter weiter verkaufen oder an jemand, der ihn in einer großen Voliere mit Artgenossen hält. Doch leider gibt es immer wieder Menschen, für die nur der Profit zählt. Das Wohl der Vögel spielt dabei keine Rolle.

Neulich erzählte mir eine Bekannte, sie habe Graupapageien bei sich aufgenommen, der einige Monate zuvor als „Schreier" erworben worden war. Der Käufer hatte den Rat erhalten, das Tier in einem kleinen Käfig zu halten, damit es sich beruhige. Natürlich wurde dadurch der Stress für den Vogel noch größer. Er krächzte und schrie vor Angst, so dass sich bereits die Nachbarn beschwerten und der Mann gezwungen war, sich nach einem neuen Zuhause für den Vogel umzuschauen. Er sah ein, dass es ein Fehler war, den Vogel zu kaufen, doch der Händler habe ihm davon abgeraten, einen Papageien aus einer Handaufzucht zu kaufen, weil diese Tiere meist nach zwei Wochen stürben. Alles was der Händler ihm erzählt hatte, war kompletter Unsinn. Ich kenne diese Sorte von Menschen und kann mich nur wundern, dass es immer wieder Leute gibt, die auf sie hereinfallen. Wenn sich der Mann vor dem Kauf nur etwas informiert hätte, dann hätte er wenigstens darauf geachtet, dass die Augenfarbe des Tieres grau war, was auf einen jungen Papageien hindeutet.

Bei frisch gefangenen Graupapageien treten häufig Krankheiten wie Aspergillose und Salmonellose auf (Aspergillose ist eine Erkrankung der Atemwege, bei der die Tiere nur keuchend atmen können – *siehe* auch Keuchender Atem). Beide Erkrankungen verlaufen meist tödlich. Viele der erkrankten Tiere sehen zwar beim Kauf gesund aus, sind aber todkrank und sterben wenige Wochen später. Die meisten Besitzer halten „Neuankömmlinge" nicht separat von ihren anderen Vögeln, so dass sich Infektionskrankhei-

ten wie eine Chlamydien- (Papageienkrankheit) oder Salmonelleninfektion auf die anderen Vögel übertragen – mit tödlichem Ausgang.

Kaum eine andere Papageienart ist von Natur aus sensibler und nervöser als die Graupapageien. Buchstäblich von ihrem Baum gezerrt zu werden (viele der unglücklichen Tiere werden mit Hilfe von Klebstoff eingefangen), aus ihrer gewohnten Umgebung gerissen, oft mit abgeschnittenen Schwungfedern irgendwo verwahrt und dann mit anderen verängstigten Vögeln zusammen in Kisten verpackt zu werden, ist so ziemlich die schlimmste Qual, die ich mir für einen Graupapageien vorstellen kann. Es ist ein Wunder, dass überhaupt einer der älteren Vögel dabei überlebt (die jüngeren sind widerstandsfähiger).

Manche dieser Vögel werden in der Brutsaison eingefangen und lassen ihre Jungen im Nest zurück, die dann verhungern müssen. Wenn ein solcher Vogel den Transport überlebt, dann dauert es auf alle Fälle mehrere Jahre, bis er die schrecklichen Ereignisse vergessen hat, mancher vergisst sie es vielleicht nie. Es gibt Wildfänge, die sich vor Stöcken oder ähnlichen Gegenständen fürchten (wie Besen mit langem Stiel). Andere fürchten sich ihr Leben lang vor Menschen. Wir wissen nicht, was sie erlebt haben. Ich kann nur jedem Besitzer eines gefangenen Papageien (vor allem Graupapageien) nahe legen, nie die Vergangenheit des Vogels außer Acht zu lassen. Wenn es Ihnen mit viel Liebe und Geduld gelingt, sein Vertrauen zu gewinnen, so müssen Sie doch darauf vorbereitet sein, dass jede unüberlegte Handlung Erinnerungen in ihm wachrufen kann und er sich danach Federn ausrupft oder eine andere Verhaltensstörung zeigt.

Mit wild gefangenen Papageien muss man völlig anders umgehen als mit gezüchteten Vögeln. In England werden immer noch viele Venezuela-Amazonen aus Guyana importiert. Da ihr Preis relativ niedrig ist, werden diese Vögel von Menschen gekauft, die sich einen von Hand aufgezogenen Papageien, der doppelt so viel kostet, nicht leisten können. In einem Artikel einer Vogelfachzeitschrift wird beschrieben, wie eine Leserin in einem Garten-Center einen Papageien erstand. Der Papagei (sein Name war Gunner) war alles andere als billig und konnte anscheinend sprechen (was nicht zutraf). Sie kaufte ihn aus Mitleid. Der Vogel zitterte vor Angst, wenn sich ihm jemand näherte.

Gunners neue Besitzerin war sich darüber im Klaren, dass sie sehr viel Zeit und Geduld brauchen würde, um sein Vertrauen zu gewinnen. Nach einem Monat verließ der Vogel immer noch nicht den Käfig und verhielt sich aggressiv. Im zweiten Monat nahm er Futter aus der Hand an, wollte aber den Käfig noch nicht verlassen. Die Lösung kam in Gestalt eines neuen, großen Käfigs, der sich oben öffnen ließ. Der Papagei verließ nun seinen Käfig und setzte sich auf eine Stange. Das hatte nur eine Woche gedauert. Nach sechs Monaten kam er selbstständig aus dem Käfig heraus und ließ sich auf der Sitzstange in der Wohnung herumtragen. Damit konnte er auch aus dem Käfig geholt oder wieder hineingesetzt werden. Er krächzte jedoch noch immer jeden Menschen an – mit Ausnahme seiner Wohltäterin.

Der Durchbruch kam nach einem Jahr: Gunner erlaubte seiner Besitzerin, dass sie ihn am Kopf kraulte. Danach hielt er ihr immer den Kopf hin, wenn sie am Käfig vorüber ging. Eines Tages, als die Frau gerade ein Stück Kuchen aß, flog Gunner zu ihr hin (das allererste Mal!), nahm sich von dem Kuchen und flog damit in den Käfig zurück. Dies wurde zur Gewohnheit, so dass man neben dem Stuhl eine Sitzstange platzierte, die er nun immer anfliegen konnte.

Nach drei Jahren krächzte der Papagei keine Frau mehr an, hatte aber immer noch eine Abneigung gegen Männer. Fremde fürchtete er. Nach vier Jahren hatte die Besitzerin den Eindruck, sein Vertrauen zu neunzig Prozent gewonnen zu haben – Gunner setzte sich aber nach wie vor nicht auf ihren Arm. Die Frau schrieb: „Was muss dieser arme Papagei durchgemacht haben, nachdem er der Natur entrissen wurde? Was für Ängste müssen ihn beherrschen, wenn er nach vier Jahren immer noch Furcht vor der Person hat, die ihn liebt? Sollte ein Papageienhändler diese Zeilen lesen, dann hoffe ich, dass Gunners Geschichte ihn rührt und er seine Meinung über Vogelimporte ändert." (Sawkins, 1997).

Das Verhalten von Papageien verstehen

Wie oben beschrieben, kann man durch Beobachtung das Verhalten von Papageien verstehen lernen. Als Papageienhalter muss man selbst kleinste Verhaltensänderungen erkennen können, die zeigen, ob das Tier entspannt ist oder nicht. Ist der Vogel nicht entspannt, wird es schwierig, ihn zu erziehen oder ihm das Sprechen beizubringen.

Folgende Verhaltensweisen zeigen, dass der Vogel entspannt ist:

– **Pflege der Schwanzfedern**. In einem solchen Moment wäre der Papagei Angriffen von Raubtieren hilflos ausgeliefert. Pflegt der Papagei seine Schwanzfedern in Ihrer Gegenwart, so ist dies ein sicheres Zeichen, dass er in Ihnen keine Gefahr sieht.

– **Aufplustern und Schütteln des Deckgefieders** – bei den größeren Papageien ist dies auch gut zu hören – ist fast so wie eine Begrüßung für eine Vertrauensperson zu sehen. Wenn ich morgens das Zimmer betrete, dann plustert sich mein Amazonenweibchen meist schon auf, bevor ich das Licht einschalte. Dies geschieht nur einmal und dauert nur wenige Sekunden. Bei Volierenvögel kann dies ein Zeichen dafür sein, dass der Papagei froh ist, den sichersten Platz im Gehege erreicht zu haben. Dieses Verhalten wird oft von einer schnellen Seitwärtsbewegung des Schwanzes begleitet.

- **Dehnen eines oder beider Flügel**. Ein Papagei, der sich bedroht fühlt, ist ständig auf der Hut und bereit, jederzeit davon zu fliegen. Er dehnt seine Flügel deshalb nur dann, wenn er sich völlig sicher fühlt.
- **Schnabel wetzen** wird meistens beobachtet, wenn sich der Vogel zur Ruhe begeben will.

■ Gründe für Verhaltensstörungen

Im vorherigen Kapitel wurden die Ursachen behandelt, die das Verhalten eines Papageien beeinflussen können. Es gibt jedoch Verhaltensstörungen, deren Gründe nur schwer auszuloten sind. Dies gilt vor allem für das Federrupfen. Es gibt so viele mögliche Ursachen dafür.

Um die Gründe für ein Verhaltensproblem herauszufinden, sollte man:

- versuchen, sich an die Stelle des Papageien zu versetzen – die Welt aus der Perspektive des Vogels zu sehen.
- sich klar machen, dass es einen guten Grund dafür geben muss, dass der Papagei sein Verhalten plötzlich ändert. Dies kann hormonell bedingt sein, es können jedoch auch äußere Einflüsse verantwortlich sein. Stellen Sie sich folgende Fragen:
- Hat sich in meinem normalen Tagesablauf etwas geändert? Oder bei den anderen Familienmitgliedern? Die Abwesenheit einer Vertrauensperson kann sich stark auf das Verhalten eines Papageien auswirken; ebenso eine hinzugekommene Person, die Papageien nicht mag oder sie falsch behandelt.

Fallbeispiel

Die Rotsteißpapageien (Gattung *Pionus*) aus Mittel- und Südamerika sind kurzschwänzige Papageien mit scharlachroten Deckfedern an der Schwanzunterseite. Sie sind beliebt und werden oft als Heimtiere gehalten. Ein Mitglied der *Pionus*-Züchtervereinigung er-

zählte eine beunruhigende Geschichte (Rundschreiben vom Frühjahr 1998). Sie besaß einen Schwarzohrpapageien (*Pionus menstruus*), den sie selbst als „wunderschön und die Liebe ihres Lebens" beschrieb. Ein Jahr nachdem sie ihn bekommen hatte, begann der Papagei ununterbrochen zu schreien. Die Nachbarn beschwerten sich. Sie verkaufte den Vogel. Später stellte sich heraus, dass ihr Freund den Vogel misshandelt hatte. Ein Kleinkind, das nicht sprechen kann, hätte auf Misshandlung wahrscheinlich auch mit Schreien reagiert. So war die „Liebe ihres Lebens" nicht von Dauer. Sie hatte nicht genug Ausdauer, um den Grund für die Verhaltensänderung ihres Papageien herauszufinden. Zuerst hätte sie sich fragen sollen „Was hat sich verändert?". Selbst ohne vom Verhalten ihres Freundes zu wissen, hätte sie schon seine Anwesenheit mit dem veränderten Verhalten des Papageien in Verbindung bringen können.

- Nächste Frage: Hat sich im Käfig oder in seiner unmittelbaren Umgebung etwas geändert? Viele Papageienhalter sind sich nicht bewusst, wie empfindlich die Vögel auf fremde Gegenstände reagieren. Deshalb sollte man sollte neues Spielzeug oder frische Zweige erst einmal einige Stunden außerhalb des Käfig platzieren, bevor man sie hineinlegt.

Fallbeispiel

Eine Papageienstation erhielt einen Anruf von einem Ehepaar, das die Schreie seines Papageien nicht länger ertragen konnte, der plötzlich sehr laut geworden war. Das Ehepaar wusste nicht, um welche Papageienart es sich bei ihrem Vogel handelte, die Station wäre aber bereit gewesen, ihn aufzunehmen. Durch Fragen fanden die Mitarbeiter der Station heraus, dass es sich um einen Felsensittich (*Cyanoliseus p. patagonus*) handelte. Dies ist ein bezaubernder, normalerweise sehr freundlicher, langschwänziger Papagei, der größte unter den Sittichen. Er wäre als Heimtier um einiges beliebter, hätte er nicht so eine kräftige Stimme. Carol, die Leiterin der Papageienstation stellte alle möglichen Fragen, um der Ursache für die Verhaltensänderung auf die Spur zu kommen. Eine davon lautete: „Wurde in letzter Zeit irgend etwas am Käfig verändert?"

Nach einigem Nachdenken antwortete der Besitzer: „Ja, wir haben eine Schaukel hinein gehängt." Genau zu der Zeit war der Vogel laut geworden. Er hatte auch damit begonnen, sich die Federn zu rupfen. Carol schlug vor, die Schaukel wieder heraus zu nehmen. Einige Wochen später riefen die Besitzer an. Sie hatten die Schaukel entfernt und der Papagei hatte sich sofort beruhigt. Er schrie und rupfte sich nicht mehr. Sie waren hoch erfreut, denn sie hatten ihn nicht hergeben wollen. Viele Probleme dieser Art könnten gelöst werden, wenn sich die Besitzer mehr bemühten, die Ursache heraus zu finden.

– Wirkt sich ein Nahrungsbestandteil nachteilig auf sein Verhalten und Wohlbefinden aus? Man vergisst oft, dass Papageien so wie wir Menschen an Nahrungsmittelunverträglichkeiten leiden können.

Fallbeispiel

Auf einer Versammlung in Kanada 1998 traf ich die Besitzerin eines Edelpapageien, die mir eine interessante Geschichte erzählte. Diese Papageien sind sehr groß, die Männchen smaragdgrün und viele von ihnen sind liebenswerte Hausgenossen, die gut sprechen. Stefanja hatte ihren Papageien im Alter von sechs Wochen bekommen und liebevoll aufgezogen. Er hatte einen großen Käfig, viel Spielzeug und konnte täglich mindestens drei Stunden frei fliegen. Er badete dreimal in der Woche und seine Ernährung war sehr abwechslungsreich. Es klang wie ein Rezept für einen glücklichen und gesunden Papageien. Aber er war ein kranker Vogel, hatte schwarze, stressbedingte Streifen auf den neuen Federn. Sein Verhalten wurde immer aggressiver und unberechenbarer. Stefanja beschrieb die Schreiphasen wie ein „mit dem Kopf gegen die Wand rennen". Seit dem sechsten Lebensmonat hatte sich der Papagei in tierärztlicher Behandlung befunden: zu den Niesanfällen, die ihn schon immer plagten, war zusätzlich noch Nasenausfluss gekommen. Der Tierarzt führte Bluttests durch und legte verschiedene Kulturen an. Die Bluttests waren normal und die angesetzten Kulturen vom Nasenausfluss zeigten keinen Befund. Durch die Behandlung wurde das Niesen besser, hörte aber nicht auf. Der Papageien, der Zebedee hieß, hatte juckende und schuppige Haut. Der Tierarzt wusste nicht mehr weiter.

Ein Monat nach den Tests bekam Zebedee leichte Krampfanfälle. Der Tierarzt schloss Epilepsie oder einen Gehirntumor nicht aus. Der Kopf wurde geröntgt und Valium verschrieben. Stefanja lehnte weitere Tests und Therapien ab und Zebedee bekam eine Lungenentzündung. Außer Schwellungen an den Augen und Ausfluss aus der Nase entwickelte er eine allergische Reaktion gegen die oral verabreichten und injizierten Antibiotika. An diesem Punkt kam Stefanja auf die Idee, dass Zebedee eine Allergie haben könnte. Sie teilte dem Tierarzt ihre Vermutung mit und dieser sagte, der Papagei könne allergisch auf den Staub ihres Nymphensittichs sein. Stefanja hielt dies für unwahrscheinlich.

Eines Tages hörte sie von einer Freundin, dass deren Tochter keine Produkte, die Erdnussbutter oder Erdnüsse enthielten, mit in den Kinderhort nehmen durfte, weil dort ein Kind an einer lebensbedrohlichen Erdnussallergie litt. Stefanja überlegte, dass wenn ihr Papagei eine ähnliche Allergie hätte, es auch zu erklären wäre, warum seine Symptome sich im Lauf des Tages immer mehr verstärkten. Am Abend war er übellaunig, aggressiv und laut. Sie beschloss, alle erdnusshaltigen Nahrungsstoffe vom Speiseplan zu streichen. Zuerst wurde die Erdnussbutter vom Toast verbannt. Danach überprüfte sie sein Papageienfutter (ein ernährungswissenschaftlich ausgewogenes Futter) und stellte fest, dass es Erdnüsse enthielt. Die meisten Körnermischungen enthielten entweder Erdnüsse oder erdnusshaltige Pellets. Bei einer Firma bestellte sie extra ein erdnussfreies Futter. Bereits 24 Stunden nach Futterumstellung und Entzug aller erdnusshaltigen Nahrungsmittel hatte sich Zebedees Zustand dramatisch verbessert.

Eine Woche später testete Stefanja ihre Theorie, indem sie dem Vogel wieder etwas Erdnussbutter gab. Sofort kamen die Niesanfälle und Nasenausfluss wieder. Die Ursache des Problems war gefunden. Bei anderer Gelegenheit erhielt Zebedee etwas von einem vietnamesischen Gericht, das anscheinend keine Erdnüsse enthielt. Sofort traten die alten Symptome wieder auf. Als Stefanja sich bei dem zuständigen Restaurant erkundigte, stellte sich heraus, dass man dort Erdnussöl zum Kochen verwendete. Dieses Mal hatte Zebedee Krampfanfälle, die ungefähr 24 Stunden andauerten. In dieser Zeit wurde der Papagei warm gehalten und sein Käfig abgedeckt.

Inzwischen hatte Stefanja viel über Nahrungsmittel gelernt, die Erdnüsse enthalten können. So erfuhr sie, dass andere Nüsse durch das Mahlen auch Spuren davon enthalten können. Zebedee erhält wird heute vorwiegend frische Nahrung, wenn möglich aus organischem Anbau. Sein Toast wird in organischem Leinsamenöl eingeweicht und mit einem Vitaminpräparat bestreut. Er liebt auch Grünfutter, wie Kopfsalat und Löwen--

zahn, manchmal mit den Wurzeln daran. Er bekommt außerdem gekeimtes und ungekeimtes Körnerfutter, Äpfel und Weidenzweige. Sein „Abendessen" besteht aus braunem Naturreis mit gekochtem Gemüse oder abwechselnd Ziegenmilch, Joghurt, Tofu, hart gekochten Eiern oder gekochtem Fleisch. Über diese Mahlzeit wird Spirulina-Algenextrakt gegeben. So wurde Zebedee wieder zufrieden und gesund. Er mauserte seine stressverfärbten Federn und es wuchsen gesunde nach. Wenn es nur mehr Papageienhalter wie Stefanja gäbe, die so hartnäckig war, dem Problem auf den Grund zu kommen…

Vorgeschichte

Wenn der Papagei einen oder mehrere Vorbesitzer hatte, so sollte man möglichst viel darüber in Erfahrung bringen. Stammt er von einem Händler oder Züchter und wie alt war er beim Kauf? Manche Züchter stellen Zuchtpapiere aus, in denen das Datum des Schlüpfens, die Eltern, der Name des Züchters usw. festgehalten sind. Die wichtigste Information ist das Datum des Schlüpfens. Bei vielen, von Hand aufgezogenen Papageien (Kakadus vor allem) rühren die psychischen Störungen von einer vorzeitigen Entwöhnung. Viele Leute kaufen einen von Hand aufgezogenen Papageien beim Händler oder in einem Zoogeschäft. Das Datum des Schlüpfens ist unbekannt und man sagt ihnen, dass der Papagei bereits entwöhnt sei. Spätestens nach einem Tag wissen sie dann, ob diese Auskunft wahr war oder nicht. Ist der Vogel schon älter, ist es meist unmöglich, Einzelheiten über ihn zu erfahren, die einem zu einem besseren Verständnis seines Verhaltens verhelfen könnten.

Fallbeispiel
Eine Blaustirnamazone, die im Alter von acht Jahren erworben wurde, war sehr laut

und ihr Geschrei wurde zum Problem. Sie konnte sich im Haus frei bewegen und war fast nie allein – hatte also mehr Ansprache als die meisten Papageien. Als ich die Besitzerin nach ihrer Vorgeschichte befragte, stellte sich heraus, dass sie früher in einem Wohnmobil gehalten wurde und nie herauskam. In dieser eintönigen Umgebung hatte sie sich das Schreien zur Gewohnheit gemacht, die nun schwer rückgängig zu machen war. Ihr Verhalten besserte sich jedoch erheblich, als man ihr Kauspielzeug zur Verfügung stellte, mit dem sie sich lange beschäftigen konnte.

– Es sollten alle Aspekte im Tagesablauf des Papageien berücksichtigt werden. Dadurch werden wichtige Dinge nicht so leicht übersehen. Man muss versuchen, sich an die Stelle des Papageien zu versetzen. Betrachtet man das Problem nur vom eigenen Standpunkt aus, wird man es nie lösen können.

Hormonelle Einflüsse

Beim Eintritt der Geschlechtsreife und etwa zwei bis drei Monate lang jedes Jahr kann sich das Verhalten mancher Papageien – vor allem der Männchen – drastisch verändern. Hormonelle Einflüsse sind der Grund dafür.

Kristin Shay schrieb über ihren Graupapageien Moshi:

„Seit zwei Jahren (also seitdem er zweieinhalb Jahre alt ist) bricht zwischen Ende Januar und Ende Februar eine gefährliche Zeit an. Moshi 'Jekyll' verwandelt sich in dieser Zeit in Moshi 'Hyde' und man muss sich ihm äußerst vorsichtig nähern – besonders im Umkreis seines Käfigs und früh am Morgen. Normalerweise ist er ganz wild darauf, den Käfig zu verlassen und auf meine Hand zu kommen, wobei er immer wieder 'ich möchte raus' sagt. In dieser Zeit ist jedoch das Gegenteil der Fall und er verlässt den Käfig nur, um 'sich zu erleichtern'

(er hält seinen Käfig sauber). Der restliche Tag verläuft einigermaßen normal. Schwierig wird es wieder, wenn er abends in den Käfig zurück soll: ich muss genauso vorsichtig vorgehen. Wenn er dann im Käfig ist und ich ruhig die Tür schließen und die Decke darüber legen möchte, macht er absichtlich einen Satz auf mich zu.

Dieses letzte Verhalten ist sehr ungewöhnlich, weil er sonst gerade abends sehr anhänglich wird. Wenn sich der Hormonspiegel wieder normalisiert hat, wird er auch wieder ganz der Alte und sogar noch anhänglicher." (Shay, 1999).

Krankheit

Konnten Sie keine Ursache für eine Verhaltensänderung finden, dann sollten Sie als Nächstes einen Fachtierarzt für Ziervögel aufsuchen. Diese Fachtierärzte sind in manchen Vogelfachzeitschriften aufgelistet. Ein Tierarzt für Kleintiere, der nur wenige Vögel als Patienten hat, kennt eventuell nicht alle Tests, die zur Diagnosestellung durchgeführt werden können. Gesundheitliche Probleme aber können sich stark auf die Persönlichkeit und das Verhalten eines Papageien auswirken.

Mangel an Zuwendung

Unerwünschtes Verhalten entsteht oft, wenn der Vogel Ihre Aufmerksamkeit auf sich ziehen will, weil er sich vernachlässigt fühlt. Im Lauf der Jahre kann es vorkommen, dass der Besitzer den Papageien als gegeben betrachtet und ihm nicht mehr so viel Aufmerksamkeit schenkt wie zu Anfang. Weil der Vogel keine Zuwendung mehr erhält (Lob und Belohnung für gutes Benehmen), verlegt er sich aufs Schreien oder wirft mit Körnern um sich. Bevor Sie sich über ihn ärgern, sollten Sie sich fragen, ob Sie dem Papageien (der ja nur wenig Gelegenheit hat, sich zu amüsieren) auch wirklich genügend Aufmerksamkeit zukommen lassen.

Andererseits sollte man sich davor hüten, einem neu erworbenen Papageien allzu viel Zuwendung zu schenken – vor allem wenn es sich um einen jungen Kakadu oder Ara handelt. Man kann es auch übertreiben und dann trainieren Sie den Vogel dazu, ohne es zu wollen, so viel Zeit von Ihnen zu beanspruchen, dass Sie zu seinem Sklaven werden. Wenn Sie dann nicht mehr in der Lage sind, ihm weiter die gewohnte Zuwendung zu schenken, wird er zu Schreien beginnen und/ oder sich die Federn rupfen. Ein Papagei muss von Beginn an lernen, sich den größten Teil des Tages selbst zu beschäftigen. Er darf nicht völlig abhängig von Ihnen oder Ihren Familienmitgliedern werden. Wenn es dazu kommt, sich die Familienverhältnisse ändern und nur noch eine einzige Person übrig bleibt, die sich um den Vogel kümmern kann, dann werden seine Ansprüche für diesen einen Menschen zu hoch sein. Der unglückliche Papagei wird dann wahrscheinlich verkauft oder abgegeben.

Schnelle Lösungen gibt es nicht

Viele Papageienbesitzer sind nicht in der Lage, Verhaltensstörungen bei ihren Vögeln in den Griff zu bekommen. Meist fehlt es ihnen an Durchhaltevermögen. Manchmal wurden sie auch schlecht beraten. Tatsache ist, dass es viele gegensätzliche Meinungen gibt, die oft auf mangelnde Erfahrung desjenigen zurückzuführen sind, der den Ratschlag erteilt. Dabei kann es sich um einen anderen Papageienbesitzer, einen selbsternannten Verhaltensforscher oder sogar einen Tierarzt handeln. Im Allgemeinen verfügen Tierärzte nicht über ausreichendes Wissen zum Verhalten von Papageien, um solide Auskunft geben zu können. Wenn man sie fragt, sagen sie ihre Meinung, die aber auch völlig daneben liegen kann. Die am besten geeigneten Ratgeber müs-

sen nicht immer die Profis sein. Die beiden wichtigsten Voraussetzungen sind ein fundiertes Wissen über die Papageien und ihr Verhalten und eine Zuneigung zu diesen Vögeln.

Wenn Sie einen Rat bekommen, der Ihnen instinktiv falsch erscheint, dann ignorieren Sie ihn. Ist er tatsächlich falsch, dann kann er irreparable Schäden im Verhältnis zwischen Ihnen und Ihren Papagei verursachen. Ein Beispiel dafür wurde in einer Zeitschrift beschrieben: Der Rat war unglaublich schlecht – weil er aber von einem Trainer stammte, der seine eigene Vogelshow ins Leben gerufen hatte, wurde er von der Besitzerin eines Molukkenkakadus befolgt. Ihr Problem war, dass der Kakadu nicht auf seiner Stange sitzen blieb. Diese Erwartung an sich war schon unrealistisch. Der Trainer sagte ihr, sie oder ihr Mann solle den Vogel jedes Mal, wenn er seine Stange verließ, am Schwanzende packen und ihn auf die Stange zurück befördern. Mit einem Vogel auf diese Weise zu verfahren ist meiner Meinung nach entsetzlich. Der Mann der Besitzerin als Bezugsperson des Papageien befolgte den Rat. Von da an wollte der Kakadu nichts mehr von ihm wissen. Er würdigte ihn keines Blickes mehr. Eineinhalb Jahre lang behandelte der Kakadu den Mann, als wäre er Luft. Wie konnte der arme Vogel auch verstehen, warum sich der Mann so verhalten hatte? (*siehe* Bestrafung). Zwei Jahre lang war der Papagei für sein Verhalten nicht bestraft worden. Wahrscheinlich hatte er in dieser Zeit nur Zuneigung erfahren und nun musste er plötzlich diese schreckliche und verwirrende Erfahrung machen. Der gesunde Menschenverstand hätte dem Mann eigentlich sagen müssen, dass man einen solchen Rat nicht befolgen sollte. Andernfalls verdient man es nicht, sich um einen Papageien kümmern zu dürfen.

In England gibt es viele Fernsehsendungen, die sich mit Verhaltensstörungen bei Heimtieren beschäftigen und wie man diese lösen kann. Meist ist als Berater ein Experte für Tierverhalten anwesend und das „geheilte" Tier wird einen Monat später wieder im Fernsehen gezeigt. Es mag sein, dass sich schlechte Angewohnheiten bei Hunden und Katzen in dieser kurzen Zeit beheben lassen, für Papageien gilt dies jedoch nicht. Diese Sendungen wecken in den Menschen unrealistische Erwartungen. In den wenigen Fällen, bei denen es um Papageien ging, waren die vorgeschlagenen Lösungen nur dann erfolgreich, wenn keine schnellen Ergebnisse erwartet wurden oder das Problem stark vereinfacht dargestellt oder sogar missverstanden wurde.

Bei einem ungezähmten oder misshandelten Vogel kann es ein bis zwei Jahre dauern, bis eine Besserung eintritt. Die meisten Besitzer geben lange vorher auf. In manchen Fällen ist ein Trainingsprogramm fehl am Platze und man wird wenig erreichen, bevor man das Vertrauen des Vogels nicht gewonnen hat. Es erscheint wie ein Teufelskreis. Viele Menschen haben weder die Zeit noch die Geduld, sich mit den schweren Verhaltensstörungen eines Papageien auseinanderzusetzen. Möglicherweise haben sie den Vogel billig oder umsonst bekommen und wenig oder kein Verständnis für die Schwierigkeiten, die damit verbunden sind, den Vogel emotional wiederherzustellen. Bei rücksichtslosen Besitzern wird sich die Verhaltensstörung noch verschlimmern – bis der Vogel dann wieder weggegeben wird. Glauben Sie mir: Ein kostenloser Papagei, der normalerweise Einiges an Geld kostet, ist selten ein gutes Geschäft.

Die frühen Erfahrungen, die ein Papagei macht, können (wie bei einem Kind) sein späteres Verhalten stark beeinflussen. Das spielt besonders dann eine Rolle, wenn der Papagei den Besitzer wechselt.

Jemand der einen Papageien aufnimmt, der bereits einen oder mehrere Vorbesitzer hatte, sollte sämtliche Theorien über das Verhalten von Papageien über Bord werfen. Stellen Sie keine Vermutungen an! Geben Sie dem Vogel Auswahlmöglichkeiten! Nur so kann man Dinge entdecken, die ihm helfen, sich in seinem neuen Zuhause vertrauter zu fühlen.

Verhaltensprobleme sind nie leicht zu lösen. Es gibt keine festgelegten Richtlinien. Selten gibt es zwei Papageien, die aus genau demselben Grund die Federn rupfen. Der Besitzer eines solchen Vogels kann zwar alle Ratschläge im Kapitel „Federrupfen" befolgen, das Ergebnis wird aber nur dann zufriedenstellend sein, wenn die Ursache auch gefunden wurde.

Man darf Verhaltensstörungen und deren Behebung auch nicht verallgemeinern. Die Empfehlungen in diesem Buch sind genau das: keine starren und schnell wirkenden Regeln. Papageien sind Individuen – was auf den einen zutrifft, kann für den anderen falsch sein. Eine Vielzahl von veränderlichen Bedingungen müssen berücksichtigt werden. Dazu gehören: die Persönlichkeit und das Wissen des Besitzers; ob der Papagei jung, älter oder untrainiert ist; ob er von Hand, von den Elterntieren aufgezogen oder der Natur entnommen wurde und ob er gesund ist. Eine Schlüsselrolle spielt dabei oft das Vertrauen zwischen Besitzer und Papagei.

Die beliebtesten Hausgenossen unter den Papageien sind Graupapageien, Amazonen, Aras, Sittiche und Kakadus. Dann gibt es noch die kleineren Arten, wie Wellensittiche, Nymphensittiche und Unzertrennliche, die auch zu Tausenden gepflegt werden. Aber in mancher Hinsicht ist deren Verhalten sehr verschieden von dem der größeren Papageien. Ihre Lernfähigkeit ist in bestimmten Bereichen geringer, nicht jedoch die Nachahmungsfähigkeit, die bei männlichen Wellensittichen und Nymphensittichen sehr ausgeprägt sein kann. Deshalb können die für die größeren Papageien beschriebenen Vorgehensweisen für diese Vögel völlig unangebracht und wirkungslos sein.

Futter, mit dem der Vogel sich über längere Zeit beschäftigen kann, ist wichtig für sein Wohlbefinden.

Die Handaufzucht eines jungen Papageien mit dem Löffel ist die schonendste und natürlichste Art und Weise. Sie ist zeitraubend, bietet dadurch aber die Möglichkeit, eine gute Beziehung des Jungvogels zum Menschen aufzubauen.

Körpersprache zeigt sich durch verschiedene Körperhaltungen und am Gefieder der Vögel. Auch die Pupillen verengen sich bei Erregung (oben rechts).

Graupapageien lieben die Gesellschaft ihresgleichen. Sie pflegen sich gerne gegenseitigdas Gefieder und stärken so die Paarbindung.

2
Was sind Papageien?

■ Leben in der Natur

Mit dem Begriff „Papagei" kann jeder Vogel der Ordnung der Papageienvögel (*Psittaciformes*) gemeint sein. Innerhalb dieser Ordnung gibt es zwei Familien, die eigentlichen Papageien (*Psittacidae*) und die Kakadus (*Cacatuidae*). Es gibt über 300 Arten, von denen viele das Wort „Papagei" nicht in ihrem Namen tragen: zum Beispiel Aras, Kakadus, Unzertrennliche, Loris und Keilschwanzsittiche. Meist ist mit der Bezeichnung „Papagei" der typische Papagei gemeint, nämlich ein mittelgroßer Vogel mit relativ kurzem, breitem Schwanz so wie der Graupapagei oder die Amazone. Sittiche sind langschwänzige Papageien, die Sittiche aus Mittel- und Südamerika werden Keilschwanzsittiche genannt (Gattung: *Aratinga*).

Was unterscheidet Papageien von anderen Vögeln? Hauptmerkmale sind der gebogene Schnabel, die Wachshaut, eine federlose Stelle oberhalb des Schnabels (diese beiden Merkmale weisen auch Greifvögel auf), die meist kräftigen Farben und die Anordnung der Zehen. Bei allen Mitgliedern der Papageienfamilie zeigen zwei Zehen nach vorne und zwei nach hinten (man nennt dies „Greiffuß"). Praktisch alle Papageien haben wenigstens eine kräftige Farbe in ihrem Gefieder – Grün, Rot, Gelb oder Blau –, mit Ausnahme der Vasapapageien aus Madagaskar. Diese sind grau oder bräunlich und mit ihrem gebogenen Schnabel könnten sie auch für kleine Greifvögel gehalten werden. Wenn man die Ausnahmen mit einbezieht, so hat es den Anschein, als ob die Gruppe der Papageien nicht sehr klar definiert

sei. In Wirklichkeit aber können die Mitglieder der Papageienfamilie aufgrund ihres Aussehens, ihrer Fortbewegungsart, ihrer Neugier und ihres Sozialverhaltens kaum mit anderen Vögeln verwechselt werden.

Papageien stammen ursprünglich aus den Tropen oder Subtropen. Sie gelten meist als typische Bewohner der Regenwälder und für zahlreiche Arten in Südamerika, Neuguinea und Indonesien trifft dies auch zu. Die Mehrzahl der Papageien bewohnt Waldgebiete. Andere findet man in den Mangrovenwäldern und Sümpfen (Graupapageien), auf Kokospalmen (Loris), in teilweise überfluteten Gebieten (Hyazinthara), in spärlich bewaldeten Grassteppen und küstennahen Dünenlandschaften (der Feinsittich in Australien), in Savannengebieten, offenen Grassteppen und Parklandschaften (Rosakakadu), sowie in Gärten, Plantagen und Waldgebieten (Blumenpapageien, *Loricolus beryllinus*).

Wir bringen Papageien immer mit Palmen und tropischen Wäldern in Verbindung, obwohl man sie auch in der Antarktis im wahrsten Sinne des Wortes als Nachbarn der Pinguine antrifft. Der Einfarblaufsittich ist die einfarbig grüne Version des Ziegensittichs, der als Volierenvogel sehr beliebt ist. Die vor Neuseeland gelegenen, kahlen Antipoden-Inseln messen nur acht Quadratmeilen, sind vorwiegend von Buschgräsern bedeckt und werden ständig von starken Stürmen heimgesucht. Viele Papageienarten leben in Schnee und Eis. Selbst in Australien in der Nähe des Great Dividing Range leben Sperlingspapageien, Wellensittiche und Kakadus immer wieder für kurze Zeit im Schnee. Der Lebensraum des Kea – Neuseelands faszinierendem Gebirgspapageien – beschränkt sich heute hauptsächlich auf Hochgebirgsregionen, die Landwirtschaft hat ihn aus seiner Heimat in den Tälern vertrieben.

Die kälteste Klimazone bewohnt jedoch der Smaragdsittich in Feuerland, dem Südzipfel Südamerikas. Michael Andrews schreibt in seinem Klassiker *The Flight of the Condor*: „... sah ich plötzlich zwei Paare des Smaragdsittichs vor mir sitzen. Sittiche in einer Gletscherlandschaft muten genauso merkwürdig an wie Pinguine in der Wüste."

Ernährung

Dass Papageien so unterschiedliche Lebensräume bewohnen, deutet darauf hin, dass ihre Nahrung ebenso vielfältig ist. Es ist falsch, wenn man annimmt, Papageien ernährten sich vorwiegend von Körnern. Die ersten domestizierten Papageien waren Wellensittiche, bestimmte andere australische Sittiche, Nymphensittiche und Unzertrennliche, die sich auch in der Natur vorwiegend von Körnern ernähren. Sie ließen sich in Menschenobhut gut halten, weil Saatgut (wenngleich auch hart, obwohl Papageien draußen gern halbreife Samen zu sich nehmen) leicht zu beschaffen und keine Zubereitung nötig war. Die Annahme, dass sich alle Papageienarten von Körnern ernähren, erwies sich für einige Arten (wie für Fledermauspapageien) bei den ersten Versuchen, sie in Menschenobhut zu pflegen, als verheerend.

Einige Papageienarten sind Nahrungsspezialisten: Loris und Fledermauspapageien ernähren sich hauptsächlich von Pollen und Nektar, einige große Aras leben von öligen, faserhaltigen Palmnüssen und der rotschwarze Borstenkopf-Papagei aus Neuguinea, sowie zwei weitere Feigenpapageien und andere kleine Papageienarten aus Australien und Neuguinea ernähren sich von Feigen. Der Braunkopfkakadu aus dem Südosten Australiens frisst vorwiegend Casuarina-Nüsse und ein anderes Mitglied der

Gattung *Calyptorhynchus* – der Gelbohr-Rabenkakadu – hat eine perfekte Technik entwickelt, wie er an die im Holz lebenden Maden herankommen kann. Der südafrikanische Kap-Papagei frisst hauptsächlich die Früchte der Gelbholzbaumes (*Podocarpus*).

Einige Arten sind sesshaft, sie verbringen ihr ganzes Leben in einem Gebiet von wenigen Quadratkilometern, andere leben nomadisch. Sind sie auf eine bestimmte Nahrung spezialisiert, dann müssen sie zu manchen Jahreszeiten unter Umständen weite Strecken zurücklegen, um Nahrung zu finden. Dazu gehören zum Beispiel die Loris. In einigen Gebieten finden sich über längere Zeit hinweg keine blühenden Bäume. Die Loris müssen deshalb abenteuerlustig (reisefreudig) sein und neugierig, damit sie schnell lernen, welche neuen Nahrungsquellen sie nutzen können.

Uns Menschen erscheinen diese Vögel oft sehr intelligent, weil sie eine schnelle Auffassungsgabe besitzen und neugierig sind. Dies hat aber nichts mit Intelligenz zu tun, sondern mit der Fähigkeit, sich an die Situation in Menschenobhut anzupassen. Hier ein Beispiel dafür: Einige meiner Loris werden in Außengehegen mit geschlossenem Innenbereich gehalten. Während der wärmeren Monate lasse ich sie nachts in ihren Nistkästen im Freien schlafen. Wenn es kälter wird, schließe ich sie nachts innen ein. Ein Paar meiner Stella-Papualoris wollte sich absolut nicht einsperren lassen, so ließ ich sie in ihren Nistkästen draußen schlafen. Im Dezember gab es dann Nachtfrost und ich konnte die Vögel dazu bringen, sich nachts nach Drinnen zu begeben (wenn ich offen gelassen hätte, dann wäre zu viel kalt Luft ins Haus gelangt). Dies ging zwei Nächte gut. Am dritten Abend weigerten sie sich. Wenn es mir gelungen war, das Männchen nach innen zu bringen und ich gerade mit dem Weibchen beschäftigt war, flog das Männchen in dieser Zeit wieder nach Draußen. Ich gab mich geschlagen! Der Innenbereich ist beleuchtet, damit die Loris auch an den langen Winterabenden noch Nahrung aufnehmen können. Wenn es sehr kalt war, bereitete ich frischen, warmen Nektar zu, damit sich jeder Vogel satt fressen konnte, bevor ich das Licht ausschaltete. Während der beiden Nächte, in denen die Stella-Papualoris drinnen schliefen, mussten sie bemerkt haben, dass dies der Vorteil war, wenn man nicht im Freien übernachtete. Als sie darauf am dritten Abend hörten, wie ich drinnen das Licht löschte, verließen sie ihren Nistkasten im Freien und kamen hereingeflogen, um sich ihren Anteil an warmem Nektar zu holen. Auf diese Weise konnte ich sie schließlich einschließen.

Durch ihre Verhaltensweise hatten die Papageien gezeigt, wie schnell sie sich anpassen und neue Nahrungsquellen ausfindig machen können. Graupapageien sind zwar sehr intelligent, ich kann mir aber nicht vorstellen, dass sie in der Dunkelheit ihren Nistkasten verlassen würden, um Nahrung aufzunehmen. Eine solche Verhaltensweise entspräche einfach nicht ihrer Natur.

Die meisten Papageien suchen natürlich auf Bäumen nach Nahrung. In Australien gibt es einige Arten, die sich vorwiegend am Boden von Grassamen ernähren. Zu ihnen gehört der Erdsittich, der – wie sein Name schon sagt – nicht auf Bäumen lebt. Die anderen Samenfresser wie die bekannten Nymphensittiche, der Halsbandsittich, der Singsittich, der Hooded-Sittich und die kleinen Grassittiche der Gattung *Neophema*, suchen nur auf dem Boden nach Nahrung. Dazu gehören auch Sittiche, die zu den beliebtesten Ziervögeln gehören: die Schön- und die Glanzsittiche. Der vielleicht schönste dieser Gruppe – der Paradiessittich – ist wahrscheinlich bereits ausgestorben. Er wurde seit 1927 nicht mehr beobachtet. Da er seine Nahrung ausschließlich am Boden sucht, war sein Todesurteil gesprochen, als Rinderherden in seinen begrenzten Lebensraum eindrangen. Durch Über-

weidung und Abbrennen des Grases wurde diesen Vögeln die Lebensgrundlage entzogen.

Tagesaktivitäten

Selbst Papageien, die sich ihr Futter am Boden suchen, ziehen sich nachts zum Schlafen auf Bäume zurück. Papageien sind „Gewohnheitstiere" mit einem festgelegten Tagesablauf. Die meisten haben ihre bestimmten Schlafplätze, wo sich bei Einbruch der Dämmerung ganze Schwärme kreischender Papageien einfinden, um sich zur Ruhe zu begeben. Manche Brutpaare schlafen in ihren Nestern, weil die Brutplätze begehrt sind und unbeaufsichtigt von anderen Vögeln besetzt werden würden. Es gibt niemals genügend Nisthöhlen als Schlafplätze für nicht brütende Vögel, deshalb schließen sie sich in der Sicherheit der großen Gruppe zusammen. Nachts werden die Papageien durch Raubtiere bedroht. Die sehr kleinen Fledermauspapageien schlafen mit dem Kopf nach unten von einem Zweig hängend. So werden sie durch das Laub getarnt. Würden sie aufrecht schlafen, wären sie leichter zu entdecken.

Kurz vor oder nach Tagesanbruch verlassen die Papageien ihre Schlafplätze um ihre Futterplätze aufzusuchen. Oft müssen sie dazu weite Strecken fliegen. Aber selbst wenn sich die Nahrungsquelle ganz in der Nähe ist, herrscht während dieser Tageszeit die größte Aktivität und das lauteste Geschrei. Auch in Menschenobhut sind Papageien morgens am lautesten und unruhigsten. Man sollte sie dann möglichst, wenn auch kurz, aus dem Käfig lassen, damit sie ihre Energie los werden können.

Das ist am besten bei jungen, von Hand aufgezogenen Papageien kurz vor oder nach der Entwöhnung zu beobachten. Die Pflegeperson bemerkt dann, dass ihre Schützlinge frühmorgens nur zögernd fressen und geht davon aus, dass sie keinen Hunger haben (eventuell lassen sie daraufhin sogar eine Mahlzeit aus). Oft sind die jungen Papageien zwar hungrig, das Bedürfnis die Flügel auszustrecken ist jedoch so stark, dass sie nichts fressen, bevor sie nicht fliegen durften. Am deutlichsten ist dies bei den Aras. Selbst wenn sie noch nicht fliegen können, hat das Bedürfnis die Flügel zu bewegen absoluten Vorrang. Die meisten Menschen haben morgens nicht viel Zeit, weil sie zur Arbeit müssen. Trotzdem sollten Sie versuchen, Ihren Papageien in die Aktivitäten mit einzubeziehen, und sei es nur für ein paar Minuten. Sie könnten den Vogel während des Frühstücks aus dem Käfig lassen. Oder sie könnten ein paar Minuten früher aufstehen, um den Papageien noch etwas fliegen zu lassen. Nach einem kurzen Ausflug am Morgen ist es für den Vogel viel leichter, mehrere Stunden lang im Käfig zu verbringen.

In tropischen Klimazonen gehen die Papageien zwei bis drei Stunden lang auf Nahrungssuche und legen dann eine Ruhepause ein, weil es zu heiß wird. Die Mittagsstunden sind am ruhigsten. Dies trifft nicht unbedingt auf Papageien zu, die aus Bergregionen oder kühleren Klimazonen stammen. Sie können den größten Teil des Tages aktiv sein und nach Nahrung suchen oder zwischen den Regengüssen ausfliegen. Am Spätnachmittag erreicht die Aktivität bei allen Arten einen weiteren Höhepunkt, wenn sie fressen und sich mit den anderen Schwarmmitgliedern treffen. Dann fliegen sie zu ihren Schlafplätzen zurück. Im Flug bleiben die Paare zusammen: ein männlicher und ein weiblicher Ara oder Amazone fliegen beinahe Flügelspitze an Flügelspitze nebeneinander her. Oder die Vögel fliegen in Familienverbänden zu drei oder vier Vögeln.

Papageien sind überaus wachsame Vögel, die selbst beim Fressen ständig nach Gefahren Ausschau halten. Vor allem Papageienarten, die im Schwarm den Boden nach Nahrung absuchen, postieren Aufpasser, die bei Gefahr Alarm schlagen. Dieses Verhalten kennt man besonders von Kakadus, aber auch vielen anderen Arten. Die Gefahr kommt meist aus der Luft

und zwar in Form von Greifvögeln. Deshalb geraten im Käfig gehaltene Papageien leicht in Panik, wenn sich über ihrem Kopf irgendwelche Gegenstände bewegen. Dies kann alles sein: vom langstieligen Staubwedel bis zur harmlosen Möwe hoch oben am Himmel. Manchmal legt meine Amazone, deren Käfig nah beim Fenster steht, den Kopf zur Seite, stößt einen besorgten Laut aus und blickt unentwegt zum Himmel. Oft kann ich nichts erkennen, deshalb bin ich sicher, dass sie besser sehen kann als ich. Bei anderer Gelegenheit ist die Ursache ihrer Angst offensichtlich: es kann ein Reiher sein, der kein Raubvogel ist, oder aber ein Habicht.

Vögel müssen immer auf der Hut sein: Selbst die in Menschenobhut aufgewachsenen verlieren diesen lebenswichtigen Instinkt nicht. Die Unachtsamen werden zur Beute. Sogar der größte Papagei, der Hyazinthara, wird gelegentlich die Beute der imposanten Harpyie, einem sehr großen Greifvogel. Gejagt werden Papageien außerdem von großen Reptilien, wie beispielsweise (in Australien) den Waranen, von streunenden Katzen und nicht heimischen, importierten Säugetieren wie dem Hermelin.

Feldstudien an Papageien haben gezeigt, dass sie sich gegenseitig Informationen zukommen lassen können. In den vergangenen Jahren wurde in Brasilien das Ernährungsverhalten des vom Aussterben bedrohten Lear-Ara (*Anodorhynchus leari*) untersucht. Dabei haben Biologen oft beobachtet, wie ein Schwarm dieser Tiere einen potenziellen Futterplatz anflog, eine Stelle mit Licuri-Palmen. Die Stelle wurde von zwei Vögeln aus dem Schwarm zuerst inspiziert, während sich die anderen Papageien auf einem hohen Baum in der Nähe aufhielten. Daraufhin wurde der Platz vom ganzen Schwarm begutachtet, der dann entweder zu fressen begann oder wieder davon flog. Die Entscheidung, ob der Schwarm bleibt oder wegfliegt, hängt wahrscheinlich von den Informationen über die Reife der Licuri-Früchte oder die Gegenwart einer Gefahrenquelle ab, die unter den Vögeln weitergegeben werden. Selbst wenn die beiden Leitvögel beschlossen hatten, das Gebiet zu verlassen, war die Neugier bei den anderen Schwarmmitgliedern so groß, dass sie sich selbst ein Bild von der Stelle machen wollten – ausgenommen natürlich, es war ein Raubtier zu sehen und die Leitvögel hatten deshalb Alarm geschlagen.

Die Fähigkeit der Papageien, Informationen weiterzugeben, sollte auch bei der Käfighaltung berücksichtigt werden. Verhält sich der Papagei etwas eigenartig, dann sollte man dies nicht einfach übergehen, sondern sich überlegen, was er wohl mitteilen möchte. Dies gilt vor allem dann, wenn er eine Verhaltensweise zeigt, die für ihn unüblich ist und er so Ihre Aufmerksamkeit erregen will.

Brutverhalten

Die meisten Papageien sind monogam, sie haben nur einen Paarungspartner zur selben Zeit. Von der Verpaarung an bleibt das Männchen beim Weibchen, je nach Art, auch ein Leben lang und hilft bei der Aufzucht der Jungen. Wenn die Jungen noch sehr klein sind, dann beschafft ausschließlich das Männchen die Nahrung (es füttert auch das Weibchen im Nest). Sobald die Jungen größer sind, verlässt das Weibchen das Nest und ist immer länger auf Nahrungssuche unterwegs.

Von einigen Arten ist bekannt, dass sich mehrere Männchen um ein Weibchen im Nest kümmern. Einer davon ist der Edelpapagei. Von allen Papageien ist bei dieser Art der Geschlechtsdimorphismus am stärksten ausgeprägt – das heißt Männchen und Weibchen sehen völlig verschieden aus. Das Männchen ist smaragdgrün mit orangefarbenem Schnabel, das Weibchen ist rot und blau oder rot mit schwarzem Schnabel. Es herrscht eine matriarchalische Gesellschaftsform, die Weibchen spielen die dominante Rolle.

Eine Anzahl Männchen füttern ein Weibchen im Nest. Sobald die Jungen flügge werden, legt es zwei weitere Eier – oder das Weibchen wird durch ein anderes ersetzt. Die meisten Männchen bringen ihm viel Respekt entgegen. Es gibt keine feste Paarbindung und das gegenseitige Pflegen des Gefieders kommt, wenn überhaupt, nur selten vor. Über das Brutverhalten in der Natur ist noch wenig bekannt, es ist aber möglich, dass sich mehrere Männchen ständig um ein Weibchen in einem bestimmten Nest kümmern, wobei das Weibchen mehrmals jährlich wechselt. Was wir jedoch wissen ist, dass sich Edelpapageien von den meisten echten Papageien grundlegend unterscheiden: eine wichtige Tatsache, deren sich der Papageienhalter bewusst sein sollte.

Die meisten ausgewachsenen Weibchen von Edelpapageien sind von Natur aus leicht reizbar. Es gibt zwar Ausnahmen, aber die wenigsten sind ausgesprochen freundlich. Ich habe unzählige von Hand aufgezogen und gesehen, wie einige Weibchen sich auf die Hand ihres Besitzers stürzten, obwohl sie vorher nie negative Erfahrungen gemacht hatten. Männliche Edelpapageien hingegen können die liebenswertesten Hausgenossen sein. Im Gegensatz zu Kakadus und Aras mögen sie keinen engen Körperkontakt und kein Kopfkraulen, haben jedoch eine eigene Art, ihre Zuneigung zu zeigen, die natürlich in Verbindung mit ihrem einzigartigen Balzverhalten zu sehen ist. Ein balzendes Edelpapageien-Männchen reibt seinen Schnabel gegen den des Weibchens und stößt dabei faszinierende Laute aus. Wenn man ein gutes Verhältnis zu ihm aufgebaut hat, kommt man in den Genuss dieses Verhaltens – die menschliche Nase ersetzt dabei den den Schnabel des Weibchens!

Wie die meisten Papageien, so suchen sich auch die Edelpapageien Baumhöhlen zum Brüten. Dr. Martin Jones, Leiter eines wissenschaftlichen Teams von der Metropolitan University in Manchester, machte in den Jahren 1989 und

1992 interessante Entdeckungen darüber auf der indonesischen Insel Sumba. Papageiennester sind schwer zu entdecken, mit Hilfe von ortskundigen Papageienfängern gelang es 1992 jedoch, 122 Nester ausfindig zu machen. Über 85 % davon waren Höhlungen in Bäumen, meist dort wo große Äste abgebrochen waren. Abgesehen von einer Art (dem Rotohrara), die in Baumstümpfen nistet, befanden sich die Nester alle in riesigen Bäumen von durchschnittlich 35 m Höhe. Die Nistbäume waren meist die höchsten Bäume der gesamten Gegend. Die Papageien bevorzugten Bäume der Gattung *Tetrameles*. Obwohl weniger als zwei Drittel der untersuchten Bäume dieser Gattung angehörten, enthielten sie doch zu über 60 % Papageiennester. In einzelnen Bäumen fanden sich bis zu fünf Nisthöhlen und auf einem waren vier Edelpapageiennester aktiv. Die Papageien auf Sumba zeigten anscheinend kein Revierverhalten. (Marsden, 1995).

Manche Papageienzüchter machen den großen Fehler, bestimmte Arten unmittelbar nebeneinander zu halten. So ist es nicht empfehlenswert, Amazonen und Plattschweifsittiche (*Platycercus*) in Nachbargehegen zu halten. Die Männchen zeigen ein ausgeprägtes Territorialverhalten und können unter Umständen mehr Zeit damit verbringen, ihre Nachbarn zu belästigen, als um die Weibchen zu werben! Es gibt andererseits auch Arten, die weitere Artgenossen als Anreiz brauchen. Wellensittiche und die kleinen Schmalschnabel-Sittiche aus Südamerika sind soziale Brutvögel. In der Natur trifft man sie in großen Schwärmen an. Während der Brutsaison nisten die Schwarmmitglieder dicht nebeneinander. In Australien trifft man einzelne Paare der kleinen Feinsittiche wie sie, nur ein paar Meter voneinander entfernt, in einem Waldstück brüten. Die Gelbwangenkakadus versammeln sich, um an den Ufern des Murray-Flusses dicht nebeneinander zu brüten – und zwar nicht in Bäumen, sondern auf den Klippen.

Es gibt auch Aras, die auf Klippen nisten. Im südlichen Teil des brasilianischen Staates Piaui brüten die Hyazintharas in Höhlen, die sich in den Sandsteinklippen über den trockenen Wäldern befinden. Diese werden von den Aras teilweise ausgehöhlt. Die kleinste Entfernung zwischen den Nisthöhlen dieser Aras betrug 100 m, nur ein Paar von Grünflügelaras und ein Paar ihrer blau gefärbten, größeren Verwandten hatten ihre Nester nur drei Meter voneinander entfernt. Weiter südlich in Bolivien werden die Sandsteinklippen von den Grünflügelaras und zwei weiteren Papageienarten bevölkert. Bei Caquiahuara im Alto-Madidi-Nationalpark nisten Rotbugaras und die kleineren Pavuasittiche in 60 bis 90 m hohen Klippen. Einige der Nisthöhlen sind 2 m lang, 25 cm hoch und 15 cm breit.

An diesem Ort konnten an vier Paaren von Grünflügelaras interessante Beobachtungen gemacht werden: Ein Paar blieb immer zur Verteidigung der Nisthöhlen zurück, wenn sich die anderen drei Paare entfernt hatten. Es passiert, dass fremde Paare versuchen, die Nistplätze zu übernehmen und es dabei zu Kämpfen kommt.

Wenn man weiß, dass nicht alle Aras in Baumhöhlen nisten, dann wird einem klar, warum manche in Volieren gehaltene Paare versuchen, auf dem Boden zu nisten. Ist der Boden nicht fest, dann versuchen die Vögel zu graben. Wenn Paare sich für keinen der höher im Gehege angebrachten Nistkästen interessieren, dann könnte sie ein horizontaler – kein aufrecht stehender – Nistkasten zum Brüten stimulieren. Tatsächlich bevorzugen viele der großen Aras horizontale Nistkästen.

Viele Papageien – sowohl in der Natur als auch in Menschenobhut – sind in der Nähe ihrer Nester am aggressivsten: Wenn ein Paar sein Nest nicht verteidigt, dann wird es von anderen Artgenossen übernommen. Es werden vorzugsweise Nistplätze ausgesucht, bei denen der Eingang gerade groß genug für die jeweilige Papageienart ist. So können größere Papageien keinen Anspruch auf die

Nisthöhle geltend machen. Ein Paar Nymphensittiche, die bei Burakin in Westaustralien nisteten, wurde ständig von einem Paar Rosakakadus gestört. Die Kakadus interessierten sich für den Nistplatz, weil der Eingang auch für sie groß genug war. In Menschenobhut werden Nistkästen oft abgelehnt, weil das Einflugloch zu groß ist. Ich erinnere mich an einen Fall, bei dem dieses Loch verkleinert wurde und das Weibchen, das den Nistkasten bis dahin nie betreten hatte, daraufhin ihre Eier dort legte.

Aufzucht der Jungen

Wie bereits erwähnt, sind bei den Edelpapageien die Weibchen die Alleinversorger der Jungen. Bei den meisten Papageien sind die Weibchen – bei einigen Arten auch beide Elternteile – für die Aufzucht der Jungen zuständig. Wenn die Jungen größer sind, werden sie von beiden Eltern versorgt. Wie lange die Jungen im Nest bleiben, ist sehr unterschiedlich: bei vielen australischen Sittichen und Kakadus sind es zwischen vier und fünf Wochen, bei Amazonen und Rotsteißpapageien bis zu acht und bei den großen Aras bis zu zwölf oder 13 Wochen.

Die Jungen werden flügge

Sobald die Jungen flügge werden, sind bei den Arten, die in rascher Aufeinanderfolge brüten, nur noch die Männchen für sie verantwortlich. Bei anderen Arten werden die Jungen von beiden Eltern verschieden lang weitergefüttert – entsprechend der Zeit, die sie im Nest verbringen. Ist dies nur eine kurze Zeit, dann werden sie auch schnell selbstständig. Bleiben sie lange im Nest, kann es Monate dauern, bevor sie unabhängig werden. Bei den Kakadus ist das gut zu beobachten. Die Rosakakadus verbringen die kürzeste Zeit im Nest, nur sieben Wochen. Innerhalb eines Monats nach Verlassen des Nestes suchen sie sich ihr Futter allein, es dauert aber noch zwei bis drei

Wochen, bis sie völlig unabhängig sind. Rosakakadus gelten als Schädlinge für die Landwirtschaft und sind daher von allen Kakadus am besten erforscht. Es ist bekannt, dass sich die frisch ausgeflogenen Jungen tagsüber in einem „Kindergarten-Baum" versammeln, bis auch die später geschlüpften Jungen die Nisthöhle verlassen haben. Danach macht sich die ganze Familie in ein Gebiet auf, in dem es für sie Nahrung und Schlafbäume gibt. Wahrscheinlich ist der Rosakakadu der einzige Kakadu, der dies tut. Diese Gewohnheit hängt damit zusammen, dass das durchschnittliche Gelege aus vier Eiern besteht, es können zwischen drei und sechs sein, die Eier im Abstand von etwas über zweieinhalb Tagen gelegt werden und ab dem ersten Ei bebrütet werden. Deshalb kann zwischen dem Flüggewerden des ersten und des letzten Jungen eine Woche oder mehr liegen.

Auch wenn die ausgeflogenen Jungen in schon der Lage sind, sich ihr Futter selbst zu suchen, betteln sie trotzdem noch bei den Eltern. Bob Branston, ein australischer Papageienhalter, erzählte eine interessante Geschichte, die zeigt wie ein Paar von Nacktaugen-Kakadus mit dieser Situation umging: Die Vögel besuchten seinen Garten mit ihren beiden Jungen zusammen. Sie fraßen von dem alten Körnerfutter aus seinen Gehegen. Das ging eine Zeitlang so weiter, bis eines Tages die Eltern unbemerkt davonflogen, als die Jungen gerade mit dem Körnerfutter beschäftigt waren. Sie sind nie wieder gekommen! Die jungen Kakadus trieben sich einige Tage lang ratlos herum, bevor sie schließlich erkannten, dass sie auf sich selbst gestellt waren. Die Eltern hatten sie bei einer guten Futterquelle zurückgelassen und waren weitergezogen.

Es gibt sehr wenig Informationen über frei lebende Kakadus außerhalb Australiens. Von den indonesischen Kakadus wurden nur wenige Nester untersucht. In Menschenobhut verlassen die Jungen des größten, weißen Kakadus – dem Molukkenkakadu – nach ungefähr 13

Wochen ihre Nisthöhle. Die Jungen von in Menschenobhut gehaltenen Arakakadus werden nach elf Wochen flügge. Es ist bekannt, dass in der Natur die Jungen bis zur nächsten Brutsaison bei ihren Eltern bleiben. Ich denke, dass es bei den Molukken- und Weißhaubenkakadus gleich abläuft: In Menschenobhut verlangen die Jungen weiterhin, von den Eltern gefüttert zu werden, obwohl sie sich schon längst selbst versorgen könnten. Und manchmal haben sie Erfolg damit! Eigentlich brauchen sie nicht das Futter, sondern die Zuwendung von ihren Eltern.

Bei den großen, weißen Kakadus besteht das Gelege aus zwei Eiern. In der Natur kann es vorkommen, dass nur ein Junges aufgezogen wird. Nachdem dieses Junge flügge geworden ist – und wahrscheinlich noch viele weitere Monate lang, erhält es die volle Zuwendung seiner Eltern. Ist es da verwunderlich, wenn handaufgezogene Kakadus wie Weißhauben- und Molukkenkakadus schwere psychische Störungen bekommen, wenn man sie mit 14 oder 15 Wochen zwangsentwöhnt? Ich habe die Kakadus nie vor fünf oder sechs Monaten entwöhnt. Das erschien mir das natürliche Entwöhnungsalter zu sein. Durch zu frühe Entwöhnung schaffen die Züchter Generationen von Problemvögeln, von denen viele jung sterben oder in Notaufnahmestationen enden. Die meisten sind nicht einmal mehr zu Zuchtzwecken geeignet, weil sie als Jungvögel keine Chance zur Sozialisierung mit Artgenossen hatten. Bei Kakadus scheint dies ein ernsteres Problem zu sein als bei Aras.

Das ist interessant, weil in der Natur die Jungen der großen Aras viele Monate lang bei ihren Eltern bleiben. Bei einer Population von Hyazintharas, die in Brasilien erforscht wurde, stellte sich heraus, dass die Jungen mindestens ein Jahr bei den Eltern blieben. Bei Beginn der nächsten Brutsaison sind sie immer noch bei ihnen. Im Alto-Madidi-Nationalpark in Bolivien folgte ein Grünflügelara, der in der vorangegangenen Brutsaison geschlüpft war (wahrscheinlich gegen Jahresende), im nächsten Juli noch seinen Eltern. Wenn die Drei nebeneinander saßen, dann verlangte der Jungpapagei nach Futter, obwohl er sich schon längst allein versorgen konnte. Das ständige Betteln ging den Eltern manchmal so „auf die Nerven", dass sie nach ihm bissen oder ihn davon jagten. Der Jungvogel flog daraufhin weg, kam aber zurück, um sich dann nicht mehr ganz so nah bei seinen Eltern niederzulassen. Dieses Verhalten deutet eher auf die Suche nach Zuwendung hin als auf Hunger.

Paarbindung

Zu den interessantesten Aspekten bei der Beobachtung von Papageien gehört die Stärke der Paarbindung und der Familienzusammenhalt. Bei den meisten Vögeln ist das nicht unbedingt gleich zu erkennen, teilweise deshalb, weil Männchen und Weibchen nicht ständig zusammen sind (wie das bei den meisten Mitgliedern der Familiengruppe bei Papageien der Fall ist). Selbst innerhalb eines Papageienschwarms kann man die einzelnen Paare leicht erkennen. Sie sitzen nebeneinander, putzen sich gegenseitig das Gefieder und fliegen fast Flügelspitze an Flügelspitze.

Stirbt ein Partner oder wird er gefangen oder getötet, dann trauert der andere längere Zeit um ihn. Stirbt jedoch bei einem Finkenpaar ein Partner, dann findet der Überlebende schon bald einen neuen. In der Natur haben beispielsweise Finken im Vergleich zu Papageien keine hohe Lebenserwartung. Wenn sie in der ersten oder zweiten Saison keine Jungen aufziehen, dann ist es wahrscheinlich, dass sie sterben, ohne Nachwuchs zu hinterlassen. Dagegen ist die Lebenserwartung der größeren Papageien sehr hoch. Viele pflanzen sich erst mit fünf Jahren oder später fort und sie können mehrere Jahrzehnte lang Junge aufziehen – wenn sie solange leben. In dieser Zeit wechseln einige der großen Papageien ihre Partner, andere bleiben sich viele Jahre lang oder bis zum Tod des Partners treu.

Aus eigener Erfahrung kann ich sagen, dass die Paarbindung unter weißen Kakadus (der Gattung *Cacatua*) zu den stärksten überhaupt gehört. Diese Vögel zeigen ihre Zuneigung auf eine Weise, die selbst uns Menschen verständlich ist. Dass ein Kakadu seinen Partner nie verlässt – selbst nicht nach dem Tod, überrascht mich nicht. Auf der indonesischen Insel Flores wurde ein Gelbwangenkakadu (*C.s.sulphurea*) erschossen, weil er sich mit seinem Schwarm zusammen über die Ernte hermachte. Seinen Kadaver hängte man auf – um auf sinnlose Weise die anderen Kakadus davon abzuschrecken, von der Ernte zu fressen. Der Partner des toten Kakadus setzte sich still neben den toten Körper. Es ist traurig, dass ein Vogel, der mehr Treue zeigt als mancher Mensch, seinen Partner durch ein menschliches Wesen verliert, das nichts über die Intelligenz und Zuneigung von Kakadus weiß.

Diese Bindung an den Partner macht Papageien bei den Menschen als Hausgenossen so überaus beliebt. Als Belohnung für die Freude und Zuneigung, die sie uns schenken, sollten wir Menschen mehr Verantwortung ihnen gegenüber zeigen. Für die Haltung als Heimtier bedeutet das eine Verpflichtung fürs ganze Leben. Ein Papagei ist ein lebenslanger Gefährte – und nicht, bis man seiner überdrüssig geworden ist. Wenn Sie diese Verantwortung nicht übernehmen können, ist ein kurzlebiges Tier wie ein Meerschweinchen besser für Sie.

■ Papageienarten und ihr Verhalten

Papageien lassen sich in verschiedene Gruppen unterteilen, die jeweils unterschiedliche Merkmale aufweisen: Aras, Kakadus, Loris, Sittiche und echte Papageien. Es gibt ungefähr 350 Papageienarten. Unter einer Art versteht man eine Population von Individuen, die untereinander uneingeschränkt fruchtbar sind, die aber von anderen Populationen durch Kreuzungsbarrieren isoliert ist. Früher wurden Arten durch Beobachtung, Aufzeichnung und Vergleich äußerer Merkmale und Ähnlichkeiten voneinander unterschieden. Inzwischen können mit modernen DNA-Analysemethoden die einzelnen Arten klarer voneinander abgegrenzt werden. Möglicherweise verändert sich durch diese neuen Ergebnisse die Zahl der bisher definierten Arten.

Zur Zeit kennt man 84 Gattungen von Papageien. Eine Gattung ist eine Gruppe von Arten. Die einzelnen Gattungen unterscheiden sich auch durch ihre Gewohnheiten und Verhaltensweisen voneinander. Ohne diese Unterschiede zu kennen, ist es oft schwierig, Papageienverhalten richtig zu deuten. Es gibt mehrere Punkte, die man als Anfänger in der Papageienhaltung berücksichtigen sollte. Wenn jemand schon viel Erfahrung mit Heimtieren hat, so ist dies noch keine Qualifikation für ein Leben mit einem Papageien. Papageien unterscheiden sich grundlegend von Hunden, bei denen alle Rassen immer noch zu einer Art gehören, dem Wolf (*Canis lupus*). Zwischen den Mitgliedern einer Gattung, den Arten, sind die Unterschiede im Verhalten meist gering, während sie unter den einzelnen Gattungen sehr weit auseinander gehen können. Das ist ein Grund dafür, warum man Papageienverhalten nur schwer verallgemeinern kann.

Der zweite Punkt ist, dass – mit Ausnahme einiger Arten wie Wellensittiche, Nymphensittiche, Unzertrennliche und Ziegensittiche – die meisten Papageien nicht wirklich domestiziert sind im Sinne der Haustierwerdung wie bei anderen Tierarten. Nur Wellensittiche werden schon über ein Jahrhundert in Menschenobhut gezüchtet. Viele der größeren Papageien werden erst seit zwei Generationen gezüchtet und

34

dann gibt es noch die unzähligen, der Natur entnommenen Papageien, die in Käfigen oder Gehegen gehalten werden. Obwohl die Einfuhr wild gefangener Papageien nach Europa stark beschränkt wurde, existiert sie noch, besonders bei bestimmte Arten aus Guayana und Afrika. Es handelt sich bei Papageien deshalb immer noch um Wildtiere.

Es gibt Papageienarten, die noch nie von Menschen gehalten wurden. Andere wiederum sind als Ziervögel sehr beliebt, wobei der Anteil der als Heimtiere gehaltenen Papageienarten relativ gering ist. Zu ihnen zählen die folgenden Papageien:

Kakadus	8 Arten
Loris	5 Arten
Echte Papageien(Graupapageien, Amazonen usw.)	15 Arten
Sittiche	3 Arten
Unzertrennliche	3 Arten
Aras	7 Arten
Keilschwanzpapageien	7 Arten
Sperlingspapageien	2 Arten
Insgesamt :	*50 Arten*

Davon stammen 29 Arten aus Mittel- und Südamerika. Zweifellos machen die Intelligenz und Anpassungsfähigkeit von Arten wie Aras, Sittiche, Weißbauchpapageien, Amazonen und Rotsteißpapageien sie für den Menschen so ansprechend. Außerdem sind es sehr anhängliche Vögel, die ihre Zuneigung ohne Weiteres auf Menschen übertragen. Dies gilt vor allem für Papageien, die von Hand aufgezogen wurden.

Andererseits besitzen die meisten australischen Sittiche, obwohl sie ausnehmend schön sind, nicht das ansprechende Wesen und die Reaktion auf die menschliche Zuwendung, die Fähigkeiten also, die Tiere als Gefährten so beliebt machen. Handaufgezogene Vögel werden meist gegen Menschen aggressiv, wenn sie erwachsen werden. Die Ausnahme von dieser Regel sind die Mitglieder der Gattung *Polytelis*, die Prachtsittiche. Ihr gehören drei elegante, langschwänzige Sittiche an. Der Blaukappensit-

tich ist für seine liebenswerte Art bekannt und kann auch in gemischten Gehegen mit kleineren Sittichen (wie Glanzsittichen) zusammen gehalten werden. Das zweite Mitglied dieser Gattung – der Barraband- oder Schildsittich – ist unter Papageienhaltern wenig bekannt, obwohl er sich als Heimtier gut eignet. Die Männchen sind so freundlich und liebenswert und können sich als ausgezeichnete Imitatoren entpuppen. Unbekannt ist, wie gut sich die Weibchen und das dritte Gattungsmitglied, der Bergsittich, als Heimtiere eignen. Diese schnellen Flieger brauchen wie die Nymphensittiche viel Bewegungsfreiheit.

Flugkünstler

Die Flügel-, Schwanz- und Körperform von Papageien enthüllt einiges über ihr Leben in der Natur. Wenige Papageien haben längere und spitzer zulaufende Flügel als die Nymphensittiche. Sie sind sehr schnelle Flieger und legen große Strecken auf der Suche nach Nahrung zurück. Der lange Schwanz und die schlanke Körperform tragen zu seiner Schnelligkeit beim Flug bei. Ich habe schon öfter entflogene Käfig- oder Volierenvögel hoch oben am Himmel beobachtet, sofort an ihrem Schreien zu erkennen. Es ist schwer, ein entflogenen, gesunden Nymphensittich zurückzubekommen, wenn nicht sogar unmöglich, weil er so weite Strecken zurücklegt. Ich habe schon viele Papageienarten in ihrer natürlichen Umgebung beobachtet, doch kaum eine hat mich durch ihren eleganten Flug so fasziniert wie die Nymphensittiche.

Ein anderer australischer Papagei – der Schwalbensittich – wurde nach der Schnelligkeit seines Flugs benannt. Er besitzt lange, spitz zulaufende Flügel. Als Zugvogel wandert er zwischen Tasmanien und dem südöstlichen Teil Australiens hin und her. Man hat gemessen, dass diese Vögel (auf einer geraden Strecke von fünf Kilometern) eine Geschwindigkeit von mindestens

80 Stundenkilometern erreichen. Ebenfalls in Südostaustralien beheimatet ist der Zwergmoschuslori, ein nur 40 g schwerer Vogel, der oft in hoch im Blätterdach nach Nahrung sucht. Sein Flugtempo ist unvorstellbar. Der Felsensittich ist ein stromlinienförmiger, langschwänziger Papagei aus Südamerika, der die ungewöhnliche Gewohnheit hat, in Löchern an Flussufern zu nisten. Er fliegt mit voller Geschwindigkeit auf das Ufer zu, legt kurz vor dem Einflugloch zum Nest die Flügel an und schießt ins Innere hinein: ein gewaltiges Schauspiel!

Das komplette Gegenteil ist der fast faul anmutende, gemütliche Flug der großen schwarzen Kakadus, wie dem Gelbschwanz-Rabenkakadu. Seine Flügel sind abgerundet und diese Kakadus scheinen fast im Flug dahinzugleiten. Doch selbst manche schweren, kurzschwänzigen Arten wie die Graupapageien können aufgrund ihrer spitz zulaufenden Flügel schnell fliegen. Im normalen Flug machen sie ungefähr fünf Flügelschläge pro Sekunde und erreichen damit eine Geschwindigkeit von 63 bis 72 Stundenkilometern, gemessen über eine Strecke von 300 m.

Papageien sind wie die meisten Vögel in der Lage, in Sekundenbruchteilen vom Ruhezustand zu schnellem Flug zu beschleunigen. Dies ist notwendig, um Raubtieren zu entkommen. Es ist auch der Grund, warum sich Papageien oft verletzen, wenn sie auf beengtem Raum (wie einem Gehege) in Alarm versetzt werden. Sie wollen instinktiv schnell davonfliegen. Nimmt man zahme Papageien mit nach draußen, dann fliegen sie davon, wenn sie sich erschrecken. Sie können sich dann so weit entfernen, dass sie schon nach kurzer Zeit nicht mehr zurückfinden. Sie wollten ihrem Besitzer zwar nicht entfliegen, doch der Instinkt war zu stark. Papageien mit ungestutzten Flügeln sollte man nicht mit nach Draußen nehmen.

Bewegungsweise

Die einzelnen Papageienarten bewegen sich sehr unterschiedlich. Bei den echten Papageien wie Graupapageien und Amazonen sind sie gezielt und bedächtig. Der Schnabel wird dabei oft zur Balance auf Ästen verwendet. Loris dagegen bewegen sich ruckartig und schnell und der Schnabel kann wegen der Geschwindigkeit nicht eingesetzt werden. Einige der kleinen Loriarten wie der Gualori bewegen sich mausartig am Käfiggitter auf und ab. Während andere Papageien am Maschendraht hinaufklettern, hasten Loris wie kleine Nagetiere nach oben. Am Boden kann man die unterschiedlichen Arten der Fortbewegung kann man am besten beobachten. Die Gangart der größeren Papageien und Aras ist watschelnd und schwankend, während Loris sich hüpfend fortbewegen.

Lautstärke

Die verschiedenen Papageiengruppen unterscheiden sich in ihren Lautäußerungen nicht so sehr durch ihr Nachahmungstalent sondern durch ihr Stimmvolumen. Unter bestimmten Umständen ist es unmöglich, einen sehr lauten Papageien zu Hause zu halten. Ob ein Vogel das Potenzial besitzt, laut oder leise zu sein, lässt sich leicht darus schließen, zu welcher Art er gehört. Aras, Kakadus, Amazonen und die meisten Rotschwanzsittiche sind am lautesten. Nymphensittiche geben schrille Schreie von sich. Die kleinen Langflügelpapageien wie Mohrenkopf- und Rotbauchpapageien stoßen ebenfalls recht schrille Schreie aus, die jedoch zu ertragen sind, weil sie nicht minutenlang wiederholt werden wie bei Amazonen und Kakadus. Die ruhigsten Papageien werden leider kaum als Heimtiere gehalten: der Glanzsittich, Ziegensittich, Katharinasittich und die Unzertrennlichen. Bei den mittelgroßen Papageien sind es die Rotsteißpapageien (wie der Schwarzohrpapagei), die Grau- und Kongo-

Papageien, die relativ ruhig sind. Man sollte jedoch wissen, dass Graupapageien die Rufe anderer, lauterer Vögel in Nachbarkäfigen nachahmen können. Und jede dieser Arten kann laut werden, wenn die Tiere vernachlässigt oder nicht erzogen werden.

Jungpapageien, speziell die von Hand aufgezogenen, machen nicht so viel Lärm wie erwachsene Tiere. Manche handaufgezogenen Papageien, die die für ihre Art spezifischen Rufe nie gehört haben, werden sie nie lernen, während andere Arten ihre spezifischen Laute nicht zu lernen brauchen. Sie lassen sie hören, sobald sie selbstständig sind.

Arten mit komplexeren Lautäußerungen brauchen Monate, um diese zu perfektionieren. Der Stella-Papualori zum Beispiel besitzt einen besonderen Kontaktruf, den man nicht mit Worten beschreiben kann. Ein Jungvogel muss ihn einige Monate üben bis er (im Alter von etwa neun Monaten) in etwa so klingt wie bei einem erwachsenen Vogel. Es ist eine pure Vermutung, aber könnte es nicht sein, dass dies der Grund dafür ist, dass Graupapageien meist erst mit einem Jahr, Aras aber schon im Alter von drei Monaten ihre „Sprache" beherrschen? Das angeborene Vokabular scheint bei Aras weniger kompliziert zu sein als das bei den Graupapageien. Mit neun Monaten sieht ein Stella-Papualori bereits wie ein erwachsener Vogel aus, obwohl der Schwanz noch nicht seine volle Länge hat. Bei einer recht aggressiven Art wie den Stella-Papualoris mag es durchaus nützlich sein, wenn andere Artgenossen einen Jungvogel an seinen Rufen erkennen können (anders als die meisten Loris sind sie keine Schwarmvögel). Im Gegensatz dazu werden bei den großen Aras die Jungtiere an ihrem Verhalten erkannt, sogar noch mit einem Jahr. In diesem Alter ist nur die Augenfarbe nicht so kräftig wie bei dem erwachsenen Vögeln, das Gefieder ist jedoch von dem der erwachsenen Vögle kaum noch zu unterscheiden.

Gegensätzliche Verhaltensmuster

Wer Freude daran hat, das Verhalten von Vögeln zu beobachten, für den sind Papageien immer faszinierende Studienobjekte. Sie zeigen eine solch große Vielfalt in ihren Gewohnheiten, Vorlieben und in ihrem Verhalten. Die Unterschiede zwischen den als Heimtiere sehr beliebten Arten wie Graupapageien, Amazonen, Aras und Kakadus sind eindeutig.

Graupapageien stammen aus Afrika. Es sind stille Beobachter – überhaupt keine nervösen Vögel. Sie nehmen auf, was um sie herum vorgeht, und werden dann, nach Stunden, Tagen oder Wochen auf die Informationen reagieren, die sie gewonnen haben. Sie haben eine ruhige Art und meiden Auseinandersetzungen.

Ganz anders die meisten süd- und mittelamerikanischen Papageien wie Amazonen, Rotschwanzsittiche und Aras. Viele Arten sind leicht erregbar, reagieren schnell auf visuelle Reize und sind laut, extrovertiert und oft aggressiv Menschen und anderen Papageien gegenüber. Trotz dieser weitgehend ähnlichen Merkmale weisen die einzelnen Gruppen ihre eigenen Verhaltensmuster auf. Die Weißbauchpapageien (Gattung *Pionites*), kleine Papageien mit weißer Brust, die als Heimvögel immer beliebter werden, besitzen eine merkwürdige Angewohnheit, die ich noch bei keiner anderen Art beobachtet habe. Sie reiben sich gerne nach Katzenart an verschiedenen Gegenständen. Ich besaß einen solchen Vogel, der Äste so lange bearbeitete, bis sie spitz zuliefen und sich dann daran rieb. Ich kenne ein Paar von Weißbauchpapageien, die sich nach dem Baden an einem Handtuch reiben! Ein anderer genießt es, sich an den Lederstreifen seines Spielzeugs zu reiben. Ein Besitzer hielt dieses Verhalten fälschlicherweise für Milbenbefall. Wenn man nicht darauf vorbereitet ist, kann es durchaus verwirrend auf einen wirken.

Weißbauchpapageien stoßen einen bestimmten Ruf aus, um ihr Revier zu kennzeichnen. Er wird manchmal als „Krähen" bezeichnet und geht mit einem Ausbreiten der Flügel einher. Weißbauchpapageien sind immer geschäftig. Edelpapageien sind dagegen eher gesetzt. Wenn diese Vögel neugierig sind, dann strecken sie den Hals nach vorn, so dass der Kopf wie gedehnt aussieht. Auch bei Großschnabelpapageien wie dem Schwarzschulterpapagei ist diese Eigenschaft zu beobachten.

Die Körpersprache der weißen Kakadus ist ganz anders. Sie stammen aus Australien und Indonesien. Sie können mit ihren Hauben- und Gesichtsfedern mit Artgenossen kommunizieren. Die Haube wird bei Gefahr, bei der Balz und sogar beim Spielen aufgestellt und auch benutzt, um einen anderen Vogel einzuschüchtern (oder einen Eindringling einer anderen Art). Dann ist sie ganz aufgestellt, die Flügel werden abgespreizt und das Gefieder aufgeplustert, um größer zu wirken. Diese Verhaltensweise ist besonders von den Molukken- und Weißhaubenkakadus bekannt. Mit ihren großen Hauben können sie furchterregend aussehen – die lauten Rufe tragen das Ihre dazu bei. Sie gehören zu den lebhaftesten Vögeln überhaupt und in Menschenobhut kann ihr ausgelassenes Verhalten leicht außer Kontrolle geraten.

Leider werden viele weibliche weiße Kakadus durch die wütenden Attacken der Männchen getötet, wenn diese paarungsbereit sind, die Weibchen aber nicht. Dies geschieht sogar bei Paaren, die jahrelang zusammen gelebt haben. Es scheint fast, als ob das Männchen ein paar Sekunden lang keine Kontrolle mehr über seine Handlungen hat und von einem furchtbaren Drang zum Töten getrieben würde. Wir dürfen die Männchen für dieses Verhalten nicht verurteilen. Der Fehler liegt beim Menschen, weil er Kakadus in viel zu kleinen Käfigen oder Gehegen hält. Beengte Raumverhältnisse führen bei vielen Papageien zu Aggressionen – bei keinen aber kommt dies so stark zum Ausdruck wie bei den weißen Kakadus. Die schwarzen Kakadus

der Gattung *Calyptorhynchus* sind viel ruhiger. Bei ihnen sind Balzverhalten und allgemeines Verhalten völlig verschieden und Aggressivität kommt selten vor.

Warnsignale

Es ist wichtig, die Körpersprache der einzelnen Papageienarten zu verstehen. Wenn man versucht, einen Papageien auf die Hand zu nehmen, der gerade nicht in der Stimmung dazu ist, dann riskiert man, gebissen zu werden, auch wenn der Vogel sonst freundlich ist. Beim Graupapageien gehören ein starrer Blick und das Aufplustern der Kopf- und Körperfedern zu den Warnsignalen. Bei einer Amazone, der in Angriffslaune ist, vergrößern sich die Pupillen ihrer Augen. Bei den lebhafteren Arten ist die Iris orange, so dass bei einer Erweiterung der Pupillen das Auge wie ein Leuchtfeuer aufblitzt. Die Absicht ist unmissverständlich! Gleichzeitig werden die Schwanzfedern zur Schau gestellt, damit der farbige Spiegel sichtbar wird, die Nackenfedern aufgestellt und die Flügel etwas vom Körper abgespreizt. Ein nervöser Kakadu stellt seine Haube auf, geht auf seiner Sitzstange auf und ab und breitet Flügel und Schwanz aus. Einige Amazonen – darunter die Venezuela-Amazone und die vom Aussterben bedrohte Taubenhals-Amazone – können bei Bedrohung oder Erregung die Kopf- und Nackenfedern aufstellen.

Diese Verhaltensweise tritt beim auffälligen Fächerpapagei *(Deroptyus accipitrinus)* aus dem Amazonasgebiet ganz extrem zu Tage. Er besitzt ein ganz erstaunliches Gefieder, das im Nu aufgerichtet werden kann und ihm in ein erschreckendes Aussehen gibt. Es erscheint nicht nur plötzlich ein Fächer aus blauen und roten Federn um den Kopf, sondern auch sein ganzes Gehabe ändert sich. Ich hatte über 20 Jahre lang mit Fächerpapageien zu tun und kenne keinen anderen Papageien, bei dem die Aggressivität in solchem Maße Bestandteil seiner Natur ist. Es überrascht nicht, dass diese Vögel nicht in Schwärmen, sondern paarweise oder in Familienverbänden leben. Das Verhalten der von Hand aufgezogenen Jungvögel unterscheidet sich völlig von dem der erwachsenen Tiere. Die Jungen sind zutraulich, verschmust und anhänglich – einfach unwiderstehlich. Das Problem ist: Sie kennen keine Furcht und die Mischung aus Furchtlosigkeit und angeborener Aggressivität kann gefährlich sein. Manche geben wundervolle Hausgenossen ab – aber man muss auf der Hut sein.

Erregung, die nicht aus Territorialverhalten oder Aggressionen herrührt, zeigt sich ganz verschieden. Viele Papageien kratzen sich dann am Kopf, als ob plötzlich sämtliches Blut in diese Körperregion geflossen wäre. Eines Tages dachte ich, dass sich meine Sammetloris mit der Art wie sie ihre Früchte erhielten, langweilten und machte alles ganz anders. Einer der Sammetloris warf einen Blick in seinen Napf, der die neue Zusammenstellung enthielt, kratzte sich am Kopf und hüpfte auf und ab. Ein solches Verhalten hatte ich vorher noch nie an ihm beobachtet!

Reaktionen auf Training und Erziehung

Während bei einzelnen Vögeln und je nach Umständen diese Reaktionen variieren, hängen sie auch von den charakteristischen Eigenschaften der einzelnen Art ab. Die amerikanische Verhaltensforscherin Phoebe Greene Linden berichtet über die Freude an Erfolg und Belohnung bei Gelbbrustaras. Sie fand heraus, dass selbst misshandelte Vögel bemerkenswert anpassungsfähig auf Trainingsprogramme zur Verhaltenskorrektur reagieren.

Man könnte sagen, sie reagieren versöhnlich. Sogar Vögel, die unter schrecklichen Bedingungen gehalten wurden, konnten so zu liebenswerten Hausgenossen gemacht werden, die dem Menschen Vertrauen entgegen bringen. Andererseits gab es auch einen Arakanga, der jeder Art der Misshandlung, verbaler als auch körperlicher, ausgesetzt war und nur mit Gewalt reagierte. Bei ihm war es eher wahrscheinlich, dass er niemals wieder Menschen vertrauen würde. Man muss immer berücksichtigen, dass Misshandlungen an der Tagesordnung sind – sei es aus Unwissenheit über die emotionalen Bedürfnisse von Papageien oder mit voller Absicht. Es gibt gutherzige Menschen, die sich solcher Vögel annehmen und versuchen, aus ihnen wieder zutrauliche Hausgenossen zu machen. Für das Ergebnis spielen angeborene Eigenarten und Verhaltensweisen der Art eine gleich große Rolle wie die Vorgeschichte des Papageien. Manche Arten sind jedoch von Natur aus aggressiver und selbstbewusster als andere.

Kletter- und Spielbäume können phantasievoll gestaltet sein und bieten Papageien viele Möglichkeiten zur Beschäftigung.

Aufgespießtes Obst oder andere Nahrungsmittel, an die der Papagei nur schwer herankommt, bringen Abwechslung in seinen Tagesablauf.

Spielzeuge, die man aus Holz und Leder selbst herstellen kann, sollten vom Papageien auch zerstört werden dürfen.

Wenn Sie Ihren Papageien frei in der Wohnung fliegen lassen, denken Sie unbedingt an die Gefahrenquellen denken.

3
Warum benimmt sich mein Papagei so?

Auf den folgenden Seiten werden Probleme in alphabetischer Reihenfolge behandelt, die Papageienhaltern häufig mit ihren Vögeln haben. Die Ratschläge sollen ihnen dabei helfen, die Ursache des Problems zu erkennen und Vorschläge bieten, wie es behoben werden kann. Es wird immer wieder darauf hingewiesen, dass es viele verschiedene Gründe für jede Art der Verhaltensstörung gibt, ebenso wie es viele verschiedene Möglichkeiten und Wege gibt, diese zu korrigieren.

■ *Warum...*

... greift er mich an?
... mag er keine Sonne?
... beißt er mich?
... verhält er sich aggressiv?
... duckt er sich und bewegt den Kopf auf und ab?
... taucht er seinen Kopf in den Wassernapf?
... mag er es nicht, wenn man seinen Kopf krault?
... verhält er sich mir gegenüber dominant?
... weicht er sein Toastbrot ein?
... fällt er von seiner Stange?
... füttert er mich?
... wirft er sein Futter aus dem Käfig?
... fliegt er auf Menschen zu und beißt sie?
... zernagt er Möbel?
... hat er eine „schwierige" Phase?
... wetzt er seinen Schnabel?
... krächzt er?
... hasst er seinen Käfig?
... hasst er mich?
... imitiert er das Telefon?

... legt er Eier?
... liegt er auf dem Rücken?
... knabbert er an meinem Haar?
... spricht er nicht?
... rupft er sich die Federn?
... mag er meinen Mann lieber als mich?
... hebt er einen Fuß, wenn ich näher komme?
... weigert er sich, von meiner Schulter auf die Hand zu steigen?
... kratzt er auf dem Käfigboden?
... schreit er?
... schläft er mit einem offenen Auge?
... zerreißt das Papier auf dem Käfigboden?
... scheint er die Sprache von uns Menschen zu verstehen?

Abneigung gegen den Käfig

Ich bin der Meinung, dass jeder Papagei einen Käfig als Basis und Schlafplatz haben sollte. Es gibt Papageien – vor allem junge – denen anfangs erlaubt wird, soviel Zeit wie sie wollen außerhalb des Käfigs, vielleicht auf einem Spielständer, zu verbringen. Natürlich werden sie dann irgendwann nicht mehr gern in ihren Käfig gehen. Aus Sicherheitsgründen und zu Zeiten, wenn der normale Tagesablauf gestört ist (vielleicht wenn das Haus renoviert wird), sollte ein Papagei daran gewöhnt sein, täglich eine gewisse Zeit im Käfig zu verbringen. Außerdem wird ein Papagei, der uneingeschränkte Freiheit genießt, darauf kommen, sein Leben selbst in die Hand zu nehmen. Das kann zu einer Menge von Problemen führen, die davon kommen, dass es dem Papageien an Disziplin mangelt. Stellen Sie sich auch vor, dass der Vogel dann jeden Besucher in Ihrem

Haus, den er nicht leiden kann, wann er will angreifen kann. Es mag unwahrscheinlich erscheinen, dass jemand seinen Papageien außerhalb eines Käfigs halten möchte, vor allem wegen des hohen Fluchtrisikos (ohne oder mit gestutzten Flügeln) – doch gibt es Menschen, die ihren Vogel so halten wollen.

Wenn ein Papagei sich weigert, in den Käfig zurückzugehen, dann sollten Sie ihm außerhalb niemals Leckerbissen geben. Die Belohnungshappen sollten Sie für ihn reservieren, wenn er im Käfig ist. Legen Sie die Leckereien hinein, wenn Sie wollen, dass er in den Käfig geht. Er wird sie nicht übersehen und der Versuchung kaum widerstehen können. Stehen Sie dann bereit, um die Tür gleich zu schließen.

Frage: Ich hatte 20 Jahre lang eine Blaustirnamazone. Leider starb der Vogel vor kurzem und ich kaufte eine handaufgezogene Gelbnackenamazone. Wir haben sie nun seit acht Wochen und sie hat sich noch nicht daran gewöhnt, im Käfig zu bleiben. Sie ist immer auf der Suche nach einem Ausgang. Sie lässt sich nicht dazu bringen, oben auf dem Käfig zu sitzen. Sie will immer davon fliegen. Wird sie ruhiger werden, wenn sie älter wird?

Antwort: Handaufgezogene Vögel sind ganz anders als der importierte Papagei, den Sie vor 20 Jahren gekauft hben. Sie sind anspruchsvoller und wollen immer aus dem Käfig gelassen werden. Oft ist der Vogel auch von seinen ersten Besitzern her dadurch sehr verwöhnt, dass er stundenlang außerhalb des Käfigs sein durfte. Wird diese Zeit langsam verringert, dann wehrt sich der Papagei dagegen.

Ich würde vorschlagen, den Papageien zu ganz bestimmten Zeiten frei fliegen zu lassen, so dass er mit der Zeit weiß, wann das ist. Vögel besitzen ein gutes Zeitgefühl und kennen bald den Tagesablauf. Sie könnten ihn zum Beispiel mindestens zwei Mal täglich herauslassen. In der übrigen Zeit sollten Sie ihm im Käfig genügend Spielzeug

und Weidenzweige zum Knabbern zur Verfügung stellen. Was die Weigerung angeht, sich oben auf dem Käfig niederzulassen, so können Sie dies von einem gezüchteten Vogel nicht erwarten. Sie könnten ihm einen Spielplatz bauen oder kaufen – ein Gerüst mit Seilen, Schaukeln und Spielsachen. Damit kann er sich beschäftigen und seine Aufmerksamkeit wird gefesselt, wenn er außerhalb des Käfigs ist.

Frage: Vor vier Wochen habe ich einen frisch entwöhnten Graupapageien gekauft. Er scheint seinen Käfig zu hassen. Sobald man ihn in den Käfig setzt, geht er auf den Boden und kratzt wie ein Huhn. Warum tut er das?

Antwort: Die Angewohnheit, mit den Füßen auf dem Boden zu kratzen, scheint auf Graupapageien und Mitglieder der afrikanischen Gattung der Langflügelpapageien (*Poicephalus*) beschränkt zu sein. Praktisch alle Graupapageien verhalten sich so, wenn sie sehr jung sind! Zum Glück verliert sich diese Angewohnheit bald. Sorgen Sie dafür, dass sich im Käfig viele Gegenstände befinden, mit denen sich Ihr Graupapagei beschäftigen kann. Lederstreifen, die am Käfiggitter festgebunden werden, eignen sich gut.

Aggressionen

Zuerst muss die Ursache für die Aggressionen gesucht werden. Aggression könnte folgende Gründe haben:

1. Wie Hunde versuchen manche Papageien, durch Aggression Kontrolle über ihren Besitzer zu bekommen. Beißen ist dabei ein wirkungsvolles Mittel. Handaufgezogene Vögel sind furchtlos und greifen oft zu dieser Taktik.
2. Aggression, das heißt Attackieren und Beißen, könnte für einen verängstigten Vogel auf so beengtem Raum wie in einem Käfig das einzige Mittel zur Verteidigung sein.

3. Aggressionen treten oft auf, weil ein Papagei das verteidigt, was er als sein Revier versteht. Oder er verteidigt seine Bezugsperson in diesem Revier.

4. Ein scheinbar aggressives Verhalten wird bei jungen, handaufgezogenen Papageien beobachtet, wenn sie Hunger haben. Schuld daran ist frühes Entwöhnen. Der Versuch, einen Papageien zu früh zu entwöhnen, kann dazu führen, dass er ständig ängstlich und hungrig ist, weil er noch nicht selbstständig genügend oder die für ihn richtige Nahrung aufnehmen kann.

5. Aggressivität kann angeboren sein. Manche Züchter wählen ihre Zuchtvögel nach Größe oder Farbe aus, doch diejenigen, die für den Handel mit Heimtieren züchten, sollten Vögel auswählen, die ein ausgeglichenes Temperament haben. Ein klassisches Beispiel für angeborene Aggressivität waren in meinem Fall die Kuba-Amazonen (*Amazona leucocephala*). Ein Männchen war so aggressiv, dass es aus dem Gehege entfernt werden musste, kurz bevor die Jungen flügge wurden. Im ersten Jahr tötete er seine Söhne kurz nach dem Flüggewerden. Schließlich nach vielen erfolgreichen Zuchtjahren tötete er auch sein Weibchen. Ich fand sie mit schweren Kopfverletzungen. Es war ein trauriges Ende für einen so hübschen Vogel. Einige Jahre später hatte einer seiner Söhne das Alter zum Züchten erreicht. Nach einigen Zuchtperioden tötete er das Weibchen. Wieder hatte ich das Pech, sie zu finden: Sie hatte die gleichen Kopfverletzungen, die sein Vater seiner Mutter beigebracht hatte. Meiner Meinung nach sollten Papageien aus einer bekanntermaßen aggressiven Linie nicht zur Zucht verwendet werden. Da Aggressivität jedoch keine greifbare Eigenschaft ist wie die Farbe, wird sie von den Züchtern ignoriert. Manche Papageienarten – darunter Kakadus, bestimmte Loris und Amazonen – sind von Natur aus aggressiver als andere. Manche Arten sind scheu und werden nur selten aggressiv gegenüber Artgenossen. Jedoch ist die Aggressivität unter Käfigpapageien ein Problem, das mit der Anzahl der handaufgezogenen Vögel angestiegen ist. Der Grund dafür ist, dass diese Tiere ohne Angst vor Menschen groß werden. Bei ihnen kann Aggressionen eine Form sein, Dominanz auszuüben, besonders wenn sie nie erzogen oder zurechtgewiesen worden sind. Bei Wildfängen oder von den Eltern großgezogenen Papageien ist Aggressivität meist ein Ausdruck von Angst. Wird zum Beispiel ein Wildfang in einem kleinen Käfig gehalten, wird er sich der ihn entgegengestreckten Hand zur Wehr setzen, weil er dem bedrohlichen Objekt nicht ausweichen kann. In einem Gehege, wo der Vogel jederzeit davonfliegen oder ausweichen kann, würde er sich zwar scheu, aber nicht aggressiv verhalten. In diesem Fall wird Aggression als eine Form der Selbstverteidigung benutzt.

Frage: Vor sechs Wochen habe ich einen 13 Wochen alten afrikanischen Graupapageien gekauft. Dieses Weibchen ist sehr aggressiv und „hört" normalerweise auf niemand außer meinem Mann. Es beißt viel und wehrt sich gegen Zähmungsversuche. Es rupft sich keine Federn aus und der Tierarzt sagt, es sei gesund. Wir haben seine Flügel stutzen lassen, so dass wir es hinaus lassen können und weil es vorher meist nur „Bruchlandungen" zustande brachte. Es hat einen großen Käfig und wir haben ihm zum Spielen eine Klettervorrichtung angebracht. Es hat jetzt sogar einen Laufstall zum Spielen. Vor zwei Tagen haben wir ihm eine männliche Amazone als Spielgefährten gekauft. Es ist gerade eine Woche älter als das Weibchen. Sobald wir es herauslassen, geht es zu seinem Käfig und versucht, die Amazone in die Augen oder Beine zu beißen. Wir wagen es nicht, die beiden allein zu lassen. Wir füttern das Weibchen zuerst, damit es nicht eifersüchtig ist – aber es hilft alles nichts.

Antwort: Ich will ehrlich sein und Ihnen sagen, dass die beschriebenen Probleme nicht dem Graupapageien zugeschrieben werden können. Ein junger Graupapagei ist nicht von Natur aus aggressiv: Furcht und Aggressivität sind die Folge von Misstrauen, falscher Behandlung oder sogar Hunger. Zuerst einmal hätte sich ein verantwortungsvoller Züchter oder Händler erkundigt, ob Sie sich auskennen und ein Buch über Papageien gelesen haben. Ein Händler hätte Ihnen auch Ratschläge geben müssen und damit die Probleme, die Sie jetzt haben, verhindern können.

Sie haben gesagt, Ihr Graupapagei war 13 Wochen alt, als Sie ihn erwarben und wurde hauptsächlich mit Sonnenblumenkernen ernährt. Wenn man einen 13 Wochen alten Graupapageien in ein neues Zuhause bringt, dann ist es ratsam, ihn zumindest die ersten Tage zwei Mal pro Tag mit dem Löffel zu füttern, um sicher zu gehen, dass er auch genügend Futter bekommt. Graupapageien sind nervöse Vögel und fressen anfangs oft nicht gut – selbst als Erwachsene – davon ganz zu schweigen, wenn sie nicht richtig entwöhnt worden sind. Mit 13 Wochen frisst kein Graupapagei genügend, wenn er nur hartes Futter wie Sonnenblumenkerne zur Verfügung hat. Man sollte sie einem so jungen Vogel eingeweicht anbieten (bei warmem Wetter zwei Mal am Tag, um Schimmelbildung zu verhindern). Er braucht außerdem viel weiche Nahrung: Früchte, Gemüse, Vollkornbrot, in Fruchtsaft eingeweichte Pellets usw.. Ich glaube, dass Ihr Graupapagei anfangs einfach Hunger hatte und deshalb ängstlich und aggressiv reagierte. Er war zwangsentwöhnt worden und das kann sich auf das Wesen eines Papageien Monate lang auswirken.

Der nächste Fehler war, ihm die Flügel zu stutzen: Dadurch wurde er noch ängstlicher. Die Bruchlandungen vorher geschahen, weil das Weibchen noch sehr jung war. Es dauert manchmal einige Wochen, bis Graupapageien die Landung beherrschen. Außerdem brauchen sie im Zimmer mehrere Sitzstangen als eindeutige Landeplätze. Wenn die Flügel eine jungen Papageien schon gestutzt werden müssen (*siehe* Flügel stutzen), dann allmählich und nicht so plötzlich. Sicherlich wird ein Vogel mit gestutzten Flügeln eher abstürzen oder eine Bruchlandung hinlegen? Der junge Vogel kann seine Brustmuskulatur nicht ausbilden, wenn die Flügel sehr früh beschnitten werden.

Der erste Schritt zur Korrektur von aggressivem Verhalten ist es, dem Vogel die Grundbefehle beizubringen, wie auf die Hand zu klettern. Aggression kommt oft davon, dass der Papagei glaubt, er habe die Oberhand über den Menschen – denn er wurde nie richtig erzogen. Wird dieses Problem nicht behoben, bevor er sechs Monate alt ist, dann wird es immer schwieriger, damit umzugehen. Wenn Sie und Ihr Mann sich jetzt vor dem Papageien fürchten, weil er Sie beißt, dann wird eine Zähmung unmöglich sein und es wäre besser, ihn an jemanden abzugeben, der es versteht, sein Vertrauen zu gewinnen. Es stimmt mich traurig, dass Sie schreiben „Es beißt um sich und wir brauchen viel Geduld...“. Einen Vogel zu zähmen, sein Vertrauen zu gewinnen, gelingt nur mit viel Geduld und Liebe und kann sehr lange dauern. Es gibt keine schnelle Lösung. Nur wenn der Papagei Ihnen vertraut, wird seine Aggressivität nachlassen.

Es tut mir Leid, dass Sie sich nicht haben beraten lassen, bevor Sie einen zweiten Papageien angeschafft haben. Das war das Schlimmste, was Sie tun konnten. Das Weibchen braucht Ihre ganze Aufmerksamkeit. Es muss merken, dass Sie es lieben. Jetzt wenden Sie Ihre Aufmerksamkeit einem Neuling zu. Es wundert mich nicht, dass es versucht hat, ihn zu bei-ßen. Es ist unfair beiden Vögeln gegenüber. Der Graupapagei wird extrem eifersüchtig reagieren, was ihn noch aggressiver machen kann. Die Amazone braucht in einem neuen Heim nicht auch noch den Stress einer ag-gressiven Gefährtin. Und das Graupapa-geienweibchen braucht keinen Spielgefähr-ten. Es braucht viel Zuwendung und sensi-ble Behandlung. Graupapageien sind in ih-rer Gefühlswelt viel zu kompliziert für den unerfahrenen Papageienbesitzer.

Mein Rat wäre, die Amazonen zurückzu-geben – was jetzt wahrscheinlich nicht mehr möglich ist. Ich kann Ihnen nur vorschla-gen, die beiden in getrennten Zimmern zu halten, wenn Sie und Ihr Mann zu Hause sind. Sie sollten viel Zeit mit ihnen verbrin-gen, mit ihnen sprechen, ihnen Leckerbissen anbieten und ihr Vertrauen gewinnen, aber ohne zu versuchen, den Zähmungsprozess zu beschleunigen.

Aggressivität bei Kakadus

Eine Verhaltensforscherin berichtete darüber, wie viele Anrufe sie erhielt, in denen sich Papa-geienbesitzer danach erkundigten, wie sie ihren aggressiven Kakadu wieder los werden konnten. Sollte man ihn zur Zucht einsetzen, medika-mentös behandeln, kastrieren (!) oder sogar einschläfern? Sie glaubt, dass die beschriebene Aggressivität der Kakadus oft dem Verhalten entstammt, innerhalb des „Schwarms" eine ge-wisse Rangstellung aufrecht zu erhalten – egal, ob er nun aus Vögeln oder Menschen bestand.

Im letzteren Fall kann die Person, die sich um den Papageien kümmert, unbewusst diese Aggressionen auslösen. Ist ein Kakadu außer Kontrolle – weil er nie erzogen worden ist –, dann versuchen viele Menschen, den Vogel durch lautes, bedrohliches Verhalten zur Raison zu bringen. Der Kakadu fordert diese Reaktion durch sein aggressives Verhalten heraus. Ande-rerseits kann die Aggressivität durch starkes

Territorialverhalten oder das Bedürfnis, die Be-zugsperson vor anderen Menschen zu beschüt-zen, hervorgerufen werden. Sie kann sehr wohl die Folge von Eifersucht sein, vor allem wenn andere Menschen die Aufmerksamkeit der Be-zugsperson vom Kakadu ablenken.

Ist die Aggressivität nicht durch Furcht be-dingt, dann sollte man den Kakadu am besten in Ruhe lassen, wenn er sich dominant verhält oder sein Revier verteidigen will. Man muss lernen, das Verhalten des Kakadus zu erkennen. Bei genauem Beobachten – jedoch ganz unbe-fangen und ohne direkten Augenkontakt – wer-den sich für Sie die Verhaltensmuster heraus-kristallisieren, die auf bevorstehende Aggressio-nen hindeuten. Die Aggressionen können abge-wendet werden, wenn sich der Besitzer zurückhaltend, ruhig und nicht bedrohlich ver-hält. Der Halter sollte eine entspannte Körper-haltung und Gesichtsmimik zeigen.

Werden Sie nie laut, reden Sie leise und ver-trauensvoll vor sich hin, ohne den Kakadu da-bei anzusehen. Der Vogel darf nie das Gefühl haben, aus einer Konfrontation mit Ihnen als Sieger hervorgegangen zu sein. Wenn nötig, verlassen Sie das Zimmer, bevor er aggressiv wird. Lassen Sie ihn in Ruhe, wenn er in ag-gressiver Stimmung ist. Merken Sie sich die Ta-geszeit, zu der die Aggressionen am häufigsten auftreten.

Alter

Die Lebenserwartung von Papageien wurde schon immer stark überschätzt. Angaben über 80- bis 100-jährige Papageien sind wohl eher Fehlschätzungen. Wenn ein Vogel jahrzehnte-lang in der Familie gelebt hat, dann übersieht man leicht, dass es sich vielleicht gar nicht um einen, sondern zwei Vögel gehandelt hat, die nacheinander in die Familie kamen. Man kann sich dann nur noch daran erinnern, dass man als Kind immer einen Papageien besaß. Wenn Papageien ihr fünfzigstes Lebensjahr erreicht haben (was in Wirklichkeit selten der Fall ist), dann sind sie in schlechter Verfassung: Sie leiden an Arthritis und vor allem bei Aras, an Grauem Star. Arthritis kann Papageien – wie auch Menschen – sehr stark schwächen. Selbst wenn die Füße eines alten Papageien normal erscheinen, können sie nicht mehr so gut greifen wie zuvor. Das kann dazu führen, dass der Papagei nachts von der Stange fällt. Damit diese Stürze nicht so schlimm verlaufen, sollten die Sitzstangen weit unten angebracht sein. Hat der Papagei Arthritis in den Flügeln, dann kann er nicht mehr fliegen. Kleine Papageien wie Nymphensittiche können bis zu dreißig Jahre alt werden und sind auch dann noch in recht guter Verfassung.

Ängstliches Verhalten

Kaum eine andere Emotion wirkt sich so stark auf das Verhalten aus wie Angst. Wie kann ein Mensch diese Emotion bei Papageien erkennen? Es gibt zwei Methoden: einmal ihr Verhalten beobachten und dann der Ausdruck in ihren Augen. Das Letztere werden manche bezweifeln und dies überrascht mich nicht im mindesten. Wir Menschen glauben, in den Augen anderer Personen deren Emotionen ablesen zu können. In Wirklichkeit spielt dabei genauso auch der Gesichtsausdruck eine Rolle. Bei Vögeln ist das Gesicht mit Federn bedeckt. Manche Vögeln können durch das Aufplustern der Kopffedern oder das Aufstellen der Haube (bei Kakadus) Angst, Zorn oder Aggression anzeigen. Bei anderen trifft dies nicht zu. Erfahrene Beobachter können Veränderungen in den Augen von Vögeln entdecken, mit denen sie vertraut sind. Angst und Neugier sind dabei am leichtesten zu erkennen.

Kürzlich entnahm ich aus einer Zeitschrift ein großes Foto einer meiner Lieblings-Loris (Papageien, die sich von Nektar ernähren). Das Foto war hervorragend und das Gefieder des abgebildeten Vogels einwandfrei. Ich hänge das Bild in meinem Büro auf. Doch bald danach entfernte ich es wieder: Das Papageienpaar war offensichtlich in einem Fotografierkäfig aufgenommen worden, in den sie unmittelbar davor gesetzt worden waren. Die Furcht in ihren Augen über die fremde Umgebung rückte die Schönheit des Fotos in den Hintergrund. Angst in den Augen eines Papageien zeigt sich der Person ganz deutlich, der sich die Mühe macht hinzuschauen.

Es gibt noch andere Anzeichen für Angst bei Vögeln: Das Gefieder liegt eng am Körper an, um den Vogel kleiner wirken zu lassen. Der Papagei hat einen starren Blick und blinzelt nicht einmal, als ob in dem Bruchteil der Sekunde des Blinzelns ein Raubtier kommen und ihn greifen könnte. Bei Angst fehlen jegliche Anzeichen für Entspannung (siehe Seite 17), wie Dehnen, Pflegen des Gefieders und Dösen. Der Vogel stößt eventuell einen Warnruf aus oder er ist zu verängstigt, um überhaupt einen Laut von sich zu geben. Manche Papageienarten erstarren inmitten einer Bewegung, wobei sich der Fuß regungslos über der Stange befindet. Es ist als wolle sich der Vogel nicht einmal durch die kleinste Bewegung dem Verfolger verraten.

Denken Sie immer daran, dass Papageien und auch andere Vögel jederzeit bereit sind, aufzufliegen, wenn sie sich bedroht fühlen. In Australien kann man kleine Loris wie den Moschus- und Zwergmoschuslori beobachten, wie sie kopfüber vom Nesteingang herunter hängen. Aus dieser Position können sie innerhalb von Sekundenbruchteilen entfliehen. Bei Heimvögeln verhält es sich anders. Vielen Papageien werden die Flügel gestutzt, so dass ihnen dieses Grundverhalten von vornherein verwehrt bleibt. Ich vermute, dass dies ernstere Konsequenzen für das Verhalten nach sich zieht als wir denken. Vögel sind seit Jahrtausenden darauf programmiert, bei Gefahr davonzufliegen. Sie wissen instinktiv, wie sie einem Raubtier entkommen können – mit gestutzten Flügeln können sie es nicht.

47

Welchen Konflikt ruft das in ihnen hervor? Wir werden es nie erfahren. Für einen der Natur entnommenen Vogel kann der Stress so groß werden, dass er anfängt, sich die Federn zu rupfen.

Bewegungen, die Flugabsicht signalisieren

Viele Papageien mit gestutzten Flügeln führen Flugbewegungen aus. Oft sind sie die Folge von Angst, manchmal aber auch bloß ein Ausdruck für den Wunsch, an einen anderen Ort gebracht zu werden. Meine Amazone zum Beispiel (jetzt zu alt zum Fliegen) schlägt immer dann mit den Flügeln, wenn sie von ihrem Ständer in den Käfig gesetzt werden möchte. Man muss wissen, wie das Verhalten zu interpretieren ist.

Flugabsichten werden signalisiert, indem der Papagei eine geduckte Haltung einnimmt, den Kopf nach vorn streckt, die Flügel bewegt und den Schwanz leicht anhebt. Oft wird dies von leisen Lauten begleitet, die man sonst nicht zu hören bekommt. Wenn der Papagei unfähig ist zu Fliegen, wird er dieses Verhalten mehrere Male wiederholen. Ich besitze einen Sammetlori, der aufgrund einer alten Flügelverletzung flugunfähig ist. Seine Flugabsichten bekundet er zusätzlich durch schnell, ruckende Kopfbewegungen.

Wenn sich ein in Menschenobhut gehaltener Papagei in ständiger Angst befindet, dann wird er wahrscheinlich nie zahm oder sprechen lernen. Die Angst kann durch die räumliche Enge eines kleinen Käfigs ausgelöst werden, aus dem es kein Entkommen gibt. Manche ängstlichen Vögel beruhigen sich, wenn man sie in eine Voliere setzt und sie dort fliegen können. Dann sind auch die Bewegungen, die Flugabsicht signalisieren, nicht länger zu beobachten.

Frage: Neulich kaufte ich ein Paar Venezuela-Amazonen. Sie sind sehr nervös und haben angefangen, sich die Schwanzfedern abzubeißen. Wenn ich mich ihnen nähere, hebt einer von ihnen den Fuß. Was hat das zu bedeuten?

Antwort: Die Geste „ein Bein erhoben" ist typisch für eine Amazone, die Angst hat. Sie versucht damit, den Gegenstand ihrer Furcht von sich fern zu halten. Leider wurden ihre Papageien als ausgewachsene Vögel in der Natur gefangen und sie werden deshalb lange Zeit brauchen, um sich an die Menschenobhut zu gewöhnen. Sie stehen immer noch unter Stress. Das ist bestimmt der Grund, weshalb sie ihre Schwanzfedern abbeißen. Die Federn sollten im Spätsommer oder Herbst normal gemausert werden. Bis dahin werden sie sich hoffentlich etwas an die Menschenobhut gewöhnt haben. Sie können dies beschleunigen, wenn sie die Vögel in eine Außenvoliere setzen. Zum gegenwärtigen Zeitpunkt ist es die Nähe zu Menschen, die sie so nervös macht.

Frage: Kürzlich habe ich einen Graupapageien gekauft. Man sagte mir, das er sei zahm. Bei mir zu Hause jedoch krächzt er, wenn ich mich ihm nähere. Wie kann ich ihn zähmen?

Antwort: Bei Graupapageien ist Krächzen ein Zeichen großer Angst. Für einen von Hand aufgezogenen Papageien wäre dies äußerst ungewöhnlich. Man hat Ihnen mit großer Wahrscheinlichkeit einen der Natur entnommenen Papageien verkauft. Wenn seine Augen gelb sind – er also ausgewachsen ist, dann ist es sehr schwierig, wenn nicht unmöglich, ihn zu zähmen. Erwachsene Vögel aus der Natur zu entnehmen ist besonders grausam, weil sie immer in einem Zustand ständiger Scheu und Anspannung sind und sich vor allem fürchten. Die meisten in Menschenobhut gezüchteten Papageien sind beringt. Man sollte nur Vögel kaufen, die einen geschlossenen Ring tragen. Durch den Kauf billiger importierter Vögel fördert man diesen unnötigen Handel. Die Vögel werden zwar mit der Zeit ruhiger, doch es braucht dazu viele Monate und eine sehr geduldige, mitfühlende Person. Die meisten Wildfänge eignen sich nur für eine Voliere.

Attacken

Attacken sind die höchste Stufe von Aggressivität. Leider sind Attacken bei den lebhaften Arten, wie Kakadus und Amazonen gar nicht selten. Weil sie ein echtes Sicherheitsrisiko für die betroffenen Person darstellen und viele Besitzer nicht umgehen können, werden solche Papageien oft wieder verkauft oder an Tierheime abgegeben. Man muss versuchen, das Problem nach dem ersten Angriff zu lösen – sonst wird es nur noch schlimmer (*siehe auch* Aggressionen).

Frage: Mein zweijähriger, männlicher Weißhaubenkakadu verbringt die meiste Zeit außerhalb seines Käfigs. Er kann sich im Haus frei bewegen. Leider hat er damit begonnen, im Flug Personen zu attackieren (meinen Freund, Vater und Bruder beispielsweise) und sie ins Gesicht zu beißen. Bei mir hat er es noch nie versucht. Was kann ich dagegen tun?

Antwort: Wenn man dieses Verhalten jetzt nicht in den Griff bekommt, wird es sich mit zunehmendem Alter nur verschlimmern. Sie können von Ihrer Familie nicht erwarten, dass sie das mitmacht. Ein ausgewachsener, männlicher Kakadu, der nicht trainiert und erzogen wurde, ist offen gesagt ein gefährliches Tier, das Personen ernsthaft verletzen kann. Der Fehler liegt nicht beim Kakadu: Er muss einfach erzogen werden.

Mit großer Wahrscheinlichkeit fühlt sich der Vogel mit Ihnen stark verbunden und greift alle Personen an, die ihm Ihre Aufmerksamkeit streitig machen könnten. Nachdem sich Ihr Kakadu zwei Jahre lang frei bewegen durfte, wird er es nicht hinnehmen, in seinen Käfig gesperrt zu werden, sondern wird darauf reagieren, indem er schreit und

ter verstreut, um Ihre Aufmerksamkeit wieder zu erlangen. Ich würde vorschlagen: kaufen oder bauen Sie ihm ein geräumiges Innengehege, in das Sie immer frische Zweigen geben und dazu eine Auswahl an Spielsachen. Vielleicht können Sie ihn jeden Tag für eine bestimmte Zeit mit in Ihr Schlafzimmer nehmen, so dass er mit den anderen Familienmitgliedern nicht in Berührung kommt. Außerdem wird sich sein Territorialverhalten außerhalb seines Geheges vielleicht etwas abschwächen. Sie müssen ihm jedoch täglich sehr viel Aufmerksamkeit und Zuwendung schenken, damit er nicht unsicher und laut wird oder sich rupft.

Es wird wahrscheinlich nicht funktionieren, wenn Sie ihn immer in seinem Innengehege eingesperrt lassen, weil sein Schreien um Aufmerksamkeit dann zum Problem werden kann. Auch bin ich mir nicht sicher, ob das Stutzen der Flügel eine Lösung wäre. Er könnte dann zwar mehr Zeit außerhalb des Käfigs in Gesellschaft aller Familienmitglieder verbringen, diese aber immer noch attackieren, indem er sie in den Knöchel beißt. Natürlich ist dies nicht so gefährlich wie Angriffe auf das Gesicht, weil man Vorkehrungen treffen kann (Stiefel tragen zum Beispiel).

Genau so wichtig wie diese Veränderungen ist jedoch, dass er trainiert wird. Sobald er einige Befehle beherrscht, sollte seine Aggressivität eigentlich nachlassen, weil er akzeptiert hat, dass Sie das Sagen haben.

Ich glaube, es ist ein grundlegender Fehler, einen Papageien den ganzen Tag über frei im Haus fliegen zu lassen. Er reagiert dann mit Widerwillen, wenn er in den Käfig zurück soll. Das Gegenteil wäre besser: Der Käfig ist sein Zuhause und der Freiflug etwas Besonderes. Ist es da ein Wunder, wenn er sein Revier verteidigt und auf Menschen aggressiv reagiert, die ins Haus kommen? Er betrachtet es als sein persönliches Territorium und andere Menschen als Eindringlinge.

Frage: Vor vier Monaten kaufte mir mein Mann einen dreijährigen Gelbwangenkakadu. Der Kakadu verhielt sich einwandfrei und gewöhnte sich gut ein. Wenn jemand zu Hause ist, darf er frei fliegen. Ich füttere ihn, spreche mit ihm, kraule ihn am Kopf und kümmere mich um alle seine Bedürfnisse. Er bekommt frisches Obst und Gemüse, wobei Karotten und Zuckermais seine Lieblingsspeisen sind. In den letzten zwei Wochen hat sich sein Verhalten verändert. Es ist offensichtlich, dass er meinen Mann bevorzugt und er teilt mit ihm das Abendessen. Auch freut er sich, wenn mein Vater zwei Mal in der Woche zu Besuch kommt: Dann setzt er sich den ganzen Tag auf seine Schulter oder sein Knie.

Als ich letzte Woche an meinem Vater vorbei ging, flog Cocky auf mich zu und biss mich in den Nacken. Als mein Mann nach Hause kam, attackierte mich Cocky wieder und biss mich so stark an der Schläfe, dass ich beinahe ohnmächtig wurde. Früher saß er stundenlang auf meiner Schulter, während ich im Haushalt arbeitete. Er lernte sogar einige Wörter von mir. Obwohl mein Mann und ich seit 36 Jahren verheiratet sind, sitzen wir oft noch zusammen, küssen uns und schmusen. Könnte Cocky eifersüchtig sein? Ich mag den Kakadu wirklich gern und möchte ihn nicht abgeben oder ständig im Käfig halten. Was kann ich tun?

Antwort: Kakadus bilden sehr starke Paarbindungen – stärker als alle anderen Vögel. Ihrer hat sich tatsächlich Ihrem Mann angeschlossen. Sie empfindet er als Eindringling in sein Revier und als Rivalin, deshalb attackiert er Sie. Mit seinen drei Jahren ist er geschlechtsreif geworden und das macht die Sache noch schwieriger. Beschützen des Partners ist solch ein grundlegendes Verhaltensmuster, dass es sehr schwer zu ändern

ist. Wie im zuvor beschriebenen Fall besteht die einzige Hoffnung darin, ihn zu erziehen, weil dadurch Respekt eingeflößt und Aggressivität abgebaut wird. Ob sich danach der Kakadu von Ihnen anfassen lässt, ist schwer zu sagen: Es kann sein, dass er Ihre Befehle in Abwesenheit Ihres Mannes befolgt, Ihnen aber nicht mehr gehorcht, wenn er da ist. Was passieren wird, kann man nur schwer vorhersagen, weil viel von den Reaktionen der betroffenen Menschen abhängt. Sie scheinen nicht nachtragend zu sein und sich – trotz der Bisse – vor dem Vogel nicht zu fürchten. Viele Menschen hätten an Ihrer Stelle Angst vor dem Kakadu und dieser könnte es an der Körpersprache ablesen. Dadurch würde er noch mehr angreifen.

Meiner Meinung nach besteht das Hauptproblem darin, dass es zu unsicher ist, den Kakadu tagsüber frei fliegen zu lassen, ihn einzusperren aber zu weiteren Problemen führen würde. Der zuvor erteilte Ratschlag gilt auch hier. Als letztes Mittel käme der Bau einer Außenvoliere in Frage und die Anschaffung eines weiblichen Gelbwangenkakadus. Es bestünde jedoch die Gefahr, dass das Männchen das Weibchen tötet, was besonders bei handaufgezogenen Kakadus, die nie mit Artgenossen sozialisiert wurden, vorkommt. Diese Vorgehensweise gelingt eher bei Männchen, die von den Eltern aufgezogen oder der Natur entnommen wurden. Man sollte jedoch daran denken, dass der Gelbwangenkakadu nun eine gefährdete Tierart ist, weil er für den Tierhandel überfangen wurde. Zucht in Menschenobhut hat nur einen Wert, wenn die Eltern die Jungen bis zur Selbstständigkeit groß ziehen könnten und diese für künftige Zuchtzwecke eingesetzt werden. Wenn sie in den Tierhandel kommen und männlich sind, töten sie letztenendes möglicherweise mehrere Weibchen, weil die Vorgeschichte der Vögel beim Besitzerwechsel nicht weitergegeben wurde.

Auf der Schulter sitzen

Weil Papageien einen höher gelegenen Sitzplatz bevorzugen, wird ein zahmer Vogel immer versuchen, von der Hand auf die Schulter zu klettern. Das ist akzeptabel bei kleinen Arten wie einem Wellensittich, bei den größeren Papageien aber kann es Probleme geben. Erstens können Sie von dem Papageien gebissen werden. Sie können die Warnsignale, die einem Angriff vorausgehen, nicht sehen (wie das Aufblitzen in den Augen) und einige Ihrer empfindlichsten Körperstellen wie Wangen, Augen und Ohren sind direkt in der Nähe seines Schnabels. Auch ein sonst zuverlässiger Papagei kann unter gewissen Umständen zubeißen, wenn sich eine fremde Person der Schulter oder Hand nähert, auf der er sitzt. Es handelt sich dabei um umgelenkte Aggression: Er kann den Eindringling nicht beißen, reagiert sich an einem Ersatzobjekt ab und beißt stattdessen die Person in seiner nächsten Nähe.

Das zweite Problem, wenn ein großer Papagei auf Ihrer Schulter sitzt ist, dass seine Augen über Ihrer Augenhöhe sind. Das gibt ihm einen psychologischen Vorteil: er fühlt sich Ihnen überlegen. Deshalb kann es schwierig sein, ihn zu kontrollieren, wenn er sich weigert, herab auf die Hand zu kommen oder ihn davon abzuhalten auf die Schulter zu klettern. Womöglich klettert er stattdessen auf Ihren Rücken, von wo Sie ihn nur schwer zurückholen können. Wenn Sie dann jemand anderes bitten, den Papageien vom Rücken zu nehmen, dann besteht das Risiko, dass diese Person oder Sie selbst gebissen werden.

Augenkontakt

Augenkontakt mit einem Menschen kann auf einen nervösen Papageien sehr bedrohlich wirken. Vermeiden Sie dies. Augenkontakt kann bei streitlustigen Papageien auch Aggression auslösen. Wenn ich in eine Voliere mit nervösen oder aggressiven Papageien gehe, vermeide ich immer Augenkontakt oder sogar überhaupt, in die in die Richtung des Papageien zu sehen. So wird meine Anwesenheit leichter toleriert. (Eine kauernde Haltung lässt einen Menschen ebenfalls kleiner und weniger bedrohlich wirken). Beachten Sie, dass ein nervöser Vogel nicht blinzelt, wenn eine Person oder ein Objekt anschaut, das ihm Angst macht.

Der Augenkontakt spielt auch eine große Rolle, wenn man nahe an einen Papageienkäfig herangeht und dem Vogel direkt ins Gesicht starrt. Manche Papageien ertragen es, andere wiederum, wie Graupapageien, können es nicht ausstehen. Wenn Sie zum Käfig eines Vogels gehen, der Sie nicht kennt, dann sollten Sie mindestens einen Meter davor stehen bleiben.

Eine Methode, die amerikanische Verhaltensforscher für die Maßregelung von Vögeln empfehlen, ist der „böse Blick". Wenn der Papagei etwas Falsches getan hat, starrt man ihn einige Sekunden lang unentwegt an. Ich würde diese Methode niemals verwenden. Bei Menschen führt starrer Blick zu unfreundlicher Reaktion und Abwehrverhalten. Ich würde mich selbst nicht gerne als Auslöser solcher Reaktionen bei meinem Papageien sehen. Außerdem verständigen sich Menschen mit ihren Papageien mit Stimme und Worten, so dass bei den meisten Arten das Anstarren wahrscheinlich keine Wirkung zeigen würde. Bei manchen Graupapageien soll es gut funktionieren, wie man mir sagte. Ich glaube aber, eine bessere Methode, einen Papageien zu tadeln ist, mit erhobenem Zeigefinger ein schar und eindeutig das Wort „Nein!" zu sagen.

Bach-Blüten und homöopathische Mittel

In den zwanziger Jahren des vergangenen Jahrhunderts entwickelte der englische Arzt Edward Bach die Theorie, dass bei Menschen Krankheit dazu verhelfen könne, die Harmonie zwischen Körper und Geist wieder herzustellen. Mit Hilfe von 38 Essenzen aus Blüten und Bäumen zeigte er, wie negative Seelenzustände wieder verbessert werden können. Er verwendete Bäume wie Weide, Ulme, Lärche und Walnuss, sowie Sträucher wie Olive, Heckenrose, Holzapfel und Clematis. Die Pflanzenextrakte werden mit Quellwasser verdünnt und mit Alkohol haltbar gemacht. Die fertigen Essenzen sind in Apotheken, Reformhäusern und über den Versandhandel zu beziehen. Ihr großer Vorteil ist, dass sie keine Nebenwirkungen haben und nicht teuer sind.

Es gibt verschiedene Methoden, diese Essenzen Vögeln zu verabreichen. Man kann beispielsweise ein bis zwei Tropfen des Konzentrats dem Trinkwasser hinzufügen. Die meisten Papageien trinken jedoch so wenig, dass diese Methode nicht sehr wirkungsvoll ist. Man kann aber auch ein bis zwei Tropfen der Bach-Blüte mit einem Milliliter Quellwasser verdünnen und diese Mischung dann auf den Kopf oder unter den Flügel des Vogels träufeln.

Es ist bekannt, dass durch negative Seelenzustände bei Menschen und Tieren Krankheiten hervorgerufen oder eine Heilung verhindert wird. Die Bach-Blütentherapie eignet sich zur Behandlung einiger Verhaltensstörungen und psychischer Probleme bei Vögeln. Bei ängstlichen oder aggressiven Vögeln oder Federrupfern kann diese Behandlungsmethode sehr erfolgreich sein.

Noch haben die meisten Tierärzte wenig Erfahrung mit homöopathischen Heilmitteln. Man muss sich also eine homöopathischen Tierarzt oder einen Tierheilpraktiker suchen. Manche Tierärzte kombinieren schulmedizinische und homöopathisch Heilmethoden. Homöopathische Arzneimittel sind als Injektion, Tabletten, Tropfen oder in Ampullenform (in einer Salzlösung) erhältlich.

Fallbeispiel

Ein Gelbhaubenkakadu rupfte sich die Federn und verstümmelte sich die Brust. Gegen seine Nervosität gab man ihm Baldrian (die Dosis wurde vom Tierarzt festgelegt), zur Förderung der Heilung wurde ihm Vitamin E verabreicht. Nach einigen Tagen hörte der Kakadu auf, sich die Federn zu rupfen und sich zu verstümmeln. Nach fünf Monaten hatte er sich vollständig erholt.

Baden

Die meisten Papageien baden mit Begeisterung. Ausnahmen sind einige Arten, die aus sehr trockenen Gebieten stammen. Gegenüber den Regenwaldbewohnern sind sie aber eine Minderheit. In manchen Regionen fallen täglich starke, aber nicht sehr lang anhaltende Regenschauer. Es herrscht hohe Luftfeuchtigkeit, die gut für das Gefieder der Vögel ist. Für mich gibt es keinen traurigeren Anblick als einen Papageien, der nie duschen oder baden durfte. Das Gefieder sieht dann trocken und staubig aus – und dem ganzen Papageien sieht man die Vernachlässigung an. Abends sollten Sie Ihrem Papageien kein Bad mehr gestatten, um zu verhindern, dass er mit nassem Gefieder schläft.

Es gibt drei Methoden, mit denen man sichergehen kann, dass das Gefieder gut durchnässt wurde. Mindestens ein bis zwei Mal pro Woche oder auch öfter sollte man dem Papageien die Möglichkeit zum Baden geben.

1. Füllen Sie eine Pflanzen-Sprühflasche mit warmem oder kaltem Leitungswasser und stellen die Düse auf Feinverstäubung. Sprühen Sie anfangs nur leicht (besonders bei jungen Papageien), später – wenn die Dusche zu einem regelmäßigen, freudigen Ereignis geworden ist – können Sie das Gefieder ganz nass machen. Viele Papageien freuen sich schon im Voraus auf ihre Dusche und spreizen ihre Flügel ab, damit das Wasser überall hinkommt.

2. Manche Besitzer nehmen ihre größeren Papageien mit unter die Dusche. Dies ist für junge Papageien nicht empfehlenswert, weil ihr Gefieder nicht völlig durchnässt werden sollte, bevor sie sechs Monate alt sind. Seien Sie zu Anfang behutsam, damit sich der Vogel nicht ängstigt. Sie können ihn erst ein paar Mal beim Duschen zusehen lassen. Das fließende Wasser veranlasst ihn vielleicht, laut zu schreien und sein Federn aufzuplustern. Das ist ein sicheres Zeichen dafür, dass er auch nass werden möchte! Duschen kann auch deshalb angenehmer sein, weil bei einem Vollbad Kakadus oder Aras gerne sehr viel Wasser in die Gegend verspritzen. Die Methode birgt jedoch auch Risiken: Ein Ara, der auf dem Arm seines Besitzers mit ihm zusammen duschte, verlor den Halt, konnte sich jedoch noch während des Fallens am nächstgelegenen Körperteil seines Besitzers festkrallen!

3. Man stellt eine große, aber flache Schüssel auf den Fuß- oder Käfigboden, wenn die Käfigtür groß genug ist. Ein auf der Wasseroberfläche schwimmendes Spinat- oder Salatblatt animiert den Papageien zu einem Bad.

Regelmäßiges Duschen gibt dem Vogel ein glänzendes Gefieder und gepflegte Füße und Haut. Vor allem – und das gilt insbesondere für Kakadus und Graupapageien – verhindert es die übermäßige Ansammlung von Federstaub, der abgegeben wird, wenn der Vogel das Gefieders schüttelt oder mit den Flügeln schlägt. Dieser Staub kann ernste Folgen für Asthmatiker haben. Auch andere Vögel in der Umgebung können allergisch darauf reagieren.

Frage: Warum taucht meine Blaustirnamazone ihren Kopf so oft in die Wasserschüssel?

Antwort: Sie möchte baden. Die meisten Wasserbehälter in Papageienkäfigen fassen gerade genug Wasser zum Trinken. Ihre Amazone sehnt sich so nach Wasser auf ihrem Gefieder, dass sie es auf diese Weise versucht. Amazonen sind die größten „Wasserratten" von allen. Enthalten Sie ihr dieses wichtige Vergnügen nicht vor.

Beißen

Dies gehört zu den häufigsten Problemen bei Heimpapageien und hat seinen Ursprung meist in mangelndem Verständnis des Besitzers für seinen Vogel. Dieses Problem muss von zwei Seiten beleuchtet werden: Auf der einen stehen die handaufgezogenen Papageien, auf der anderen die ungezähmten. Die einen beißen, um ihre Dominanz zu zeigen, die anderen aus Angst.

Handaufgezogene Papageien

Junge Papageien sind sehr verspielt und erforschen wie Hundewelpen Gegenstände, indem sie darauf herumbeißen. Dazu können auch Finger gehören. Anfangs beißt der Papagei nicht fest zu, sondern ist nur neugierig, was Finger eigentlich sind. Eines Tages dann beißt er richtig zu und der Besitzer schreit laut auf. Für den Papageien scheint dies eine positive Reaktion zu sein. Es macht Spaß. Gleich von Anfang an sollte man als Besitzer eines Papageien verhindern, dass er mit Fingern spielt. Wenn der Vogel dann trotzdem eines Tages zubeißt, dann sollten Sie darauf vorbereitet sein und möglichst keinerlei Reaktion zeigen. Wenn keine Reaktion auf den Biss folgt, macht das Ganze wenig Spaß. Papageien, die normalerweise sehr sanftmütig sind, beißen manchmal während des Spielens. Der Grund dafür ist, dass sie vor lauter Spiel ganz aufgeregt sind – nicht aber Bösartigkeit.

Bisweilen scheint ein Papagei zu beißen, in Wirklichkeit aber hat er durch eine ungeschickte Bewegung des Besitzers die Balance verloren. Ein Sperlingspapageienbesitzer berichtete, wie sich sein Vogel beim Erklettern der Sitzstange oder des Fingers mit Hilfe seines Schnabels ausbalancierte. Eine Person, die mit dieser Verhaltensweise nicht vertraut ist, würde sie als Vorstufe des Beißens verstehen und zurückweichen. Wenn der Papagei seinen Schnabel zum Hinaufklettern schon in die richtige Position gebracht hätte, dann würde er am Finger hängen, um das Gleichgewicht nicht zu verlieren. Die betreffende Person würde dann denken, sie wäre gebissen worden. Folglich sollte man dieses Verhalten jeder neuen Person erklären und sie bitten, den Finger weiterhin ausgestreckt zu halten oder aber keinem Fremden gestatten, den Vogel zu halten.

Wenn der Papagei erwachsen wird, fängt er an, Ihre Autorität in Frage zu stellen. Typisch dafür sind die Weigerung, Befehle zu befolgen und Beißen (*siehe* Jugend). Bringen Sie dem Papageien einige Grundbefehle bei, wie „Auf die Hand!", dann haben Sie ihn besser unter Kontrolle. Sobald der Papagei akzeptiert hat, dass er auf Ihre Befehle reagieren muss, wird sein Respekt gegenüber Ihnen als dem „Anführer des Schwarms" wachsen. Ein Papagei beißt kein ranghöheres Schwarmmitglied.

Sie können nun entgegnen, das sei alles nur Theorie, aber es ist in der Praxis nicht einfach, mit einem beißenden Papageien zurecht zu kommen. Vielleicht trauen Sie sich eher, wenn Sie dünne Baumwollhandschuhe tragen, die man Drogerien und Apotheken bekommt. Sie sollten von der Farbe neutral sein. Besser ist es, Sie bringen einem beißenden Papageien bei, auf eine kleine Sitzstange oder einen Stock anstatt auf die Hand zu klettern. Wenn er den Stock beißen will, ist das nicht schlimm. Er kann dadurch einen Teil seiner Aggressionen loswerden.

Als Lösung für beißende Papageien wird leider viel zu oft das Stutzen der Flügel empfohlen. Das Grundproblem besteht aber nicht darin, dass der Vogel ungestutzte Flügel hat, sondern dass er nicht erzogen oder trainiert wurde. Die Lebensqualität eines Vogels, der alles durfte, verbessert sich nicht durch das Stutzen der Flügel, durch das Trai-

ning, einige grundlegende Befehle zu befolgen, aber sehr wohl.

Man muss außerdem akzeptieren, dass jeder Papagei – wie wir Menschen – seine Eigenarten besitzt. Meine Amazone beißt mich, wenn ich versuche, sie auf die Hand zu nehmen, wenn ich Mantel oder Jacke trage. Ich kann nicht sagen, warum sie das tut: Ich muss es akzeptieren und solche Situationen vermeiden.

Jede Veränderung, die das Vertrauen des Papageien zerstört – sei es eine Misshandlung oder sogar Flügelstutzen – kann seinen Charakter so verändern, dass er anfängt zu beißen. Der Leser einer Vogelzeitschrift beschrieb, was geschah, als man einem Graupapageien im Alter von sechs Monaten die Flügel stutzte. Nach dem Stutzen konnte er zwar geradeaus fliegen, aber nicht mehr an Höhe gewinnen. Schließlich brachen einige seiner Schwanzfedern und er konnte überhaupt nicht mehr fliegen. Daraufhin wurde aus einem liebenswerten, verspielten Papageien ein launischer Beißer. Früher wäre er weggeflogen, wenn ihn etwas irritierte, nun biss er stattdessen. Papageien beißen, wenn sie sich bedroht fühlen und der Gefahr nicht entfliehen können. Als die Federn dieses Graupapageien wieder nachwuchsen, gewann er langsam sein Vertrauen zurück und hörte auf zu beißen. Sein Besitzer sagte, er würde nie wieder einem Papageien die Flügel stutzen.

Frage: Mein 15 Monate alter, handaufgezogener Molinasittich hat mit Beißen angefangen und benimmt sich wie ein scheuer Wildvogel, wenn ich an seinen Käfig gehe. Warum tut er das?

Antwort: Es ist nicht ungewöhnlich, dass sich das Verhalten von Papageien in der Jugend verändert, besonders während der Brutsaison, wenn die Hormone einen großen Einfluss ausüben. In der Jugend durchlaufen viele handaufgezogene Vögel eine Phase, in der sie gern beißen. Es ist jedoch nicht normal, wenn sich ein Vogel verhält, als ob er Angst hätte: Normalerweise ist in dieser Zeit das Gegenteil der Fall – er versucht nämlich, die Oberhand zu gewinnen. Ich vermute, Ihr Vogel hat jemanden gebissen und derjenige hat sich an ihm gerächt, indem er ihm entweder Angst gemacht hat oder ihm weh getan. Ein Papagei, der so behandelt wird, kann Monate brauchen, bis er wieder Vertrauen fasst – wenn überhaupt. Sie sollten meines Erachtens die Einstellung der anderen Familienmitglieder gegenüber dem Papageien überprüfen. Jegliche Art der Misshandlung muss aufhören. *Siehe* Phobien.

Berechenbares Verhalten

Dies sollte auf Ihr Verhalten als Besitzer im Umgang mit Ihrem Papageien zutreffen. Sie sollten immer gleichbleibend freundlich sein. Wenn Ihr Papagei sich vollkommen auf Ihre Reaktionen verlassen kann, dann wird auch er in seinem Verhalten berechenbarer sein. (*Siehe auch* Launen.)

Beringen

Ein geschlossener Ring deutet darauf hin, dass der Vogel in Menschenobhut gezüchtet wurde und dient zur Identifizierung des einzelnen Vogels. Auf dem Ring sind meist das Jahr, eine laufende Nummer sowie die Initialen des Züchters eingraviert. Die meisten Papageien nehmen ihren Ring gar nicht zur Kenntnis, der er ihnen angelegt wurde, als sie gerade die Augen öffneten. Sitzt der Ring nicht richtig, dann kann er aber zur Gefahrenquelle werden. Zwischen Bein und Ring können sich Maschendraht oder Zweige einklemmen und der Vogel kann sich darin verfangen. Sitzt der Ring zu eng, ist dies noch gefährlicher, weil die Blutzirkulation im Bein unterbrochen werden kann.

Frage: Warum beißt mein Tritonkakadu andauernd an seinem Ring herum, so dass dieser schon völlig verbogen ist? Soll ich ihn entfernen und wenn ja, wie?

Antwort: Manche Papageien, vor allem die mit den sehr kräftigen Schnäbeln spielen gern mit ihrem Ring und beißen später auch darauf herum. Es besteht die Gefahr, dass der Ring ins Bein einschneidet und den Papageien ernsthaft verletzt. Dies passiert besonders oft bei den großen Aras und Kap-Papageien (*Poicephalus robustus*). Ich rate Ihnen, so schnell wie möglich einen Fachtierarzt aufzusuchen, der den Ring mit einem Spezialwerkzeug entfernen kann. Versuchen Sie es nicht selbst. Wenn man die Technik nicht beherrscht, dann kann man das Bein verletzen. Jeder Besitzer eines beringten Papageien sollte immer wieder nach dem Zustand des Ringes sehen. Es ist schon vorgekommen, dass ein Papagei sein Bein verlor, weil sich zwischen Bein und Ring ein Fremdkörper eingeklemmt hatte, der das Bein anschwellen ließ. Dies ist zwar selten, kommt aber vor.

Muss der Ring entfernt werden, dann sollte man sich die Ringnummer notieren (wenn sie noch lesbar ist). Aus Sicherheitsgründen sollte der Papagei danach mit einem Mikrochip versehen werden. Denken Sie aber daran, dass der Papagei, wenn er gestohlen wurde, anhand seines Ringes kaum identifiziert werden kann, weil Diebe diesen meist zuerst entfernen. Einen Mikrochip hingegen kann man nicht lokalisieren, so dass diese Markierungsmethode viel sicherer ist. Für die großen Aras und Kap-Papageien wird sie deshalb anstelle der Beringung empfohlen.

Berührung

Viele Papageien sind liebevolle Hausgenossen, die es genießen, wenn man sie am Kopf krault und die diese Zärtlichkeit erwidern, indem sie das Haar oder den Augenbereich des Besitzers „pflegen". Die meisten Papageien lassen sich außer am Kopf nicht gerne berühren, und besonders nicht am Schwanz. Kakadus sind eine Ausnahme, sie genießen Berührungen am ganzen Körper. Man muss sich aber darüber klar sein, dass andere Papageien normalerweise solche Vertraulichkeiten nicht dulden. Manche Papageien wollen überhaupt nicht angefasst werden. Egal wie zahm sie in anderer Hinsicht auch sein mögen, sie dulden es nicht, von Menschen berührt zu werden.

Manchmal gibt es keine andere Erklärung dafür als dass es an der Eigenart des einzelnen Vogels liegt. Der Grund könnte aber auch sein, dass in der Vergangenheit des Vogels ihm eine Person mit der Hand zu nahe kam oder sich zu schnell bewegte und ihn dadurch ängstigte. Wenn dem Vogel die Absicht klar ist, duldet er Annäherungsversuche eher. Erfolg versprechend ist es, einen solchen Versuch immer mit dem gleichen Wort, bespielsweise „Streicheln", einzuleiten, vor allem bei Vögeln, die in der Jugend nie angefasst worden sind. Wenn aber alle Versuche fehl schlagen und der Vogel nach wie vor eine Aversion gegen menschliche Berührungen hat, dann muss man sein Verhalten eben akzeptieren. Die Familienmitglieder und auch Besucher müssen einsehen, dass Berührungen nicht gestattet sind.

Zu Beginn sollte man versuchen, den Papageien am Nackengefieder zu kraulen, weil diese Stelle allgemein toleriert wird. Regelrecht „streicheln" sollte man keinen Papageien – außer vielleicht Kakadus. Dafür gibt es zwei Gründe: Die oft feuchte und leicht klebrige Menschenhand kann die Federn in Unordnung bringen und wenn sie nicht sauber ist, sogar Krankheiten übertragen. Wird ein Papagei ständig an der selben Stelle von jemand gekrault, der entweder Nikotin oder ölige Chipsreste auf der Hand hat, kann es sogar dazu kommen, dass sich der Vogel in diesem Bereich die Federn rupft.

Der zweite Grund ist, dass wenn man ein Weibchen am Rücken streichelt, es für den Vogel ähnlich den Annäherungsversuchen des Männchens vor der Paarung ist. Manche Weibchen gehen dann in Paarungsstellung.

Bestrafung

An anderer Stelle wurde schon erwähnt, dass man versuchen sollte, sich in seinen Papageien hineinzudenken, sich an seine Stelle zu versetzen, um ihn und seine Beweggründe besser zu verstehen. Sobald man dazu in der Lage ist, wird man erkennen, dass wenn man Verhalten ändern will, Bestrafung im schlimmsten Fall nutzlos und im besten Fall wirkungsloser ist als Belohnung. Strafe gibt es in der Tierwelt nicht. Sie existiert nur in unserer Vorstellung und wir dürfen nicht erwarten, dass Vögel oder Tiere allgemein verstehen, was wir damit meinen. Statt einen Papageien für sein Geschrei zu bestrafen, sollten wir mit ihm sprechen und ihn loben, wenn er sich gut benimmt, sich zum Beispiel mit seinen Spielsachen beschäftigt – und ihn ignorieren, wenn er laut ist.

Zahme Papageien sehnen sich nach menschlicher Zuwendung. Wenn man den Raum verlässt, sobald der Papagei zu schreien beginnt, dann wird er schließlich merken, dass sein Schreien die entgegengesetzte Wirkung hat. Bei Kakadus, die zwangsentwöhnt wurden, funktioniert diese Vorgehensweise wahrscheinlich nicht. In diesem Fall rührt das Verhalten von einer tief sitzenden Unsicherheit aus frühester Jugend her. Es ist ein psychologisches Problem von solcher Tragweite, dass der Kakadu als psychisch gestört bezeichnet werden kann.

Selbst wenn Papageien die Bedeutung einer Strafe verstehen könnten, wie sollten sie wissen, wofür man sie bestraft? Wir können es ihnen nicht mit Worten sagen. Vögel agieren so schnell, dass unsere Strafe ankommt, wenn der Vogel längst ein ganz anderes Verhaltensmuster durchläuft.

Bindung an Menschen

Von einer Bindung eines Papageien an einen Menschen oder eines Papageien an einen anderen Papagei spricht man, wenn zwischen beiden ein sehr enges Verhältnis besteht. Es ist jedoch nicht wahr, dass man, um diese enge Bindung zu erreichen, den Papageien von Hand aufziehen muss. Eine Bindung kann sich in jedem Alter entwickeln, wenn die Umstände entsprechend sind. Im Grunde bedeutet es, dass der Papagei einem Menschen vertraut und dessen Gesellschaft der anderer Personen oder Vögel vorzieht.

Man sollte jedoch nicht davon ausgehen, dass alle Papageien eine Bindung zu einem Menschen eingehen wollen. Manche wollen es nicht, sie sind lieber mit einem Papageien zusammen. Wenn Sie versuchen, einem solche Vogel Ihre Aufmerksamkeit aufzuzwingen, erreichen Sie nichts, höchstens dass der Vogel argwöhnisch wird. Bisweilen muss man akzeptieren, dass ein Papagei als Hausgenosse ungeeignet ist. Wenn man vermutet, dass der Papagei die Gesellschaft von Artgenossen vorziehen würde, dann sollte man sein Verhalten gegenüber einem anderen Papageien testen. Das bedeutet nicht unbedingt, dass man den Vogel in eine Zuchtvoliere setzt: Er kann durchaus gut im Haus gehalten werden, wenn er einen anderen Papageien als Gesellschaft hat.

Allgemein herrscht die Meinung, dass Papageienweibchen immer Männer und männliche Papageien Frauen vorziehen. Das stimmt für viele Papageien – aber eben nicht für alle. Unabhängig vom Geschlecht entwickelt ein Papagei eine so starke Bindung an einen einzigen Menschen, dass er die anderen Familienmitglieder vielleicht gerade noch toleriert. Das Ziel sollte aber sein, eine solche Situation dadurch zu vermeiden, dass sich möglichst viele Personen mit dem Papageien beschäftigen und mit ihm umgehen – ganz von Anfang an (*siehe* Erziehung).

Trotz einer starken Bindung an eine Person können aber junge erwachsene Papageien ihr Verhalten noch ändern und ihre Zuneigung einem anderen Menschen schenken. In den USA führte Jane Hallander eine Internet-Umfrage unter Besitzern von Graupapageien durch. Die Zahl der beteiligten Vögel wurde nicht angegeben, nur dass sie unter Einhundert lag. Die Umfrage zeigte, dass 63 % der männlichen Kongo-Graupapageien sich von der anfänglichen Pflegeperson einem anderen Familienmitglied zuwandten. Dies geschah im Alter zwischen zwei und drei Jahren. Das ist deshalb interessant, weil Papageien in freier Wildbahn sich in diesem Alter ihren Paarungspartner suchen. Bis zu dem Zeitpunkt war meist ein anderes Familienmitglied oder Geschwister der feste Partner. Bei den Weibchen wechselten 16 % die ihre Bezugsperson. Die kleine Umfrage brachte noch ein überraschendes Ergebnis: Von den Timneh-Graupageien (*Psittacus erithacus timneh*) änderte kein einziger seine „Paarbeziehung" (Hallander, 1999).

Frage: Wir bekamen unseren fünfjährigen, weiblichen Rotbauchpapagei (*Poicephalus rufiventris*) im Alter von einem Jahr, weil er zu menschenbezogen war, um zur Zucht eingesetzt zu werden. Das Weibchen hat sich von Anfang an so eng an meinen Mann gebunden, dass kein anderes Familienmitglieder es anfassen darf. Es kann aggressiv sein. Was kann ich tun, um seine Zuneigung zu gewinnen?

Antwort: Nichts mehr, aller Wahrscheinlichkeit nach – ist es zu spät. Die Bindung an Ihren Mann ist jetzt zu stark. Die anderen Familienmitglieder werden als Konkurrenten angesehen und solange Ihr Mann sich ständig mit dem Papageien beschäftigt, wird sich sein Verhalten kaum ändern. Meine eigene Amazone, die damals 15 Jahre mit mir zusammen lebte, ließ sich nie von jemand anderem anfassen. Einige Monate lang musste ich jedoch während der

Woche auswärts arbeiten und kam nur am Wochenende nach Hause. In dieser Zeit wurde sie meinem Partner gegenüber viel freundlicher, weil er die einzige Person im Haus war. Ich besitze sogar noch ein Foto, auf dem die Amazone auf seinem Schoß sitzt und von seinem Teller isst. Es war die einzige Zeit in den 32 Jahren, in denen sie mit mir zusammen lebt, in der jemand anderes mit ihr umgehen konnte. Das beweist, dass sich unter bestimmten Umständen das Verhalten eines Papageien ändern kann.

Es kann sich sogar auf unerwünschte Art verändern – wie die Besitzerin einer Blaustirnamazone feststellen musste. Während ihrer viermonatigen Abwesenheit war die Amazone bei einem Freund. Als die Dame in ihr neues Heim umgezogen war, holte sie den Papageien wieder zu sich. Sein Verhalten hatte sich jedoch vollständig verändert: Er war aggressiv und abweisend. Sie war niedergeschmettert, weil die Amazone ihr einziger Gefährte war. Sie suchte Rat. Was konnte sie tun? In einer solchen Situation heißt es, Geduld zu bewahren und so zu tun, als ob alles in bester Ordnung wäre. Vor allen Dingen sollten Sie jegliche Konfrontation vermeiden, die den Papageien dazu bringen könnte, zu beißen. Die Dame befolgte den Rat und hielt durch. Es dauerte mehrere Monate bis die alte Freundschaft wieder hergestellt war, doch ihr behutsames Vorgehen war erfolgreich.

Manchmal kommt man nicht umhin und muss eine vorübergehende Pflegestelle für einen Papageien suchen. Doch dieser Zeitraum sollte so kurz wie möglich sein. Je länger sich der Papagei an eine neue Person gewöhnt hat, desto schwieriger kann es sein, diese Bindung wieder aufzulösen.

Brutverhalten

Siehe Paarungsverhalten

Destruktives Verhalten

Das Nagebedürfnis ist bei fast allen Papageienarten stark ausgeprägt. Es ist eines der Merkmale, die Papageien von anderen Vögeln unterscheiden. Wenn Sie Papageien dieses Bedürfnis nicht zugestehen können, dann halten Sie Enten oder Finken! Für das Wohlergehen von Papageien ist Knabbern und Nagen absolut wichtig. Wenn sie die Möglichkeit dazu haben verhalten sich die meisten Papageien im Haus nicht destruktiv. Kakadus bilden eine Ausnahme, man könnte sie als geflügelte Abbruchunternehmer bezeichnen. Anders als die übrigen Papageien sind sie geradezu unübertrefflich, wenn es darum geht, Dinge auseinander zu nehmen und zu zerstören. Kakadus können mit Leichtigkeit Schrauben herausdrehen oder in der Voliere Klammern und Verbindungsteile lösen, mit denen geschweißtes Drahtgeflecht verbunden ist. Sie sind bekannt dafür, eine Voliere, die nicht stabil genug gebaut ist, völlig abzubauen.

Auch Aras können viel Schaden anrichten, wenn man sie lässt. Aras könnte man mit einem Kleinkind vergleichen, das man mit einer Kettensäge frei im Haus herumlaufen lässt. Manche Menschen lassen ihre verwöhnten Aras das ganze Haus zerlegen. Sie reißen Tapeten herunter, machen Löcher in die Wände und zernagen Möbel. Wenn dann nach einer Weile dieses Verhalten nicht mehr toleriert werden kann, wird der Papagei beiseite geschoben. Es gibt aber mehrere Möglichkeiten, diesem Verhalten Einhalt zu gebieten. Wenn es im Haus einen kleinen, ungenutzten Raum gibt, dann sollte man Möbel und Teppich daraus entfernen und ihn mit großen Ästen, Schaukeln und Spielzeug ausstatten. Fenster sollten mit geschweißten Gitter gesichert werden. Für Papageien ist es wichtig, ihren Zerstörungsdrang ausleben zu können und dazu eignet sich nichts besser als frisch geschnittene Äste und Zweige.

Den meisten Menschen ist es jedoch nicht möglich, dem Papageien ein ganzes Zimmer zur Verfügung zu stellen. Man sollte daher an den Wandflächen, an denen er am meisten nagt, Acrylglas anbringen. Außerdem sollte ein Ständer zur Verfügung stehen, an dem ein frisch geschnittener Ast befestigt ist. Der Ast sollte so oft wie möglich durch einen neuen ersetzt werden. Äste von Obstbäumen, Ulme, Weide, Pappel und Weißdorn sind unter anderen geeignet. Wenn ein Papagei an einem Möbelstück zu nagen beginnt, sollte er sofort mit einem klaren „Nein!" in den Käfig zurück gesetzt werden.

Frage: Wie kann ich verhindern, dass mein Goffin-Kakadu die Tür oben annagt, wenn er zu seinem täglichen Ausflug aus dem Käfig darf?

Antwort: Die Antwort heißt auf keinen Fall „Flügel stutzen". Der Nutzen, den ihm die Flügelübungen bringt, ist bei weitem höher als der angerichtete Schaden. Zu seiner eigenen Sicherheit sollte man den Papageien aber davon abhalten, auf Türen zu sitzen. Der Vogel könnte leicht getötet oder verletzt werden, wenn die Tür durch einen Windzug plötzlich zuschlägt. Sein Kaubedürfnis müssen Sie auf einen anderen Bereich lenken. Das ist leichter gesagt als getan, weil Kakadus mit ungestutzten Flügeln meist zu aktiv und neugierig sind, um lange Zeit auf einem Spielgerüst sitzen zu bleiben. Er sollte dort dazu verführt werden, seine Aufmerksamkeit auf verschiedene „kaubare" Gegenstände zu lenken, wie kleine, frisch geschnittene Zweige, Tannenzapfen, unbehandelte Holzreste von Basteleien, Lederspielzeug und Textilstreifen. Da manche Papageien auf neue Dinge nervös reagieren, sollten diese nach und nach bereit gestellt werden.

Ich würde vorschlagen, die Tür geschlossen zu halten, wenn der Kakadu frei im Zimmer ist, weil er sich dann nach einem anderen Sitzplatz umsehen muss. Bringen Sie ziemlich weit oben einen Ast im Zimmer an und schützen Sie den Teppich darunter mit Plastik vor herabfallendem Holzabfalls und Vogelkot. Befestigen Sie den Ast wirklich sicher, denn er für den Papageien schon bald der Mittelpunkt des Zimmers sein. Sicherer wäre es auch, in diesem Bereich die Wand durch ein hartes Material zu schützen, denn mit abgekauten Tapeten und Löchern in der Wand, die wieder gefüllt werden müssen, macht der Vogel sich beim Mann im Hause nicht gerade beliebt. Wenn der Kakadu seinen neuen Sitzplatz nicht annimmt, dann sollte man ihn an einen anderen, für ihn interessanteren Ort verlegen. Sobald er ihn akzeptiert hat – was eigentlich der Fall sein sollte, wenn der Sitzplatz höher als die Türkante ist – muss sein Interesse durch ständig wechselnde Gegenstände, die zerstörbar oder essbar sind, aufrecht erhalten werden. Ganze Walnüsse eignen sich hervorragend dazu. Sie sollten sie dann nur an diesem Ort füttern. Gegenstände wie leere Toilettenpapierrollen sind dagegen nicht sehr nützlich, weil sie zu schnell kaputt gehen.

Frage: Normalerweise benimmt sich meine Amazone sehr gut, wenn sie frei im Zimmer ist. Das einzige Problem ist, dass er immer versucht ein Textilsofa anzuknabbern. Wie kann ich verhindern, dass er es kaputt macht?

Antwort: Versuchen Sie, ihn dazu zu bringen, sich auf einem Ständer oder Spielgerüst mit frisch geschnittenen Ästen zu beschäftigen. Sollte dies nicht funktionieren, dann decken Sie das Sofa ab, wenn er frei fliegt. Ich möchte anmerken, dass Ledersofas für Papageien viel weniger interessant sind, weil sie die kalte, glatte Oberfläche nicht mögen. Sorgen Sie im Käfig für genügend Spielzeug und Kaugegenstände, so dass er weniger zerstörerisch ist, wenn er heraus darf. Ich möchte Ihnen auch noch die traurige Geschichte eines Grünflügelaras ans Herz legen. Er durfte in Abwesenheit seines Besitzers ein Sofa zerstören. Dabei verschluckte er Fasern aus der Füllung und dies kostete ihn das Leben.

Frage: Warum zerstört mein Blaugelber Ara innerhalb kurzer Zeit die Holzstangen in seinem Käfig? Es gibt kein Holz, das stabil genug wäre, um ihn daran zu hindern. Soll ich Metallstangen anbringen?

Antwort: Für einen großen Ara ist es etwas Natürliches, mit seinem Schnabel Gegenstände kaputt zu machen. Dieses Verhalten kann nicht geändert werden. Es kann sein, dass er sein Interesse an den Sitzstangen etwas verliert, wenn Sie ihm einen Vorrat an dicken Ästen aus hartem Holz anbieten. Vielleicht können Sie einen Baumpfleger bitten, Ihnen Holz oder Äste zu überlassen, die Sie dann zum Zernagen oder als Sitzstangen zurecht sägen können. Auf keinen Fall sollten Sie Metallstangen verwenden. Sie sind für die Füße zu kalt, zu hart und geben keinen Halt.

Dominantes Verhalten

Die Gründe, warum Papageien versuchen, Menschen zu dominieren und wie dieses unangenehme Verhalten behoben werden kann, werden an anderer Stelle beschrieben (*siehe* Aggressionen, Erziehung). Papageien können so sorgsam und feinfühlig die Oberhand über einen Menschen gewinnen, dass dieser eine ganze Zeit lang kaum wahrnimmt, was eigentlich passiert.

Eine Form ist die Dominanz durch eine höhere räumliche Position. Für einen Papageien ist Höhe gleichbedeutend mit Überlegenheit. Befindet er sich ständig oberhalb Ihrer Augenhöhe, dann fühlt er sich Ihnen überlegen. Sein Käfig sollte daher so platziert werden, dass dies nicht geschehen kann. Während des Freiflugs wird es viel schwieriger sein, ihn in seinen Käfig zurück zu setzen,

wenn sich sein Lieblingsplatz weit oben befindet. Lassen Sie ihn nicht auf Vorhangstangen und Schabracken sitzen. Ein Spielgerüst steht am besten auf einem niedrigen Tisch wie einem Kaffee- oder Couchtisch. Viele Papageien mögen Schaukeln, die von der Zimmerdecke herabhängen. Achten Sie darauf, dass das Seil oder die Kette, die die Schaukel halten, so lang sind, dass die Schaukel innerhalb Ihrer Reichweite ist. Trotz aller Maßnahmen bevorzugen manche Papageien einfach einen hohen Sitzplatz. In diesem Fall sollte man ihnen beibringen, auf eine kleine Holzleiter zu klettern, damit man sie erreichen kann.

Wenn sich ein Papagei in hoher Position als dominant empfindet, dann trifft genau das Gegenteil auf Vögel zu, die ganz unten sind. Deshalb habe ich eine persönliche Abneigung gegen stapelbare Käfige für Papageien und andere Vögel. Ich sehe es als eine Form von Grausamkeit an, denn der Vogel im untersten Käfig fühlt sich so unterlegen, dass seine Lebensqualität verloren geht. Eine Dame erzählte mir, wie sie aus Platzmangel drei stapelbare Käfige gekauft hatte. Ein Graupapagei saß im obersten Käfig, ein Sittichpaar im mittleren und im untersten ein junger Graupapagei. Auf meinen Ratschlag veränderte sie die Positionen. Es war unwahrscheinlich, dass der junge Graupapagei in seiner unterlegenen Position seine Persönlichkeit entwickeln und sprechen lernen würde. Außerdem ist der Papagei zu einem Leben ohne jede Anregung verdammt, wenn immer nur die untere Hälfte der Menschen sehen kann. Fazit: Wenn man im Haus nur Platz für einen einzigen Papageienkäfig in Augenhöhe hat, dann sollte man keine weiteren Papageien anschaffen.

Eier legen

Bei einzeln gehaltenen Vögeln kann das Eierlegen zum ernsten Problem werden. Viele Wellen- und Nymphensittiche legen ununterbrochen Eier, das schadet ihrer Gesundheit und kann sogar zum Tod führen. Das Problem wird noch schlimmer, wenn man die Eier immer wieder wegnimmt. Damit wird das Weibchen angeregt, noch mehr Eier zu legen. Man sollte ihm das erste Gelege zum Bebrüten überlassen, bis es von selbst damit aufhört. Wellen- und Nymphensittiche brüten ungefähr drei Wochen, die größeren Arten etwa vier Wochen lang.

Legt das Weibchen nur ein bis zwei Gelege im Jahr, dann sollte es eigentlich keine gesundheitlichen Schäden davontragen – vorausgesetzt, es erhält eine ausgewogene Ernährung und/oder eine Nahrungsergänzung durch Kalzium. Wenn das Weibchen jedoch ununterbrochen Eier legt, dann könnten, trotz zusätzlicher Kalziumzufuhr die Reserven in den Knochen angegriffen werden, weil das Kalzium im Blut nicht mehr zur Versorgung ausreicht. In diesem Fall könnte der Vogel gelähmt werden und wäre überdies anfällig für Legenot und andere Erkrankungen (eventuell sogar ein Kloakenvorfall), Muskelschwäche und Infektionen. Bei einigen Arten (nicht bei Wellensittichen) empfiehlt sich die Umstellung auf eine Ernährung mit Pellets, weil dadurch das Risiko eines Kalziummangels und einer Fehlernährung gesenkt wird. Übrigens kann man manche brütenden Paare für den größten Teil des Jahres vom Eierlegen dadurch abbringen, dass man sie auf Pelletfütterung umstellt. Dies passierte unbeabsichtigterweise einem Bekannten von mir, der eine sehr seltene Papageienart hielt und diese auf die teuersten, tierärztlich empfohlenen Pellets umstellte, die auf dem Markt erhältlich waren.

Frage: Unser drei Jahre alter Wellensittich legt ununterbrochen Eier, obwohl wir sie ihm nicht wegnehmen. Ist ein Gelege uninteressant geworden, legt das Weibchen zehn Tage später wieder Eier. In diesem Jahr hatte es bereits vier Gelege. Ich mache mir Sorgen, dass es Legenot bekommt. Wie kann ich das Weib-

chen vom Eierlegen abbringen? Es war immer ein liebenswerter Hausgenosse, aber jetzt scheint es sein Interesse an uns verloren zu haben und will nur noch auf seinen Eiern sitzen.

Antwort: Ihre Sorgen sind berechtigt. Zuerst sollten Sie ihm ein Kalziumpräparat geben. Dieses enthält normalerweise Vitamin D3, das die Kalziumaufnahme im Körper unterstützt. Wenn der Vogel zahm ist, dann geben Sie ihm ein flüssiges Präparat wie Calcibor (40 % Kalzium-Borglukonat) direkt in den Schnabel. Sonst nehmen Sie das Pulverpräparat Nekton MSA auf Glukosebasis und geben es in sein Lieblingsfutter.

Weil Vögel aus trockenen Regionen wie Wellen- und Nymphensittiche wenig Wasser trinken, ist es meist nutzlos, das Präparat ins Trinkwasser zu geben. Zusätzliche Kalziumzufuhr ist für Zimmervögel sehr wichtig, für Vögel in Außengehegen wird die Kalziumabsorption durch Sonnenlicht gefördert, reicht aber für viele Eier legende Weibchen dennoch nicht aus.

Als Zweites müssen Sie versuchen, das Weibchen aus der Legestimmung zu bringen. Legt es seine Eier in einen Behälter auf dem Käfigboden, entfernen Sie ihn. Es könnte nützlich sein, den Käfigboden mit Maschendraht auszulegen, dass es nicht mehr scharren und ein Nest vorbereiten kann. Der Bereich, in dem es normalerweise die Eier ablegt, sollte so unattraktiv wie möglich gestaltet werden. Als Nächstes sollten Sie die Stunden, an denen es dem Tageslicht ausgesetzt ist, reduzieren. Entweder decken Sie den Käfig ab, dass es nie länger als zwölf Stunden Tageslicht hat oder bringen den Käfig abends in einen abgedunkelten Raum. Entfernen Sie außerdem den Käfig von seinem normalen Standort oder setzen Sie den Vogel in einen ganz anderen Käfig, so dass ihm die ganze Umgebung unbekannt ist. Dies kann das

Weibchen vom Eierlegen abhalten. Geben Sie ihm neues Spielzeug, mit dem es sich beschäftigen kann. Widmen Sie sich dem Vogel mehr und regelmäßig, aber streicheln Sie ihn nicht, weil dies das Eier legen anregen kann. Wenn eine Person ihm den ganzen Tag, solange der Vogel wach ist, Gesellschaft leisten könnte, würde dies helfen, seine Aufmerksamkeit vom Eier legen abzulenken. Sind alle diese Maßnahmen erfolglos, sollten Sie einen Fachtierarzt für Vögel aufsuchen. Durch eine Hormonbehandlung kann das Eier legen unterbunden werden.

Eifersucht

Viele Menschen bezweifeln, dass „ein einfacher Vogel" zu dieser Emotion fähig ist. Für mich besteht jedoch kein Zweifel. Natürlich ist ein als Einzelvogel gehaltener Papagei eifersüchtig, wenn ein zweiter Papagei ins Haus kommt. Man sollte sich diesen Schritt daher reiflich überlegen. Die Beziehung zum ersten Papageien könnte für immer zerstört werden oder der Neuankömmling könnte Probleme schaffen, die nur schwer in den Griff zu bekommen sind, wie Federrupfen oder Schreien. Wenn die Entscheidung jedoch bereits feststeht, was kann man dann tun, damit es für den eingesessenen Vogel nicht zu schlimm wird?

Fallbeispiel

Einiges – wenn man sich sehr viel Mühe gibt, wie es zum Beispiel Kirsten White tat. Sie überlegte sich, dass sich ihr Molukken-Kakadu über einen neu dazu gekauften Graupapageien genau so aufregen würde wie sie, wenn ihr Mann mit einer zweiten Ehefrau nach Hause käme. Also stellte sie schon vor dem Kauf einen neuen Käfig auf und gab dem Kakadu einige neue Spielsachen. Dann machte sie sich daran, aus grauen und einer roten Socke einen Graupapageienpuppe zu basteln. Der Kopf bestand aus dem

Foto eines Graupapageien, das sie aus einer Vogelzeitschrift herausgeschnitten hatte. Diese Attrappe wurde nun auf der Stange im Käfig befestigt, und zwar so, dass der Kakadu das Gesicht des „Graupapageien" sehen konnte. Die folgenden drei Wochen über behandelte Kirsten die Attrappe wie einen echten Papageien: Sie sprach mit ihr, nahm sie aus dem Käfig, säuberte den Käfig und spielte mit ihren Spielsachen. Anfangs reagierte der Kakadu mit Geschrei und Imponiergehabe gegenüber dem Eindringling, doch dessen passive Haltung verwandelte langsam seine Aggressionen in Neugier. Nach einer Weile begann er mit dem „Neuen" zu kommunizieren, anstatt ihn anzuschreien. Nach einer Weile kam der junge Graupapagei ins Haus. Der Kakadu war zuerst sehr verwundert, als dieser von einer Sitzstange zur anderen kletterte, doch er akzeptierte ihn schon bald. Dies war zweifellos der Fall, weil er inzwischen beschlossen hatte, dass es sich nicht lohnte, viel Aufhebens um den neuen Käfigbewohner zu machen. Die allmähliche Gewöhnungsstrategie hatte alle Erwartungen übertroffen (White, 1999).

Seien Sie sich dessen bewusst, dass Papageien auf andere neue Haustiere wie einen Welpen extrem eifersüchtig reagieren können. Das ist kein Wunder, wenn man daran denkt, wie viel Aufmerksamkeit ein neuer Welpe auf sich zieht. Er steht sofort im Mittelpunkt aller, die das Haus betreten. Für einen Papageien, der bisher alles für sich allein hatte, ist das nicht leicht zu ertragen. Man sollte den Welpen meist in einem anderen Zimmer halten oder dorthin bringen, wenn jemand mit ihm spielen möchte.

Frage: Mein zweijähriger Sonnensittich Max ist in letzter Zeit unerträglich laut geworden. Ich trage mich mit dem Gedanken, einen zweiten Sittich anzuschaffen in der Hoffnung, dass er dadurch vielleicht etwas ruhiger wird. Ich befürchte aber, dass er eifersüchtig reagieren könnte. Was würden Sie raten?

Antwort: Im Gegensatz zu anderen Vögeln, die auf einen Neuankömmling extrem eifersüchtig reagieren, sehnen sich Sittiche normalerweise nach einem Artgenossen und schließen sehr schnell Freundschaft mit ihm. Es kann gut sein, dass Ihr Männchen durch eine Partnerin ruhiger wird. Eine Partnerin aus einer anderen Papageienart zu wählen wäre unklug, weil die beiden Vögel sicherlich brüten möchten und das Züchten von Hybriden nicht wünschenswert ist. Außerdem müssen Sie sich darüber klar werden, ob Sie Ihren Sittich überhaupt brüten lassen wollen. Wenn nicht, dann sollten Sie den Kauf eines zweiten Vogels erst in Erwägung ziehen, wenn der Geräuschpegel wirklich unerträglich geworden ist. Zwei Sittiche können zwar auch viel Lärm machen, wahrscheinlich sind sie aber die meiste Zeit mit sich selbst beschäftigt und schreien nur, wenn sie sich bedroht fühlen. Wenn Max tatsächlich ein Männchen ist, dann würde er zahm bleiben, während der Brutzeit aber wahrscheinlich aggressiv sein.

Wenn Sie sich für einen zweiten Vogel entscheiden, dann muss der Neuling zuerst in einem separaten Käfig gehalten werden, weil Max ihn sicherlich attackieren würde. Sind sich die beiden dann sympathisch, so sollten sie in einen großen Käfig gesetzt werden, den keiner von ihnen zuvor bewohnt hat. Vor dem Kauf des zweiten Sittichs sollten Sie aber das Geschlecht von Max eindeutig bestimmen lassen. Sie brauchen dazu nur einige seiner Brustfedern ausreißen und sie an eine der Diagnose-Firmen zu schicken, die in Vogelfachzeitschriften inserieren. Gegenwärtig beträgt die Gebühr für eine DNA-Analyse zur Geschlechtsbestimmung weniger als 50,– DM.

Einsamkeit

Meine sicherlich nicht sehr populäre Überzeugung ist es, dass wenn man sich als berufstätiger Mensch einen einzelnen Papageien, Nymphensittich oder sogar Wellensittich hält, man dies aus purer Eigensucht tut. Vögel sind in dieser Hinsicht ganz verschieden von Katzen und Hunden. Diese Tiere schlafen, wenn sie allein sind. Katzen und Hunde bewohnen ein leeres Haus den Tag über und dieses Verhalten wird oft gedankenlos auch auf auch Papageien übertragen. Vögel dagegen brauchen eine anregende Umgebung. Sie sind von Natur aus aktiver und mitteilsamer als Säugetiere. Tagsüber schlafen oder dösen sie nur kurz um die Mittagszeit – außer sie sind alt oder sehr jung, dann schlafen sie möglicherweise auch länger.

Frage: Ich besitze eine von handaufgezogene Blaustirnamazone von knapp zwei Jahren. Wenn ich abends nach Hause komme, dann hört sie nicht mehr auf zu schreien, so dass ich sie als Erstes aus dem Käfig nehmen muss, bevor ich irgend etwas anderes machen kann. Was kann ich tun, damit sie nicht mehr so schreit?

Antwort: Nicht mehr zur Arbeit gehen! Sie sagen es zwar nicht ausdrücklich, aber ich nehme an, dass Ihre Amazone den Tag über allein zu Hause ist. Wenn Sie abends nach Hause kommen, dann schreit sie nach Ihnen wie sie es auch bei ihrem Paarungspartner tun würde, wenn sie von ihm stundenlang getrennt gewesen wäre. Dieses Verhalten ist ganz natürlich. Es ist für ein so geselliges Lebewesen wie eine Amazone völlig unnatürlich, viele Stunden jeden Tag alleine zu sein. Ich würde jedem berufstätigen Menschen, der acht Stunden am Tag, fünf Tage in der Woche außer Haus ist, davon abraten, einen einzelnen, großen Papageien zu halten. Denn es ist sehr unfair, ihn die meiste Zeit des Tages über der Langeweile und Einsamkeit zu überlassen. Unter diesen Umständen wäre ein Paar einer kleineren Papageienart geeigneter. Glauben Sie jetzt aber nicht, dass Ihr Problem durch den Kauf eines zweiten Papageien gelöst werden könnte. Ihr Papagei braucht keinen Konkurrenten, sondern weniger einsame Stunden. Wenn Sie nicht weit zu Ihrer Arbeitsstelle haben, dann können Sie vielleicht in der Mittagspause nach Hause gehen (und sei es auch nur für eine halbe Stunde) und damit etwas Abwechslung in seinen monotonen Tagesablauf bringen. Wenn dies nicht möglich ist, dann sorgen Sie dafür, dass der Papagei immer Gegenstände hat, mit denen er sich beschäftigen kann, wie Apfelstücke oder Weidenzweige und ein Schaukelseil. Ersetzen Sie das Spielzeug immer wieder und lassen Sie während Ihrer Abwesenheit das Radio mit Musik eingeschaltet.

Einschläfern

Wenn hohes Alter oder eine unheilbare Krankheit die Lebensqualität des geliebten Heimtiers so stark einschränken, dass es für das Tier unerträglich wird, dann muss man daran denken, das Tier von einem Tierarzt einschläfern zu lassen. Die Entscheidung ist gewiss nicht leicht – bei einem Aufschub hat das Tier jedoch bloß länger zu leiden. Ein humanes und schnelles Ende ist das Mindeste, was wir einem Haustier schulden, das uns so viel Freude bereitet hat.

Erziehung

Bei der Erziehung eines Papageien spielt zweierlei eine wichtige Rolle. Eines davon ist Zeit, Geduld und Freundlichkeit. Eine antrainierte Verhaltensweise muss unter Umständen von Zeit zu Zeit immer wieder aufgefrischt werden. Der zweite Punkt ist, dass viele Leute unbewusst eine negative Haltung annehmen – egal ob sie einen Hund, ein Kind oder einen Papageien erziehen. Der

Ausruf „Lass das!" mag bei einem Hund oder Kind Wirkung zeigen, die zumindest am Tonfall erkennen, dass sie etwas falsch gemacht haben. Ein Papagei reagiert auf die erhobene Stimme in einer der beiden folgenden, absolut nicht erwünschten Weisen :
– Er fasst die unmittelbare und aufgeregte Reaktion auf sein unerwünschtes Verhalten als Belohnung auf. Er hat Ihre Aufmerksamkeit gewonnen. Das ist vielleicht alles, was ein zahmer Vogel will.
– Ein nervöser Papagei wird andererseits auf eine laute Stimme sehr negativ reagieren. So lässt sich zu ihm kein Vertrauensverhältnis aufbauen.

Erziehung ist aus zwei Gründen wichtig. Man kann damit die Bewegungen des Papageien außerhalb des Käfigs kontrollieren, indem man ihm entsprechende Kommandos wie „Auf die Hand" oder „In den Käfig" geben kann. Es gibt nichts Schlimmeres (für beide Parteien) als einen Vogel im ganzen Zimmer herum jagen zu müssen, um ihn in seinen Käfig zurück zu setzen. Zweitens wird durch die Erziehung auch die Disziplin gefördert. Ohne Disziplin bringt der Papagei seinem Besitzer wenig oder gar keinen Respekt entgegen. Durch Erziehung wird dieser Respekt geschaffen – nicht durch Unterwerfung, sondern weil der Vogel weiß, dass es bestimmte Regeln gibt. Es ist nicht anders als das Verhältnis zwischen Eltern und Kind, nur dass es sich hier um den Anführer des Schwarms (Sie) und Ihren Papageien handelt.

Die Erziehung sollte an einem ruhigen Ort ohne Ablenkungen stattfinden. Das Zimmer sollte möglichst klein und wenig möbliert sein, dass der Papagei leicht zurückgeholt werden kann. Sind seine Flügel gestutzt, dann sollte das Zimmer mit Teppich ausgelegt sein, damit er sich nicht verletzt, wenn er stürzt. Andere Leute sollten während des Trainings nicht in den Raum kommen. Sie sollten sich während des Training ruhig und freundlich verhalten. Ist Ihre Tagesverfassung einmal nicht so gut (vielleicht nach einem unerfreulichen Arbeitstag), dann sollten Sie die Trainingsstunde lieber verschieben. Ihre Aufregung würde Ihr Papagei sofort spüren. Was immer Sie dem Papageien beibringen, machen Sie sich vorher in Ihrer Vorstellung ein genaues Bild davon, was Sie sich von Ihrem Papageien wünschen. Stellen Sie sich dieses Bild jedes Mal vor, es hilft Ihnen zu einer positiveren Einstellung und Ihr Papagei stimmt sich vielleicht mit auf dieses Bild ein. Die Trainingsphasen sollten zwischen fünf und 15 Minuten dauern – oder das Training sollte sofort beendet werden, wenn der Vogel sein Interesse verliert.

Der Befehl „Auf die Hand"

Der wichtigste Befehl im Umgang mit Papageien ist das Kommando „Auf die Hand!", mit dem der Vogel auf die ihm dargebotene Hand klettern soll. Kleine Papageien wie Wellensittiche sollen dabei auf den Finger statt auf die ganze Hand steigen.

Die Person, die das Training durchführt, muss sich natürlich beim Umgang mit dem Vogel wohl fühlen. Das ist nicht der Fall, wenn die Krallen wie beispielsweise bei jungen Graupapageien sehr spitz sind. Dann ist es am besten, die Krallenenden mit einer Nagelfeile abzufeilen. Sie brauchen nur leicht stumpf zu sein (durch Schneiden kann das Wachstum der Krallen noch angeregt werden, was auf jeden Fall vermieden werden sollte). (*Siehe* Krallen)

Einem handaufgezogenen Jungpapageien beizubringen auf die Hand zu klettern, ist nicht schwer, weil er an den Umgang mit Menschen gewöhnt ist. Weil Papageien aber einen hoch gelegenen Sitzplatz bevorzugen, ist es eine natürliche Reaktion, von der Hand den Arm hinauf bis zur Schulter zu klettern. Das sollte man dem Vogel nicht erlauben. Halten Sie das Handgelenk nach oben und leicht vom Körper entfernt, um zu vehindern, dass der Vogel weiter klettert. Beim Darbieten der Hand geben Sie den Befehl „Auf die Hand!". Bleibt der Papagei

auf der Hand sitzen, loben Sie ihn überschwänglich mit den Worten „Gut gemacht!". Gegebenenfalls müssen Sie ihm beim Hinaufklettern auch noch die freie Hand zum Umsteigen anbieten, dann setzen Sie den Papageien an einer anderen Stelle ab. Selbst wenn er das Kommando begriffen hat, sollten Sie es täglich einige Male wiederholen. Beenden Sie jedes Training möglichst mit einem kleinen Erfolgserlebnis oder auf irgendeine positive Weise.

Viel schwieriger ist es, einen Papageien zu erziehen, der nicht von Hand groß gezogen wurde oder sich nicht mehr anfassen lässt. Zuallererst müssen Sie das Vertrauen des Vogels gewinnen. Beginnen mit dem Training schon davor, schadet dies mehr als es nützt. Es wird ihn ängstigen. Ist ein Papagei nicht zahm genug, um aus dem Käfig gelassen zu werden, dann sollte man viel Zeit damit verbringen, vor seinem Käfig zu sitzen, mit ihm zu sprechen und ihm durch das Gitter Lieblingshappen zu reichen. Sobald er die Belohnung immer annimmt, geht man einen Schritt weiter und öffnet die Käfigtür, wenn man ihm das Leckerchen anbietet. Tun Sie dies einige Tage lang, dann bewegen Sie die Hand langsam auf seine Brust zu, anstelle ihm eine Belohnung zu geben. Drücken Sie leicht gegen die Brust, direkt oberhalb des Beinansatzes und sprechen währenddessen immer mit ihm. Lässt er dies zu, belohnen Sie ihn gleich danach mit dem Leckerchen. Wenn nicht, versuchen Sie es einige Stunden später noch einmal. Es kann Tage oder sogar Wochen dauern, bevor es klappt – aber halten Sie durch!

Wenn sich der Erfolg eingestellt hat, nehmen Sie den Papageien noch nicht sofort aus dem Käfig. Belohnen Sie ihn, wenn er auf die Hand klettert. Sobald ihm alles vertraut geworden ist und er den Befehl „Auf die Hand!" meistens befolgt, dann können Sie ihn aus dem Käfig nehmen. Verwenden Sie immer die gleichen Kommandos und belohnen Sie gutes Benehmen stets mit freundlicher, positiver Stimme. Sie können dabei sogar leise pfeifen, viele Papageien mögen das gerne.

Was können Sie tun, wenn das ganze Training nichts nützt und der Papagei jedes Mal nach der Hand schnappt und zu beißen versucht, wenn Sie in den Käfig fassen? Dafür gibt es mindestens zwei Gründe. Es könnte daran liegen, dass Ihre Bewegungen so zögerlich sind, dass der Papagei erkennt, was Sie vorhaben. Sie sollten Ihre Hand gleichmäßig und nicht zu langsam auf seine Brust zu bewegen. Wenn Sie wirklich Angst haben, gebissen zu werden, dann können Sie die Hand mit einem möglichst fleischfarbenen Handtuch bedecken, damit Sie sich sicherer fühlen. Lassen Sie dieses Handtuch vorher schon in der Nähe des Käfigs, der Vogel könnte sonst vor dem fremden Material zurückschrecken. Erziehung ist immer weniger erfolgreich, wenn der Trainer Angst hat, gebissen zu werden. Der Vogel spürt das und erkennt, dass sich die Person leicht einschüchtern lässt. Alle weiteren Erziehungsversuche werden dann fehlschlagen.

Der zweite Grund warum Ihr Papagei zubeißt ist, dass er Angst hat und noch nicht bereit fürs Training ist. Sie sollten zuerst mehr daran arbeiten, sein Vertrauen zu gewinnen. Sie sollten immer mit ruhiger Stimme reden, wenn Sie sich ihm nähern. Stille kann einen Papageien misstrauisch und ängstlich machen, denn Kommunikation durch Lautäußerungen ist für ihn so wichtig.

Ein weiterer Grund warum ein Papagei, vor allem ein junger, während dem Auf-die-Hand-Training zu beißen versucht, ist, dass er Sie testet, dass er versucht, ob er die Oberhand gewinnen kann. Die beste Reaktion in diesem Fall ist es, das Beißen völlig zu ignorieren und jeden Aufschrei zu unterdrücken. Wenn Beißen keine Reaktion bei Ihnen hervorruft, dann wird der Papagei normalerweise schon bald damit aufhören. Reagieren Sie dagegen mit lauten Schreien, könnte er es als ein aufregendes Spiel ansehen, mit dem er auf je-

den Fall bei Ihnen erreicht. Werden Sie als Besitzer vom eigenen Papageien schmerzhaft gebissen, dann ist es schwer, so zu tun als ob nichts geschehen wäre. Es ist dann vielleicht am klügsten, die Trainingsstunde zu beenden – aber ohne ein Wort oder einen Blick. Wenn der Vogel im Käfig ist, hören Sie einfach auf oder Sie setzen ihn in den Käfig zurück. Es hat keinen Zweck fortzufahren, wenn Ihre Einstellung zum Vogel nicht mehr positiv ist.

An diesem Punkt ist es wichtig, dass man ihn nicht herumjagt. Wie bekommt man ihn also in den Käfig zurück, wenn er auf den Befehl „Auf die Hand!" nicht reagiert? Beim ersten Mal sollte man den Papageien abends aus dem Käfig lassen. Man merkt sich dann seinen Standort, schaltet schnell das Licht aus, wickelt ihn in ein Handtuch und bringt ihn in den Käfig. Eine andere Möglichkeit bei kleinen Papageien oder Wellensittichen ist es, einen Käfig mit abnehmbaren Boden zu benutzen. Bevor das Licht ausgeknipst wird, trennen Sie Boden und Käfigoberteil voneinander. In der Dunkelheit können Sie dann das Oberteil des Käfigs über den Vogel stülpen.

Der Grundbefehl „Auf die Hand" soll letztendlich dazu dienen, den Papageien jederzeit in seinen Käfig zurücksetzen zu können. Wenn seine Flügel jedoch nicht gestutzt sind, könnte er auf andere Ideen kommen. Genau wie es Kinder nicht mögen, wenn man sie mitten im Spiel ins Haus zurück ruft, so fliegen auch normalerweise gehorsame Papageien weg, wenn sie nicht in den Käfig zurück wollen. Dem Papageien im Zimmer hinterher zu jagen ist ärgerlich und bedeutet Stress und das sollte vermieden werden. Außerdem untergräbt es seinen Respekt vor Ihnen und er könnte in Versuchung kommen, Sie auszutricksen. Weil er die Flügel besitzt, hat er damit wahrscheinlich auch die bessere Chance. Trotzdem ist dies meiner Meinung nach nicht Grund genug, ihm die Flügel zu stutzen. Es muss ein anderer Weg gefunden werden.

Ein Bekannter, dessen Rotbauchpapagei sich weigert, in den Käfig zurück zu gehen, fand dafür eine stressfreie Methode. Wenn sich der Papagei auf seine Hand setzt, dann krault er seinen Kopf und nähert sich dabei langsam dem Käfig. Seine andere Hand hält er dabei über den kleinen Körper, ohne ihn jedoch zu berühren, und krault immer weiter den Kopf. Sobald er den Käfig erreicht hat, ist es ein Leichtes, den Kopf weiter zu kraulen und ihn gleichzeitig hinein zu setzen. Man sollte jedoch vermeiden, den Papagei am Körper zu berühren, weil er sonst sicherlich zubeißen würde.

Man kann mit allerlei Methoden einen Papageien dazu zu bringen, in den Käfig zurückzugehen, etwa indem man sein liebstes Futter in den Napf im Käfig legt, wenn es für ihn Zeit wird. Er sollte aber immer behutsam überredet werden. Besteht das Problem schon über einen langen Zeitraum, dann sollte mit dem Vogel generell mehr trainiert werden.

Bei Papageien, die sich vor Händen fürchten, ist es sehr schwierig oder unmöglich, sie zu trainieren, auf die Hand zu kommen. Dann bringt man ihnen bei, auf eine kurze Sitzstange wie einen Holzpflock zu klettern. (*Siehe auch Hände.*) Dies ist auch eine gute Methode für Kakadus und Aras, die anfangs lieber auf eine Sitzstange als auf eine Hand klettern.

Sobald der Papagei das Kommando „Auf die Hand" beherrscht, kann man zu dem Befehl „Herunter" übergehen. Das ist einfacher, weil man diese Worte immer nur benutzt, wenn er in seinen Käfig zurück soll oder Sie ihn außerhalb an einer anderen Stelle absetzen wollen. Es wird nicht lange dauern, dann wird er bei diesem Wort das Richtige tun.

Was kann man sonst noch einüben? Gleich von Anfang an sollten Sie Ihrem Papagei beibringen, dass er nicht auf dem Kopf seines Besitzers landen darf. Warum nicht? Dort oben bekommt man ihn nur schwer zu fassen und er könnte in die Hand beißen, wenn sie sich ihm nähert. Außerdem sehen Sie nicht, was er tut

oder wie seine Augen aussehen, an denen man seine Stimmungslage ablesen kann. Das Risiko gebissen zu werden ist also ziemlich hoch. Sind die Flügel des Papageien ungestutzt, dann ducken Sie sich einfach weg, wenn er auf Ihren Kopf zufliegt, um dort zu landen. Er wird es bald begreifen. Wenn seine Flügel gestutzt sind, erlauben Sie ihm niemals, von einem Möbelstück oder der Schulter aus auf Ihren Kopf zu klettern.

Einige Verhaltensforscher empfehlen die Verwendung des Befehls „OK!". Dies wird immer eingesetzt, wenn der Papagei sich für etwas entschieden hat, wovon ihn sein Besitzer nicht abhalten kann. Durch das Kommando „OK!" erteilt man ihm die Erlaubnis dazu und gibt ihm zu verstehen, dass nicht er die Entscheidung gefällt hat. Für mich ist dies ein zweischneidiges Schwert. Würde jemand wirklich „OK!" sagen, wenn der Vogel seinen Schnabel in ein teures Sofa bohrt? Auf jeden Fall hat der Papagei zu dem Zeitpunkt, an dem der Besitzer ahnt, was er vorhat, bereits entschieden, dass er das geplante Vorhaben durchführt. Vor allem Graupapageien blicken einen Menschen verstohlen an, bevor sie etwas Verbotenes tun. Das ist genau der Punkt, mit erhobenem Finger entschieden „Nein!" zu sagen. Wenn man bei dieser Gelegenheit „OK!" sagt, wie soll dann der Papagei lernen, dass er es nicht wieder tun soll? Ein junger Vogel blickt einen Menschen noch hilfesuchend an, wenn er etwas tun möchte, von dem er nicht sicher weiß, dass es erlaubt ist, ein erwachsener Vogel schaut nur noch, ob er beobachtet wird oder ob er damit durchkommt.

Wenn ein Papagei ein oder mehrere Kommandos (vor allem „Auf die Hand!") befolgt, dann wird ihm klar, dass Sie ein ranghöheres Schwarmmitglied sind als er selbst. Das Zusammenleben gestaltet sich dann viel einfacher.

Eine andere Art des Trainings ist es, dem Papageien etwas über die Gegenstände in seiner Umgebung beizubringen. Am Wichtigsten dabei sind Fensterscheiben. Sobald der Papagei auf Befehl auf die Hand klettert, sollte man mit ihm an ein Fenster gehen und mit der Hand so weit vorgehen, bis sein Schnabel die Scheibe berührt. Machen Sie dies mehrere Male und an verschiedenen Fenstern. Er wird die Lektion schnell begreifen.

Manchmal vergessen wir, dass Papageien einer Umwelt entstammen, die in völligem Gegensatz steht zu unseren Wohnzimmern mit ihren künstlichen Grenzen. Sie brauchen Hilfe, um in unseren Häusern überleben zu können, ob mit ganzen oder gestutzten Flügeln. Eins davon ist, mit ihnen auf der Hand durch das Haus gehen und ihnen verschiedene Dinge zeigen. Wir sollten Papageien niemals Zugang zu potenziell gefährlichen Gegenständen lassen. Man darf ihnen nie erlauben, auf Gas- oder Elektroherden zu landen. Wenn der Herd eingeschaltet ist, können sie sich schreckliche Verletzungen zuziehen. Für solche Fälle brauchen Sie den Befehl „Nein!". Landet der Papagei auf einem solchen Gerät, dann entfernt man ihn sofort mit einem strengen „Nein!" Es ist aber nicht der Fehler des Vogels, wenn er von einer unbedachten Person während des Kochens oder gleich danach aus dem Käfig gelassen wird.

Frage: Ich habe einen Graupapageien übernommen, der seit zehn Jahren, seit dem Tod seines ursprünglichen Besitzers, nicht mehr angefasst wurde. Anscheinend war er früher sehr zahm, wirkt jetzt aber recht misstrauisch. Ist es möglich, ihn dazu zu bringen, auf meine Hand zu kommen?

Antwort: Ja, wenn Sie Zuversicht, Geduld und die Fähigkeit mitbringen, das Vertrauen Ihres Graupapageien zu gewinnen. In einfühlsamen Händen können Graupapageien in überraschend kurzer Zeit umerzogen werden. Es hängt sehr viel von der Einstellung der Person ab, die ihn trainiert. Hat der Trainer Angst, gebissen zu werden, dann spürt dies der Papagei und die Erziehung

wird viel schwieriger. Es passiert oft, dass Papageien, die jahrelang keinen Umgang mit Menschen hatten, jegliche Zuwendung durch Beißen abwehren. Sie betrachten sich dann als überlegen, weil sie den Menschen so leicht los werden können. Sie müssen deshalb durchhalten, auch wenn Sie anfangs einige Bisse ernten.

Federrupfen

Das Federrupfen ist immer ein Zeichen dafür, dass mit dem Papagei etwas nicht stimmt. Der schwierigste Teil besteht darin, herauszufinden ob die Ursache psychischer Art, auf eine Erkrankung, ein Ernährungsproblem oder etwas in der unmittelbaren Umgebung zurückzuführen ist. Ich bin immer wieder verwundert, wie viele Menschen der Meinung sind, Federrupfen werde durch Milben oder Läuse verursacht. Das ist sehr selten oder gar nie der Fall.

Manche Papageienarten neigen eher zum Rupfen als andere. Dazu gehören Graupapageien, Kakadus und Edelpapageien. In den meisten Fällen ist die Ursache psychischer Natur. Besonders Stresssituationen können das Federrupfen auslösen. Dazu zählen die Abwesenheit der Bezugsperson, ein Umzug – selbst Umstellen des Käfigs innerhalb des Hauses, die plötzliche Anwesenheit eines neuen Papageien oder Tieres (selbst eines Menschenbabys) oder das Zusammensetzen mit einem dominanten oder gar aggressiven Papageien. Ständiger Stress kann auch zum Rupfen des Gefieders führen. Mögliche Ursachen dafür sind: Der Papagei wird von einem Familienmitglied geärgert oder er wird in einem offenen Käfig gehalten, so dass er keinerlei Möglichkeit hat, sich zurückzuziehen oder der Käfig steht sehr tief unten, dass der Vogel nicht wahrnimmt, was in seiner Umgebung vor sich geht. Auch wenn der Vogel in einem Metallkäfig mit Plastikstangen gehalten wird und nie etwas zum Nagen oder Spielen angeboten bekommt, kann das dazu führen, dass er zuerst sein Gefieder übermäßig pflegt und sich schließlich die Federn ausrupft.

Erkrankungen sind häufig der Grund für das Ausrupfen des Gefieders. Wenn offensichtlich kein äußerer Grund vorliegt, sollte man den Vogel zu einem Fachtierarzt bringen, sobald man diese Angewohnheit bei ihm feststellt. Wenn der Vogel gesund aussieht und sich auch sonst normal verhält, heißt das noch lange nicht, dass er nicht krank sein könnte. Dazu wird der Fachtierarzt eine vollständige körperliche Untersuchung durchführen, zu der eine Kotanalyse, Bakterienkulturen, eine Blutanalyse und möglichst auch ein Virentest gehören. Man sollte daran denken, dass einige Viruserkrankungen, wie PBFD (genannt Federverlust-Syndrom) und die Französische Mauser, die durch Polyoma-Viren verursacht wird, zu einem Verlust der Federn führen. Das könnte vom Laien fälschlicherweise für Federrupfen gehalten werden. Normalerweise beginnt ein Papagei damit, sich die Brustfedern auszureißen. Die Kopffedern kann er natürlich nicht erreichen. Wenn diese fehlen, dann ist die Ursache höchstwahrscheinlich PBFD. Wenn der Papagei allerdings mit einem Artgenossen zusammen im Käfig gehalten wird, könnte dieser ihm die Kopffedern ausgerissen haben. Das ist nicht ungewöhnlich und die Kopffedern sind dabei als Erste an der Reihe.

Auch Schmerzen können einen Papageien zum Rupfen veranlassen, meist in einem bestimmten Bereich, wie der Lebergegend, wenn er an einer Fettleber leidet. Ein weiterer Grund kann eine Hautreizung sein. Daher ist es auch so wichtig, einen Papageien (außer wenn er sehr jung ist) regelmäßig anzusprühen oder zu baden. Bei Nymphensittichen liegt oft eine *Giardia*-Infektion vor, verursacht durch Protozoen, die auch auf andere Arten übertragbar ist. Eine bakterielle Infektion der Haut oder der Federbälge kann den Vogel zum Rupfen des Gefieders veranlassen.

Unsachgemäßes Stutzen der Flügel kann der Grund sein, dass sich der Papagei die Flügelfedern ausbeißt. Dies ist vor allem dann der Fall, wenn die Federn mit einer stumpfen Schere geschnitten und so gequetscht wurden. Durch falsches Flügelstutzen musste ein junger Graupapagei sein ganzes Leben lang Schmerzen ertragen. Die neuen Federn brachen ab bei weniger als der halben normalen Länge, so dass ein 5 cm langer Schaft stehen blieb. Die umgebende Haut war geschwollen und schmerzte. Das Stutzen hatte wahrscheinlich eine Schädigung des Federbalgs bewirkt, so dass die neuen Federn deformiert waren. Dieser Zustand kann vorübergehend oder von Dauer sein. Werden die beschädigten Federn nicht gemausert, dann müssen sie eventuell unter Narkose entfernt werden.

Das Rupfen der Federn kann auch durch Mangelernährung (an Vitamin A, Mineralien oder Aminosäuren) oder einen Überschuss an bestimmten Stoffen, sowie durch eine Allergie (gegen verschiedene Nahrungsmittel wie bestimmte Körner oder Körnerstaub) verursacht werden. Auch eine Zink- oder andere Schwermetallvergiftung kann verantwortlich sein. Ein Papagei kann kleine Mengen an Zink aufnehmen, die sich über einen gewissen Zeitraum hinweg ansammeln. Es kann von irgendeinem Gegenstand stammen, mit dem der Papagei täglich in Berührung kommt: ein Futternapf, eine Schaukel aus verzinktem Metall oder ein anderer Teil des Käfigs. Solch eine Ursache wird meist übersehen.

Es gibt Papageienweibchen, die sich rupfen, wenn sie die Geschlechtsreife erreichen – unabhängig davon, ob sie einen Partner haben. Normalerweise sind davon nur die Brustfedern betroffen, sie wachsen nach einigen Monaten wieder nach. Dieses Verhalten kann jedes Jahr ungefähr um die gleiche Zeit im Monat Mai beobachtet werden.

In der freien Natur lernen Papageien viel von ihren Eltern und anderen erwachsenen Artgenossen. Sie lernen, sich in der Gruppe und in den Strukturen des täglichen Lebens richtig zu verhalten und zu benehmen. Jungvögel in Menschenobhut können auf solch fehlende fehlende Führung sehr verwirrt reagieren. Sie brauchen jemanden, der sie anleitet. Ihnen einige einfache Kommandos beizubringen bedeutet auch, ihnen ein diszipliniertes Umfeld zu schaffen, in dem sie sich zurecht finden und gedeihen können. Dadurch kann auch Federrupfen verhindert oder sogar wieder abgestellt werden.

Abstellen des Federrupfens

Bei vielen Papageien wird das Rupfen zu einer Gewohnheit, die nur schwer oder gar nicht mehr geändert werden kann. Deshalb müssen in dem Moment, wenn das Rupfen beginnt, sofort folgende Schritte unternommen werden, um es wieder abzustellen:

– Wenn Sie merken, dass Ihr Papagei sich rupft, sollten Sie niemals schreien oder mit ihm schimpfen, weil er es sonst für ein Mittel hält, Ihre Aufmerksamkeit auf sich zu lenken. Obwohl ich kein Freund von Strafen bin, wenn es darum geht, eine Verhaltensweise zu ändern, würde ich hier eine milde Bestrafung empfehlen, die sehr wirkungsvoll sein kann: die Bezugsperson des Papageien sollte den Raum verlassen.

Fallbeispiel

Greg Glendell erzählte, wie er einen vernachlässigten Graupapageien namens Freddie dazu brachte, in seiner Anwesenheit das Rupfen einzustellen. Der Vogel war vorübergehend bei ihm und in der Zeit versuchte er, einige seiner Verhaltensstörungen zu beheben. Als er sich eine Feder ausriss, während er auf Gregs Hand saß, sprach Greg ein forsches „Nein!", setzte Freddie ab und verließ den Raum für zehn Minuten. Freddie rief nach Greg, der jedoch nicht reagierte. Als Greg zurückkam, behandelte er Freddie wie

Luft, bis dieser an ihm hoch kletterte und am Kopf gekrault werden wollte. Eine halbe Stunde später rupfte sich Freddie wieder eine Feder aus – Greg setzte ihn sofort wieder ab und ging. Die vierte Feder, die er sich rupfte, war die letzte. Er hatte gelernt, dass er allein gelassen wird, wenn er dies in Gregs Anwesenheit tut. Nach diesem Training rupfte er auch in Anwesenheit anderer Personen nicht mehr (Glendell, 1998b).

– Machen Sie sich über die jüngste Vergangenheit Gedanken: Gab es Veränderungen im Tagesablauf, beim Standort des Käfigs, in der Ernährung, bei Familienangehörigen oder Besuchern, im Käfig oder den Gegenständen darin? Beachten Sie auch, ob neue Vögel angeschafft oder in die Nähe des Papageien verlegt wurden oder ob ihn irgend ein anderes Haustier nervös macht. Überlegen Sie, ob in letzter Zeit Aerosole oder Haushaltsreiniger – einschließlich Teppichreiniger – verwendet wurden. Wenn ja, dann dürfen sie nicht in dem Zimmer angewendet werden, in dem sich der Papagei befindet. Bei einem Tierarztbesuch sollte man Notizen zu all diesen Punkten bei sich haben.

– Achten Sie darauf, dass die Umgebung nicht zu trocken ist und der Vogel mindestens zwei Mal wöchentlich ein Bad oder eine Dusche erhält.

– Mindestens einmal wöchentlich sollten Sie frisch geschnittene Apfel-, Weiden-, Eschen-, Ulmen-, Haselnuss-, Pappel- oder Weißdornzweige anbieten und stets Spielzeug und Seile zum Nagen zur Verfügung stellen. Die runden Schaukelseile eignen sich sehr gut für diesen Zweck – ausgenommen bei den destruktiven Aras und Kakadus.

– Bieten Sie eine ausgewogene Ernährung mit frischem Obst und Gemüse an.

– Konsultieren Sie einen Fachtierarzt für Vögel, einen homöopathischen Tierarzt oder einen Tierheilpraktiker. Einem dreijährigen Edelpapageien-Weibchen, das scheu, untergewichtig und gerupft war, gab man Silicea C30, danach Bach-Blüten und wandte Farbtherapie und Akupressur an. Nach nur zwei Wochen wurde das Weibchen als selbstbewusst und zufrieden beschrieben und hatte überdies aufgehört, sich die Federn zu rupfen. (Wagner und Sonnenschmidt, 1997.)

– Bieten Sie dem Papageien jede nur mögliche Anregung, Beschäftigung und Abwechslung in Form von menschlicher Gesellschaft und wechselnder Standorte während des Tages, so dass er nicht immer die gleichen Gegenstände anschauen muss. Wenn Sie den Vogel allein lassen müssen, kann das Radio mit Musik eingeschaltet bleiben oder stellen Sie den Käfig so, dass der Vogel die Fernsehprogramme ansehen kann, die normalerweise für einen Papageien interessant sind: Tierfilme, Pop-Musik und Zeichentrickfilme. Fernsehen empfiehlt sich jedoch nur für einen kurzen Zeitraum.

– Geben Sie dem Papageien Futter, mit dem er sich beschäftigen kann, wie ganze Walnüsse für die größeren Vögel, die sie „knacken" können, für die kleineren Arten Pinienkerne in der Schale. Man kann die Nüsse auch noch in kleine Kartons verpacken, damit der Papagei richtig arbeiten muss, um sie zu finden.

– Die Ernährung sollte ausreichend Vitamin A enthalten. Sehr viele Papageien leiden an Vitamin A-Mangel und das hat eine Vielzahl von Problemen zu Folge.

– Überlegen Sie sich, ob Sie nicht einen viel größeren Käfig anschaffen. Kleine Käfige bedeuten für viele Papageien großen Stress – vor allem für die nervösen. Solch ein Käfig kann aus verschweißtem Gitter selbst gebaut werden, anstatt einen teuren zu kaufen.

Das Rupfen kann sich in verschiedenen Formen zeigen: meistens werden ganze Federn ausgerissen, manchmal auch nur Teile der Federn entfernt. Es gibt einen Tierarzt, der der

Meinung ist, dass dieses Verhalten als Sucht bezeichnet werden könnte, weil beim Ausreißen einer Feder Endorphine freigesetzt werden. Dabei handelt es sich um natürliche Hormone, die Schmerzen unterdrücken und Glücksgefühle auslösen. Die Anwendung eines Endorphinblockers wie Naltrexon könnte die Antwort darauf sein sein.

Besitzer rupfender Vögel sollten sich darüber im Klaren sein, dass die nachwachsenden Federn, wenn überhaupt welche kommen, sehr unordentlich aussehen und in die merkwürdigsten Richtungen wachsen können. Es kann ein bis zwei Jahre dauern, bis das Gefieder wieder einigermaßen gut aussieht – und noch viel länger, bis es wieder in perfektem Zustand ist.

Frage: Ich habe einen vierjährigen Nandaysittich, der vor einem Jahr damit angefangen hat, sich die Federn zu rupfen. Er hat alle Federn, die er erreichen konnte, ausgerissen. Er wird abwechslungsreich ernährt, hat den ganzen Tag Gesellschaft und ist ein liebenswerter Hausgenosse, der nie beißt. Ich habe es bereits mit Bach-Blüten versucht – ohne Erfolg. Eine Zeit lang trug er einen Plastikkragen, der ihn am Rupfen hinderte; als dieser aber wieder entfernt wurde, war er innerhalb einer Woche praktisch nackt. Was kann ich noch tun?

Antwort: Gehen Sie zu einem guten Fachtierarzt für Vögel und lassen Sie entsprechende Tests durchführen. Ihr Vogel ist zwar noch jung, doch eine Erkrankung kann man trotzdem nicht ausschließen. Wenn die Tests bestätigen, dass Ihr Vogel gesund ist, dann müssen Sie alle oben aufgeführten Möglichkeiten betrachten. Meiner Meinung nach ist ein Kragen nützlich, wenn man den Papageien beispielsweise davon abhalten will, an einer heilenden Wunde herumzubeißen, aber er hilft nicht, die Ursache des Rupfens zu finden. Ein Kragen bedeutet für die meisten Vögel Stress und ist – wie Sie ja selbst festgestellt haben – nur ein vorübergehendes Hilfsmittel gegen das Federrupfen. Es wäre sinnlos, ihn noch einmal zu benutzen. Sie haben nicht angegeben, wie lange Sie die Bach-Blüten gegeben haben. Vielleicht war es nicht lange genug oder Sie haben die falsche Blüte gewählt. Da der Papagei mit drei Jahren – dem Alter der Geschlechtsreife – das Rupfen angefangen hat, könnte es sein, dass der Grund in seinem unbefriedigten Paarungswunsch zu suchen ist. Sie könnten durch einen DNA-Test aus Federn sein Geschlecht bestimmen lassen und danach einen geeigneten Partner für Ihren Vogel kaufen. Sittiche gehören zu den geselligsten Papageien überhaupt und eine Voliere, auch eine Innenvoliere, und ein Partner könnten die Lebensqualität Ihres Nandaysittichs erheblich verbessern. Seien Sie sich aber darüber im Klaren, dass selbst wenn der Papagei sich nicht mehr die Federn rupft, diese nicht an allen Stellen nachwachsen (auf der Brust zum Beispiel), weil die Federbälge inzwischen zerstört sein können.

Wenn Sie sich für einen zweiten Sittich entschieden haben, dann sollten Sie ihn für ungefähr fünf Wochen in Quarantäne halten, und zwar am besten nicht in Ihrem eigenen Haus. Denn wenn sich die beiden Vögel hören können, werden sie lauthals miteinander kommunizieren – und der Geräuschpegel wird dann nicht besonders angenehm sein.

Fernsehen

Fernsehen kann sowohl schädlich als auch förderlich für einen Papageien sein. Schädlich ist es, wenn der Käfig des Vogels neben dem lauten und flackernden Fernseher steht, der stundenlang ohne Unterbrechung läuft. Für kurze Zeit kann Fernsehen sogar nützlich sein. Meine Amazone sieht seit über 30 Jahren jeden Abend ungefähr eine halbe Stunde lang mit mir zusammen fern. Aus ihren Reaktionen kann ich ersehen, dass sie die

Bilder genau so wahrnimmt wie wir Menschen. An manchen Filmen zeigt sie absolut kein Interesse. Bei Natursendungen, die ich selbst gerne ansehe, hat sie ein besonderes Interesse an Vögeln. Ihr Verhalten zeigt, dass der Anblick eines Raubvogels oder Raubtieres auf dem Bildschirm sie in leichte Alarmbereitschaft versetzt und manchmal stößt sie einen Warnruf aus. Zweifellos wird ihr Interesse durch Vögel (vor allem andere Amazonen) und Tiere geweckt. Sie mag auch Popmusik, die auf Amazonen anregend wirkt.

Besitzt Ihr Papagei Nachahmungstalent, dann ist es keine gute Idee, ihn schlechte Programme anschauen zu lassen. Viele Besitzer behaupten, ihr Papagei hätte seine neuen Wörter aus dem Fernsehen aufgeschnappt. Manche Papageien lernen, bekannte Erkennungsmelodien nachzupfeifen.

Viele Züchter lassen ihre Volieren aus Sicherheitsgründen von Kameras und Monitoren überwachen. In den Nistkästen werden immer häufiger kleine Kameras angebracht. Sie liefern faszinierende Einblicke in eine Welt, die uns noch vor wenigen Jahren verschlossen war. Ich besitze eine Überwachungskamera, mit der ich sehen kann, was in den Nistkästen meiner kleinen Loris vor sich geht. Weil ich Nahaufnahmen von dem Teil des Nistkastens, in dem die Eier abgelegt werden, bevorzuge, ist immer nur ein Teil des Lorikörpers sichtbar.

Ein Monitor befindet sich in der Nähe des Amazonenkäfigs. Als er installiert wurde, war eines der Loripärchen gerade mit dem Nestbau beschäftigt – sie zerkleinerten Holzabfälle und kratzten darin herum. Meine Amazone schien dies mit Interesse zu verfolgen, weil aber die Köpfe der Vögel nicht immer auf dem Bildschirm zu sehen waren, sondern hauptsächlich die Körper, war ich mir zuerst nicht sicher, ob sie begriff, was sie sah, zumal das Bild schwarzweiß war. Drei oder vier Tage später hatte ich keinen Zweifel mehr, dass die Amazone es verstanden hatte. Sie begann auf dem Käfigboden

Zeitungspapier zu zerreißen: Die Aktivitäten des Loripärchens hatten sie anscheinend dazu animiert. Von da an drehte ich den Monitor zur Seite, so dass sie ihn nicht mehr sehen konnte – und prompt hörte das Papierzerfleddern auf. Ich hatte keinen Bedarf an einem neuen Versuch einer Eiablage – zwanzig Jahre nach dem ersten (*siehe* Paarungsverhalten).

Frage: Meine Blaustirnamazone sieht gerne fern. Bestimmte Dinge scheinen ihr Interesse zu wecken. Ich würde gern wissen, was sie sieht. Sieht sie ein Bild genau so wie wir? Manchmal scheint es, als ob sie auf etwas reagiert, was im Fernsehen vor sich geht, obwohl sie nur mit einem Auge hinschaut.

Antwort: Das ist eine interessante Frage. Nein, die Amazone sieht nicht alles genau so wie wir. Nur einige Raubvögel und Eulen nehmen einen Gegenstand mit beiden Augen wie wir wahr. Bei den übrigen Vögeln sind die Augen so weit hinten an der Kopfseite platziert, dass sich die beiden Gesichtsfelder nicht oder nur geringfügig überlappen. Will ein Papagei geradeaus blicken, dann muss er seinen Kopf ein wenig drehen. Vögel haben im Verhältnis zu ihrer Kopfgröße viel größere Augen als wir Menschen. Das Gewicht der Augen macht bei ihnen fast 10-15 Prozent des Kopfes aus: bei uns Menschen ist es gerade mal 1 Prozent. Durch den Aufbau des Auges besitzt der Papagei ein weiteres Gesichtsfeld und der Augenhintergrund vermittelt ein großes Bild. Die Sehkraft von Vögeln übertrifft die jedes anderen Wirbeltieres. (Rotäugige Mutationen besitzen kein so gutes Sehvermögen wie andere Papageien.) Vögel können kleine Gegenstände noch in größerer Entfernung deutlich erkennen als wir Menschen. Manchmal beobachte ich, wie meine Volierenvögel alarmiert zum Himmel hinauf schauen. Ich dagegen kann nicht erkennen, was sie in Angst versetzt.

Vögel sehen auch Farben anders als wir. Sie sehen auch in der Ferne noch ganz klar, weil ihre Augen auf Blaulichtstrahlen nicht empfindlich reagieren, die bei uns dafür verantwortlich sind, dass wir entfernte Dinge verschwommen sehen. Sie reagieren stärker auf rotes Licht. Rot zieht sie am meisten an (Hess, 1961). Das ist wahrscheinlich auch der Grund, weshalb so viele Beeren sich rot färben. In den Tropen wo viele Arten beheimatet sind, die sich von Nektar ernähren, gibt es viele rote Blüten. Für Vögel ist diese Farbe interessant.

Flügel stutzen

Das Stutzen der Flügelfedern gehört zu den am meisten emotionsgeladenen und umstrittenen Themen in der Haltung von Papageien als Heimtiere. Ich lehne diese Praxis rigoros ab. Meiner Ansicht nach ist das Stutzen der Flügel nicht nur eine Verstümmelung und eine Form des psychischen Missbrauchs des Tieres, sondern dient auch dazu, dem Menschen zur Dominanz über den Papageien zu verhelfen. Außerdem können ernste Verletzungen dabei passieren.

Viele Besitzer gestutzter Papageien teilen meine Ansichten nicht. Die übliche Begründung lautet, dass die Flügel zur eigenen Sicherheit des Papageien gestutzt werden müssten. Ich sehe das Ganze so: Ein gestutzter Papagei kann auch in einem Haushalt gehalten werden, in dem dies sonst unmöglich wäre – entweder wegen des Fluchtrisikos oder weil die meisten Menschen nicht wissen, wie sie den Vogel sonst unter Kontrolle und Disziplin halten können. In beiden Fälle lautet meine Antwort: Für einen solchen Haushalt ist ein Papagei nicht das geeignete Haustier. Dies wird durch eine traurige Geschichte deutlich, die in einer Vogelzeitschrift erschien. Ein Kakadu war entflogen. Es dauerte mehrere Tage, bis man den Vogel wieder ausfindig gemacht hatte. Der Tierarzt der Besitzerin empfahl, ihm die Flügelfedern zu stutzen. Sie willigte zögernd ein. Einige Monate später entfloh der Kakadu wieder. Er ging auf die Straße und wurde sofort von einem Auto überfahren. Was nötig gewesen wäre, wie meistens, wäre eine bessere Aufsicht der Besitzerin gewesen, nicht das Stutzen der Flügel.

Das Stutzen der Flügel ist noch nicht sehr lange üblich. Die Schuld muss einigen Züchtern und Zoogeschäften gegeben werden, die dem Käufer nicht einmal die Wahl lassen, einen Vogel mit ungestutzten Flügeln zu kaufen. Ich kenne Leute in England, die einen Jungpapageien bestellt und wochenlang darauf gewartet haben, um dann mit Entsetzen feststellen zu müssen, dass seine Flügel gestutzt waren. Potenzielle Käufer sollten diesen wichtigen Punkt von Vornherein klären. Sie sollten einen Papageien mit gestutzten Flügeln ablehnen, wenn sie es nicht ausdrücklich gewünscht hatten.

In den USA ist Stutzen die Standardpraxis: einen neu erworbenen, frisch entwöhnten, handaufgezogenen Papageien bekommt man grundsätzlich mit gestutzten Flügeln.

Als ich mit der Haltung von Papageien begann, war diese Praxis fast unbekannt – mit Ausnahme der großen Aras. Ich hatte viele Freunde, deren voll beflügelte Papageien im ganzen Haus umherschwirrten (wie bei mir auch) und sogar im Garten. Es macht unvergleichlich viel Freude, einen Papageien im Flug zu beobachten – selbst innerhalb des Hauses. Einen Vogel für immer seiner Flugfähigkeit zu berauben, ist für mich grausam und inakzeptabel.

Körper und Gefieder eines Papageien sind für das Fliegen geschaffen. Das Fliegen ist ein Teil des Wesens dieser Vögel. Sie dieser fundamentalen Fähigkeit zu berauben, muss Konsequenzen haben, die wir Menschen schwer nachvollziehen können.

Argumente „für das Stutzen der Flügelfedern"

– „Mit gestutzten Flügeln kann ein Papagei nicht entkommen."
In Wirklichkeit verhält es sich aber so, dass genau so viele oder sogar mehr Papageien mit gestutzten Flügeln entkommen. Besitzer von ungestutzten Papageien achten eher auf Gefahren wie offene Türen und Fenster. Dagegen sind viele Besitzer gestutzter Vögel unachtsam und bemerken nicht einmal, wenn die gestutzten Flugfedern bereits durch neue ersetzt wurden. Ich habe sogar von Haltern gehört, die geglaubt haben, ein Papagei mit gestutzten Flugfedern würde nie mehr fliegen. Es gibt Vögel, die seit Jahren gestutzte Flügel haben und wirklich keinen Flugversuch mehr unternehmen. Wachsen jedoch einige Flugfedern nach, fliegen sie instinktiv auf, wenn sie sich bedroht fühlen.

– „Mit gestutzten Flügeln gerät der Papagei nicht so leicht in gefährliche Situationen."
Er ist aber eher den Angriffen von Katzen, Hunden und anderen Tieren ausgesetzt. Wenn er dann versucht zu entkommen, kann er nicht wegfliegen.

– „Einem gestutzten Papageien kann man gestatten, unbeaufsichtigt auf seinem Käfig zu sitzen."
Diese Vorstellung ist ganz falsch. Es kann sein, dass sich der Vogel unter Dauerstress befindet, weil er Angst hat, herunter zu fallen. Leider berichten viele Tierärzte darüber, dass immer mehr Papageien mit zerstörtem Brust- oder Bauchgewebe zu ihnen gebracht werden, weil sie ständig auf harten Untergrund fallen. Die dadurch verursachten Schmerzen und Leiden sind unbeschreiblich. Wunden, die immer wieder verschorfen und nicht heilen, erfordern eine teure tierärztliche Versorgung.

– „Mein gerade entwöhnter Graupapagei wirkte beim Fliegen so unbeholfen, dass ich seine Flügel stutzen ließ".
Viele der schwereren Papageienarten wirken (im Gegensatz zu Sittichen und Loris beispielsweise) bei ihren ersten Flugversuchen unbeholfen. Sie machen Bruchlandungen und stoßen mit Gegenständen zusammen.

Sie sind noch Flugschüler. Diese Phase dauert nur einige Tage. Durch das Flügelstutzen bringt man sie in viel größere Gefahr – sie sind dann überhaupt nur noch zu Bruchlandungen fähig.

Ich kann akzeptieren, dass es für die meisten Menschen unmöglich ist, einen ungezähmten und ungestutzten Papageien zu erziehen, aber ich würde vorschlagen, ihm wenn er erzogen ist, die vollen Flügel zu lassen. Empfehlenswert ist ein allmähliches Stutzen: einige Flugfedern pro Tag und das über einen Zeitraum von mehreren Tagen. Die Flugfedern sollten nicht ganz zurückgeschnitten werden. Sind sie zu kurz, dann können die störenden Federschäfte dazu führen, dass der Papagei sie sich rupft. Mit dem plötzlichen Verlust der Flugfähigkeit ist auch ein großes psychisches und körperliches Trauma verbunden. Der Vogel kann seine Kräfte plötzlich nicht mehr so einsetzen wie bisher, stürzt leicht und kann sich verletzen. Es empfiehlt sich eine Methode, bei der Vogel wenigstens noch kontrolliert landen kann. Dabei muss man natürlich ständig darauf achten, dass weder Fenster noch Türen offen stehen, durch die der Vogel entkommen könnte, weil ihm diese Methode doch einige Bewegungsfreiheit lässt. Der Besitzer darf sich nicht in falscher Sicherheit wiegen.

Das Stutzen der Flügel sollte weder durch, noch in Anwesenheit des Besitzers erfolgen, zumindest beim ersten Mal. Der Papagei könnte dieses beängstigende Erlebnis immer in Verbindung mit seinem Besitzer bringen und sein Vertrauen in ihn verlieren.

Die Zähmung eines misstrauischen oder wilden Vogels kann durch das Stutzen der Flügel erleichtert werden. Andererseits kann es tiefes Misstrauen hervorrufen. Es gibt zwei Möglichkeiten, Vögel und andere Tiere zu zähmen. Die eine erfordert Geduld und die Entwicklung eines Vertrauensverhältnisses über einen langen Zeitraum hinweg. Es können Monate vergehen, bis die ersten Fortschritte zu erkennen sind, doch wenn ein Tier – in diesem Fall ein Papagei, freiwillig auf seinen Besitzer zugeht (was sehr plötzlich geschehen kann), dann hat er ihm seine Freundschaft aus freien Stücken angeboten. Für mich ist das befriedigender als die schnelle Tour. Der Vogel wurde zu nichts gezwungen und seiner Persönlichkeit und seinem Vertrauen wurde kein Schaden zugefügt. Er verbindet den Einzug in Ihr Haus nicht mit dem Verlust seiner Flugfähigkeit. Leider bringen heute nur wenige Menschen die Geduld für diese Methode auf. Der Hauptvorteil des Flügelstutzens besteht darin, dass man den gestutzten Vogel leichter außerhalb des Käfigs erziehen kann.

Nachteile des Flügelstutzens:

– *Durch das Stutzen der Flügel wird die körperliche Entwicklung eines jungen Papageien gehemmt.*
Die Brust-, Flügel- und Herzmuskulatur kann nicht voll ausgebildet werden. Darf sich der Vogel dann später mit ungestutzten Flügeln bewegen, dann kann es lange dauern, bis er gut fliegen kann, weil er diese Muskeln erst aufbauen muss. Bei seinen ersten Flugversuchen wird er dann sehr angestrengt atmen.

– *Werden die Flügel so gestutzt, dass der Vogel überhaupt nicht mehr fliegen kann, sondern dass er nur noch zu Boden stürzt (mit schmerzhaften Folgen), kann er mit überängstlichem Verhalten darauf reagieren.* Er beginnt, sich vor allem zu fürchten, weil er nicht fliehen kann. Er ist völlig verunsichert und wird wahrscheinlich anfangen, sich die Federn zu rupfen.

– Ein führender amerikanischer Verhaltensexperte für Papageien behauptet, dass der durchschnittliche Papageienbesitzer sein Tier nur unzureichend im Griff hat und mit ihm nur umgehen kann, wenn die Flügel gestutzt sind. Dies kann sicherlich bei einem aggressiven Vogel zutreffen oder einem, bei dem vorübergehend die Hormone „verrückt" spielen. Es wäre dann besser, den Papageien in eine große Innenvoliere zu setzen, wo er umher fliegen kann oder aber in ein Außengehege – vorausgesetzt, es ist vom Klima her möglich. Wenn man als Besitzer einen Papageien mit ungestutzten Flügeln nicht genügend im Griff hat, dann sollte man sich auch keinen halten. Oder man sollte zumindest nach dem ersten Stutzen und der anfänglichen Trainingsphase die Flugfedern wieder nachwachsen lassen und es dabei belassen. Alan Jones, ein bekannter englischer Fachtierarzt für Vögel schrieb in einer englischen Fachzeitschrift, man solle das Stutzen der Flügel „nicht als Lösung für Verhaltensstörungen ansehen". Meist bestehe eine Verhaltenstherapie zur Behandlung von unsozialen Verhaltensweisen beim Vogel größtenteils darin, den Besitzer zu trainieren, wie er mit der Situation richtig umgehen kann, anstelle das Tier direkt zu behandeln.

Trotz meiner Abneigung gegen das Flügelstutzen muss ich zugeben, dass viele Halter nicht in der Lage wären, einen Papageien mit ungestutzten Flügeln zu erziehen. Wenn es ihnen nicht gelingt, ihn in den Griff zu bekommen und ihm Disziplin beizubringen, dann wird aus dem Vogel auch kein angenehmer Hausgenosse und er würde irgendwo als ungeliebter und abgeschobener Papagei landen. Die Lösung heißt also nicht Flügel stutzen, sondern sorgfältigeres Überlegen – *vor* dem Kauf –, was auf einen Menschen zukommt, wenn er sich einen Papageien anschafft. Ich denke außerdem, dass Menschen, die in wärmeren Klimazonen leben, wo Fenster und Türen ständig offen sind, sich keine ernsthaften Gedanken über die Anschaffung eines Papageien machen sollten.

Greg Glendell ist der Meinung, dass Papageien mit ihrer angeborenen Intelligenz keinesfalls der grausamen Praxis des Flügelstutzens unterworfen werden sollten:

„Seit Millionen von Jahren zählen Papageien zu den Flugvögeln, so dass man die Entscheidung zum Stutzen der Flügel nicht leichtfertig fällen sollte. Meiner Ansicht nach ist es höchst anmaßend von uns Menschen, anzunehmen dass wir uns einfach mit Hilfe einer Schere an die Flügel solch eines Lebewesens heran machen… Die Einschränkung der Flugfähigkeit sollte wirklich als letztes Mittel betrachtet werden, das nur mit äußerster Bedachtsamkeit angewandt werden sollte – wenn alle anderen Möglichkeiten erschöpft sind. Bei den meisten Papageien muss man die Bewegungsfreiheit keinesfalls auf so grobe Art und Weise einschränken, wenn sie von einem verständigen Menschen zum Gehorsam erzogen worden sind. Flugfähige Vögel sollten grundsätzlich auch in Menschenobhut fliegen dürfen. Wenn ein Papagei mit ungestutzten Flügeln entkommt und er wurde vorher gut erzogen und sozialisiert, dann sollte es eigentlich für die Bezugsperson nicht schwierig sein, ihn zurückzubekommen. Sobald ein Vogel mit Bindung an einen Menschen in die Freiheit entkommt, möchte er als Erstes zu seiner Bezugsperson zurück." (Glendell, 1998a).

Diese Ansicht wurde durch den Ausflug eines Timneh-Graupapageien in den USA bekräftigt. Der von Hand aufgezogene, liebenswerte Vogel wurde im Esszimmer neben der Diele gehalten. Von dort aus konnte er die allmorgendliche Routine beobachten, zu der auch der Hundespaziergang gehörte. Im Alter von vier Monaten erschrak sich der Papagei wegen eines neuen Mantels, den sein Besitzer trug. Trotz seiner gestutzten Flügel schoss er aus dem Käfig und auf den nächsten Baum. Dann flog er davon. Man durchsuchte die ganze Umgebung und brachte Flugblätter an – doch vergeblich. Er ließ sich nicht mehr blicken.

Fünf Tage später um 8 Uhr morgens öffnete Tammys Besitzer die Haustür, um mit den Hunden spazieren zu gehen. Plötzlich flog Tammy heran und landete direkt auf die Brust seines Besitzers. Er hatte ein Fünftel seines Körpergewichts verloren. Er fraß und schlief und schlief. Der Besitzer schrieb darüber:

„Da Tammy von seinem Käfig aus die Haustüre im Blick hatte, wusste er, dass wir jeden Morgen mit den Hunden hinaus gingen. Ich glaube, als Tammy bemerkte, dass er sich verirrt hatte, flog er durch die Gegend und suchte unser Haus. Als er dann die anderen Vögel in unserem Vogelzimmer schreien hörte, konnte er unser Haus ausfindig machen. Er musste aber noch einen Weg finden, hinein zu gelangen. Weil er wusste, dass wir morgens mit den Hunden Gassi gingen, wartete er im Apfelbaum vor unserem Haus." (Christian, 1998).

Diese Geschichte zeigt deutlich, wie unnütz das Stutzen der Flügel ist, wenn man nicht ganz rigoros vorgeht – und das sollte man bei einem jungen Vogel niemals machen. Sie zeigt auch die außergewöhnliche Fähigkeit selbst junger Papageien, in Freiheit mehrere Tage lang ohne Nahrung zu überleben. Ich kenne noch einige ähnliche Begebenheiten. Bei vielen entflogenen Vögeln besteht das Hauptproblem darin, dass sie Angst vor dem Abwärtsfliegen haben.

Frage: Ich erwarb meinen Graupapageien mit dem Alter von 14 Wochen bei einem Züchter. Seine Flügel waren gestutzt. Jetzt ist er 14 Monate alt und hatte eine Infektion in einem Flügel. Es bereitete ihm offensichtlich Schmerzen und er biss an den Federn und an der Haut herum. Mein Tierarzt entfernte die Federstümpfe vorsichtig, doch als die neuen Federn nachwuchsen, fielen sie wieder aus, als sie noch nicht einmal halb lang waren. Warum ist das passiert und was – wenn überhaupt – kann man tun, um das Problem in den Griff zu bekommen? Der Tierarzt sagt, es sei eine Folge des Stutzens, aber warum haben dann andere Papageien dieses Problem nicht?

Antwort: Schuld daran ist wahrscheinlich unsachgemäßes Vorgehen beim Stutzen, bei dem einige Federbälge zerstört wurden. Die Haut in der Aushöhlung, die den Federschaft stützt, wird unzureichend mit Blut versorgt und so fallen die neuen Federn aus, bevor sie voll entwickelt sind. In einem ähnlichen Fall erwies sich eine Hormonbehandlung als günstig, mit deren Hilfe die Federbälge ernährt und die Blutversorgung in den nachwachsenden Federn wieder hergestellt werden konnte. Dazu wurde zwei Mal wöchentlich eine 5 mg Tablette Ovarid auf einem Teelöffel zerdrückt und mit Flüssigkeit zusammen verabreicht. Ob dadurch allerdings das Problem bei Ihrem Papagei gelöst würde, hängt davon ab, wie ernst sein Zustand ist. Das Stutzen der Flügel kann auch zu einer Infektion im Bereich der Schwanzfedern führen. Der Grund dafür ist, dass so rigoros gestutzt wurde, dass der Vogel andauernd stürzt und dabei die Schwanzfedern abbrechen. Bei jedem Sturz wird der zerbrochene Schaft in die Haut hinein gedrückt. Diese Irritation veranlasst den Papageien dazu, sich die nachwachsenden Federn auszurupfen. Wenn eine Infektion der Flügel- oder Schwanzfederschäfte vorliegt, muss diese dringend tierärztlich versorgt werden.

Frage: Mein afrikanischer Graupapagei ist 20 Monate alt. Vorher habe ich alle Papageienbücher gelesen, die ich finden konnte und in denen alle das Stutzen der Flügel zur Sicherheit des Vogels befürwortet wurde. Ich kaufte das Tier bei einem Züchter. Der Papagei war von den Elternvögeln aufgezogen worden. Nach acht Wochen war er bereits ein zahmer, liebenswerter Hausgenosse, der uns Küsschen gab und sich auf meiner Schulter anschmiegte, um gekrault zu werden. Ich hatte die Sorge, dass eines der Kinder eine Tür offen lassen könnte und er davon fliegen würde. Also beschloss ich nach ungefähr zwei Monaten, seine Flügel stutzen zu lassen. Jetzt bedaure ich diesen Schritt zutiefst. Er hat so schlimm darauf reagiert. Wie lang wird es dauern, bis seine Federn nachwachsen?

Antwort: Es tut mir sehr Leid, dass Sie dem Ratschlag zum Stutzen der Flügel gefolgt sind. Wie lange es dauert, bis die Flugfedern ersetzt sind, hängt davon ab, wann die letzte Mauser war. Nicht alle Flugfedern werden innerhalb eines Jahres ab der letzten Mauser ersetzt, aber es sollten dann genügend Flugfedern nachgewachsen sein, dass der Papagei wieder fliegen kann. Es kann aber auch viel schneller gehen.

Ich finde es bemerkenswert, dass Sie einen Graupapageien gekauft haben, der von den Eltern groß gezogen worden ist und dass Sie die Geduld hatten, ihn zu zähmen. Für ein Brutpaar muss es sehr frustrierend sein, alle Jungen früh weggenommen zu bekommen. Meiner Ansicht nach sollte man den Eltern einige Junge lassen, die sie bis zu ihrer Unabhängigkeit großziehen. Wie Sie gezeigt haben, dauert es nicht lange, einen von seinen Eltern aufgezogenen Jungvogel zu zähmen, der gerade flügge geworden ist.

Gähnen

Dies könnte auf eine Erkrankung der oberen Atemwege hindeuten, wenn es häufiger als normal vorkommt. Man sollte dann zum Tierarzt gehen und/oder die Nahrung mit Vitamin A ergänzen.

Gebrauch von Werkzeugen

Werkzeuggebrauch ist nur von wenigen Vögeln und Säugetieren bekannt – vor allem von Schimpansen, Papageien und Krähen. Allgemein wird dies als Zeichen für Intelligenz betrachtet. Die Verwendung von Werkzeugen ist jedoch auch bei Spechtfinken, die die Galapagos-Inseln bewohnen, zu beobachten: sie ernähren sich von Maden der Holzkäfer, die sie mit ihrem Schnabel unter der Rinde hervorholen. Gelingt es dem Vogel nicht, an die Maden heran zu kom-

men, bricht er einen Kaktusstachel ab, bohrt diesen in die Öffnung, spießt die Maden auf und zieht sie heraus. Es gibt zwar frei lebende Papageien, die sich von Maden oder anderen Insekten ernähren, es wurde jedoch noch nie darüber berichtet, dass sie in irgendeiner Weise Werkzeuge einsetzen. Ich habe das Kapitel hier aufgenommen, weil mir schon von zahlreichen Papageienbesitzern darüber berichtet wurde, dass ihre Vögel Werkzeuge verwendet haben. Mit Hilfe ihres geschickten Schnabels und ihrer Füße, kombiniert mit ihrer hohen Intelligenz und Verspieltheit, verwenden sie Gegenstände für verschiedene Zwecke – allerdings meist nur im Spiel.

Die einfachste Form eines Werkzeugs, das ein Papagei herstellen kann, ist ein kleiner Zweig, den er mit dem Schnabel zuspitzt, um damit sein Kopfgefieder zu kraulen. Einzelvögel haben keinen Partner, der ihr Gefieder pflegt – also setzen sie ihren Erfindergeist ein. Ein Vogel mit Partner würde sich wahrscheinlich nicht so verhalten.

Gibt man einem Papageien einen Deckel aus Hartplastik, dann wird er ihn wohl zernagen oder ihn anderweitig verwenden: Viele Papageien nehmen solche Gegenstände als Schöpfkelle, die sie mit Körnern oder Wasser füllen und sich dabei großartig amüsieren. Warum tun sie das? Die Antwort ist einfach: Sie spielen und haben wie Kinder ihre Freude daran. Ich habe Papageien gesehen, die eine Walnusshälfte auf genau die gleiche Weise benutzt haben.

Gefiederpflege

Die Pflege des Gefieders ist lebenswichtig für fliegende Vögel, deshalb verbringen sie täglich viel Zeit damit. Ein Papagei pflegt jeden Teil des Körpers, den er erreichen kann. Oft fordert er den Partner oder ein Schwarmmitglied dazu auf, seinen Kopf zu putzen. Dazu senkt er den Kopf, gleichzeitig ein Zeichen der Unterordnung. Die gegenseitige Pflege des Gefieders erhält eine andere Bedeutung, wenn sie von Männchen und Weibchen gegenseitig ausgeführt wird. Dies stärkt die Paarbindung.

Die Intensität der gegenseitigen Gefiederpflege ist von Art zu Art verschieden. Papageien mit einer starken Paarbindung – dazu gehören Kakadus, aber auch Loris, Aras, Sittiche, Amazonen und andere mittelamerikanische Papageien – verwenden sehr viel Zeit darauf. Bei Arten wie Edelpapageien, Halsbandsittichen und anderen *Psittacula*-Arten kommt gegenseitige Gefiederpflege selten oder überhaupt nicht vor, je nachdem wie gut Männchen und Weibchen harmonieren. Dies wirkt sich auch auf den Besitzer aus, weil Arten mit schwacher Paarbindung nur selten akzeptieren, dass man ihnen den Kopf krault. Ganz anders ist es bei den Kakadus: Sie genießen es über alles, am Kopf und überhaupt am ganzen Körper gestreichelt und gekrault zu werden.

Ein Papagei, der eine starke Bindung zu seinem Besitzer hat, wird dessen Haare und Gesicht pflegen. Meine Amazone putzt mich um die Augen herum. Ich empfinde das als großes Kompliment, weil das Putzen an den Augen Vertrauen in denjenigen widerspiegelt, die gepflegt wird. Im Gegenzug „putze" ich die Federchen an den Augen meiner Amazone, weil ich weiß, wie sehr sie das mag und dass sie darauf vertraut, dass ich zart und vorsichtig dabei bin.

Frage: Warum reibt mein Fledermauspapagei seinen Schnabel am Schwanzansatz, wenn er sein Gefieder putzt?

Antwort: Bei den meisten Papageienarten befindet sich oben am Schwanzansatz eine Fettdrüse. Bei einigen mittelamerikanischen Papageien wie den Amazonen, Rotsteiß-Papageien und Schmalschnabelsittichen fehlt sie. Sie wird Bürzeldrüse genannt und produziert eine Art Wachs, das auf die Federn aufgetragen wird, um sie in gutem Zustand zu halten. Die Absonderung soll antibakterielle und pilzhemmende Eigenschaften besitzen und macht das Gefieder wasserabstoßend. Papageien besitzen nur kleine Bürzeldrüsen im Vergleich zu vielen anderen, besonders aber den Wasservögeln.

Hände

Viele Besitzer merken nicht, dass sich manche Papageien vor Händen fürchten. Wenn Sie sich einem nervösen oder der Natur entnommenen Papageien nähert, sollten Sie die Hände hinter dem Rücken oder in den Taschen verstecken, so dass Ihr Vogel das für ihn am meisten bedrohliche Körperteil nicht sieht.

Als neuer Besitzer eines Papageien ist man vielleicht enttäuscht, wenn der eigene Vogel der menschlichen Hand gegenüber scheu und misstrauisch reagiert. Was kann man dagegen tun? Hält sich der Vogel in seinem Käfig auf, dann sollten Sie oft mit ihm sprechen und dabei die Hände hinter dem Rücken halten. Wenn er Interesse zeigt und näher kommt, dann gibt man ihm einen Leckerbissen, so dass er Hände mit etwas Gutem in Verbindung bringt. Während Sie den Leckerbissen in der Hand halten, sprechen Sie ein paar Minuten mit dem Vogel. Bewegen Sie Hände immer nur ganz langsam.

Einem Papageien, der seine Scheu vor Händen überwinden muss, kann man nicht beibringen, auf die Hand zu kommen. Statt dessen kann man ihn auf eine kleine Leiter oder einen Holzpflock klettern lassen, so dass man etwas Kontrolle über seine Bewegungen hat. Man kann dem Vogel (mit ungestutzten Flügeln) gestatten, sich auf dem Knie einer sitzenden Person niederzulassen.

Fallbeispiel

Schnabelkontakt bei Papageien kommt unter vertrauten Partnern, Geschwistern und Schwarmmitgliedern sehr häufig vor. Manche Papageien scheinen die menschliche Nase als Schnabelersatz anzusehen. Sie akzeptieren Nasen- aber keinen Handkontakt. Das war der Fall bei einem Gelbhaubenkakadu, der in meine Pflege kam. Wie so viele der Natur entnommenen Papageien fürchtete auch er sich vor Händen. So lange ich meine Hände auf dem Rücken hatte, konnte ich sehr nahe an ihn heran. Er schien den Kontakt zu mir zu suchen, kam ganz nah heran in seinem Käfig. Was ich dann tat, würde ich nicht empfehlen, außer es handelt sich um Menschen, die sich mit dem Verhalten von Papageien sehr gut auskennen. Kakadus lieben es, wenn man sie an der Stirn krault – ich rieb meine Nase daran. Das war riskant, weil der Kakadu mich sehr unangenehm hätte beißen können. Aber ich vertraute darauf, dass er es nicht tun würde. Einige Tage später konnte ich schon einen Finger an meine Nase heben und ihn damit an der Stirn kraulen. Auf diese Weise verlor der Kakadu seine Scheu vor Händen. Ich wiederhole aber, dass ich diese Methode nicht weiterempfehlen möchte und ganz besonders nicht bei einem Graupapageien. Vielleicht funktioniert sie mit einem Kakadu. Ich habe diesen Fall nur erzählt, weil ich zeigen wollte, dass in manchen Fällen Vögel die Scheu vor Händen innerhalb kurzer Zeit überwinden können, wenn man einfühlsam vorgeht.

Herauswürgen der Nahrung

Partnerfüttern gibt es bei den meisten Papageienarten und hat seinen Ursprung darin, dass das Weibchen während des Ausbrütens der Eier vom Männchen gefüttert wird, weil es selbst keine Zeit für die Nahrungssuche hat. Bei den Kakadus ist dies normalerweise nicht der Fall, denn hier teilen sich Männchen und Weibchen das Brüten und das Männchen sitzt einen Großteil des Tages auf den Eiern. Das Weibchen kann selbst auf Nahrungssuche gehen. Das Papageien-Männchen würgt die teilweise verdaute Nahrung für das

Weibchen heraus, die sie später auch an die Jungen weiter füttert. Ein Papagei mit einer engen Bindung an seinen Besitzer wird diesen füttern. Es ist eine Art Kompliment, das man akzeptieren sollte.

Hervorwürgen von Nahrung ist von Wellensittichen vielleicht am besten bekannt, viele füttern ihr eigenes Spiegelbild. Ist kein Artgenosse oder Spiegel vorhanden, dann entwickeln einige Männchen die Angewohnheit, ihre Füße oder Flügel zu füttern.

Wird das Herauswürgen zum ersten Mal beobachtet, machen sich viele Besitzer Sorgen um ihren Vogel. Der Besitzer einer Amazone schrieb mir, dass er mit seinem Vogel sofort den Tierarzt aufsuchte, weil er dachte, es handle sich um Erbrechen. Wie kann man diesen natürlichen Vorgang während der Brutphase von einer Erkrankung unterscheiden? Das Herauswürgen wird meist von heftigen Kopfbewegungen wie Pumpen oder Schütteln begleitet, von Art zu Art unterschiedlich. Das kann auch bei Erbrechen der Fall sein, doch wird der Vogel dann auch offensichtlich Unwohlsein zeigen: Die Augen sehen trüb aus, die Federn liegen nicht glatt am Körper an, der Vogel ist ruhiger als normal und zeigt kein Interesse am Futter. Im Gegensatz dazu ist ein Vogel, der die Nahrung herauswürgt, meist sehr fit und hat wache Augen.

Frage: Ich besitze eine handaufgezogene Gelbstirnamazone, die 18 Monate alt ist. Sie ist zahm und gesund, würgt jedoch täglich ungefähr einen Teelöffel voll unverdauter Nahrung heraus. Es riecht nicht säuerlich. Das passiert meist, wenn sie spielt oder sich auf sonstige Art amüsiert.

Antwort: Da Ihre Amazone gesund ist und dieses Verhalten meist beim Spielen auftritt, scheint es mir normal zu sein – obwohl sie mit 18 Monaten noch sehr jung ist, um Nahrung heraus zu würgen. Es gibt Papageien, die statt ihres Besitzers ihr Lieblingsspielzeug zu füttern versuchen.

Husten

Wenn der Papagei nur gelegentlich – nicht ständig – hustet, besteht kein Grund zur Besorgnis. Hustet er aber viel und oft, dann müssen Sie mit ihm zum Tierarzt gehen. Husten kann durch eine Erkrankung der unteren Atemwege verursacht sein.

Intelligenz

Wenn man sich mit den größeren Papageienarten näher beschäftigt, dann wird man bald feststellen, dass sie zu den intelligentesten Vögeln überhaupt zählen. Was die Intelligenz anbetrifft, werden sie wahrscheinlich nur von den Mitgliedern der Krähenfamilie übertroffen. Trotz alledem ist es sehr schwierig, die Intelligenz zu messen. Ein guter Hinweis liefert uns die Struktur, Größe und das Gewicht des Gehirns. Von den bisher untersuchten Arten besitzt der Gelbbrustara (*Ara ararauna*) den intrazerebralen Gewichtsindex (das Gewichtsverhältnis bestimmer Gehirnbereiche zueinander) von 28, der höchste unter den Vögeln – der des Haushuhn ist 2,9 und einige Greifvögel erreichen 8,3.

Jugend

Die Zeit des Erwachsenwerdens bei handaufgezogenen Papageien steht in so einem krassen Gegensatz zu der Zeit kurz nach der Entwöhnung, dass diese Umstellung wie ein Schock für viele Papageienhalter kommt. Sie sind einfach nicht darauf vorbereitet und wissen nichts über die Jugendzeit von Papageien.

„Warum hat mein Papagei eine Abneigung gegen mich?", ist eine typische Frage der Besitzer. Der Papagei hat keine Abneigung gegen seinen Besitzer, er macht ihm nur die Führungsposition streitig – ähnlich wie bei jugendlichen Heranwachsenden. Früher war das Tier anhänglich und nett, nun plötzlich ändert sich sein Verhalten.

Bei Papageien tritt dies in unterschiedlichem Alter auf. Bei den kleinen Arten kann es schon mit sechs Monaten, bei Mohrenkopfpapageien erst mit neun Monaten beginnen. Bei langlebigen Arten wie den großen Aras, tritt die Phase meist im Alter von zwei oder drei Jahren ein. Die Verhaltensänderung macht sich bemerkbar, sobald die Hormonbildung mit ihren Schwankungen beginnt.

Eine besonders schwierige Zeit durchlebt oft der Mohrenkopfpapagei: Er kann dann extrem nervös werden und jeglichen Umgang ablehnen. Es ist wichtig, die Geduld zu bewahren und dem Vogel auch weiterhin Aufmerksamkeit zu schenken. Alle Familienmitglieder sollten mit ihm sprechen und ihn für gutes Verhalten loben. Sehen Sie es als eine Übergangszeit an, nach der der Papagei sein freundliches Wesen wiedererlangt oder noch freundlicher ist.

In dieser Jugendphase ist ein Zusammenleben mit dem Papageien oft schwierig, weil er die Autorität oder Führungsposition des Halters in Frage stellt. Die Verhaltensforscherin Liz Wilson besaß einen neun Monate alten Graupapageien namens Freddie. Wenn sie manchmal die Hand in den Käfig hielt und „Auf die Hand!" zu ihm sagte, dann senkte er den Kopf, als ob er sie bitten wollte, ihn zu kraulen. Da sie jedoch jede kleinste Bewegung an ihm wahrnahm, bemerkte sie, wie er sie aus dem Augenwinkel heraus beobachtete. Ein wirklich unterwürfiger Graupapagei, der am Kopf gekrault werden möchte, würde sich nicht so verhalten: Er würde seine Augen zumachen und seinen Kopf senken. Wenn sie seiner Aufforderung zum Kopfkraulen nachgegeben hätte, hätte er sie gebissen. Warum? Der Papagei war nicht bösartig, er wollte sie nur herausfordern. Wenn sie ihm gestattet hätte, sich ihrem Befehl zu widersetzen, dann hätte der Graupapagei seine Dominanz über sie bewiesen.

Wie konnte sich Liz Wilson aber nun aus der Affäre ziehen und weiterhin eine freundschaftliche Beziehung zu

Freddie behalten? Sie trickste ihn folgendermaßen aus: Als sie ihm den Befehl „Auf die Hand, Freddie!" gab und ihre rechte Hand gegen seinen Bauch hielt, winkte sie gleichzeitig mit der linken Hand. Durch ihre Handbewegung abgelenkt, vergaß der Papagei sein ursprüngliches Vorhaben und kletterte auf ihre Hand. Da Graupapageien sehr klug sind, würden sie wahrscheinlich nicht oft auf diesen Trick hereinfallen, aber immerhin lohnt es sich, ihn sich zu merken!

Beginn, Dauer und Schwierigkeiten der Jugendphase sind bei jedem Vogel anders. Bei manchen geht diese Zeit fast unbemerkt vorüber, bei anderen ist sie eine wirkliche Prüfung. Zwar wird das Verhalten in dieser Zeit von der Einstellung und Erfahrung des Besitzers beeinflusst, doch auch die Persönlichkeit des Papageien ist dabei wichtig. Erziehung und ständiges Auffrischen bekannter Befehle wie „Auf die Hand!" können dabei helfen, die Autorität des Besitzers wieder herzustellen und zu festigen.

Keuchender Atem

Frage: Mein Pärchen Graupapageien lebt seit 18 Monaten, seit ich sie habe, in einer Außenvoliere. Sie sind sehr schreckhaft und ich nehme an, dass es sich um Wildfänge handelt. Wenn ich zur Voliere gehe, fängt einer der beiden hastig zu atmen und zu keuchen an. Ich kann sehen, wie sich seine Kehle aus und ein bewegt. Wenn ich die Voliere wieder verlasse, nach dem Füttern zum Beispiel, hört er zu Keuchen auf. Handelt es sich um eine Verhaltensstörung oder ist es ein Krankheitssymptom?

Antwort: Keuchender Atem ist ein Zeichen für extremen Stress, der meist bei nervösen Arten wie Grau- und Rotsteißpapageien auftritt und dann besonders bei wild gefangenen Tieren. Beim Rotsteißpapageien sind Stresserscheinungen am ganzen Tier nicht zu übersehen, der ganze Körper hebt sich

vor Angst. Da sich das Keuchen bei Ihrem Graupapageien legt, sobald Sie die Voliere verlassen haben, ist es sehr unwahrscheinlich, dass eine Krankheit die Ursache dafür ist. Ich würde vorschlagen, dass Sie eine Fütterungsvorrichtung verwenden, bei der Sie nicht täglich in die Voliere hineingehen müssen.

Keuchender Atem kann bei Graupapageien auch die Folge einer Atemwegserkrankung sein wie eine durch Vitamin A-Mangel verursachte Nasennebenhöhlenentzündung. Im Falle Ihres Vogels ist das Keuchen jedoch fast sicher auf Stress zurückzuführen. Bei einer Atemwegserkrankung ist für den Vogel das Atmen nach dem Fliegen sehr beschwerlich.

Kinder und Babys

Kindern muss man ganz genau zeigen, wie sie mit Papageien umgehen müssen. Sind sie sehr nervös oder ängstlich, dann sollte man es ihnen überhaupt nicht erlauben. Kleinkindern sollte man den Umgang mit Papageien nicht gestatten, sowohl aus Sicherheitsgründen als auch wegen ihrer schnellen, unberechenbaren Bewegungen, die vielen Papageien Angst einjagen und die sich dann von anderen Personen nicht mehr anfassen lassen wollen. Außerdem kann man sich nie darauf verlassen, dass Kinder einen Papageien nicht ärgern. Manchmal wollen sie ihm etwas in den Futternapf legen oder sie nähern sich ihm sich ihm mit hektischen, ruckartigen Bewegungen. Der Papagei könnte dies leicht mit aggressivem Verhalten beantworten.

Kann man andererseits einem Papageien trauen, dass er einem Kind nichts tut? Man sollte kein Risiko eingehen. Ich habe einmal in einem Vogelpark eine Mutter mit ihrem Kleinkind beobachtet. Sie saßen auf einer Bank, auf deren Rand sich ein großer Ara niedergelassen hatte. Die unglaublich sorglose Mutter nahm den Finger des Kindes und steckte ihn in den

Schnabel des Aras! Der Vogel hätte den Finger abbeißen können. Zum Glück passierte nichts, doch selbst ein extrem gutmütiger Papagei hätte in einer solchen Lage aus Angst zubeißen können.

Es scheint, dass viele Papageien merken, wie verletzlich Babys sind und beißen sie nicht. Ein Papagei einer mir bekannten Familie tolerierte nur den Familienvater. Die anderen Familienmitglieder hätte er bei jeder sich bietenden Möglichkeit gebissen – mit Ausnahme des Babys.

Leider wird der Papagei oft beiseite geschoben, wenn Familienzuwachs ins Haus kommt. Das gilt vor allem für Kakadus. Der Vogel wird dann laut und man hält ihn für eifersüchtig auf das Baby. In Wirklichkeit fühlt sich der Papagei nur vernachlässigt. Er schreit nur um Aufmerksamkeit. Genau über eine solche Situation sollte man vor dem Kauf eines Papageien genau nachdenken. Wenn Sie ihm nicht auch dann gleich viel Zuwendung und Pflege zukommen lassen können, dann wird in Ihrem Haushalt kein Papagei glücklich sein.

Fallbeispiel

Ein Weißhaubenkakadu lebte bei einer Familie mit zwei Kindern, die einige Jahre älter waren als der Kakadu. Als er dreieinhalb Jahre alt war, wurde ein weiteres Kind geboren. Der Kakadu wurde sehr laut und deshalb in einen Schuppen im Garten verbannt. Nachdem er zwei Monate in Einsamkeit eingesperrt war, trat der Besitzer mit dem Züchter in Kontakt und der war damit einverstanden, den Kakadu zurückzukaufen. Bei der Ankunft war der Züchter schockiert über das Aussehen des Vogels: Er hatte sich sämtliche Federn gerupft, die er erreichen konnte, nur sein Kopf war noch befedert, der Körper nur mit weißen Daunen bedeckt. In der liebevollen Familie, in der er untergebracht wurde, erholte sich das Gefieder langsam wieder.

Krallen

Die Krallen müssen hier erwähnt werden, weil sie das Verhalten des Vogels sowie das der Person beeinflussen können, die mit dem Vogel umgeht. Sind die Krallen sehr scharf, dann wird die Hand des Besitzers schon bald zerkratzt sein und der Umgang mit dem Papageien sehr unangenehm.

Die Krallen von Papageien sind wie unsere Nägel beschaffen: Sie bestehen aus Keratin und wachsen ständig. Sie nutzen sich durch normalen Verschleiß ab. Dies ist jedoch nicht der Fall, wenn der Vogel stundenlang auf einer glatten Oberfläche wie einer Plastiksitzstange oder oben auf seinem Käfig sitzt.

Die besten Oberflächen sind:
– Frisch geschnittene, mit Rinde überzogene Äste eines mittelharten Holzes (Apfelbaum oder andere Obstbäume). Die Rinde wird bald nicht mehr vorhanden sein, so dass der Ast durch einen neuen ersetzt werden muss, bevor er zu glatt wird.
– Orthopädische Sitzstangen oder Ständer mit solchen Sitzstangen, die es speziell für Papageien in einigen Zoohandlungen gibt. Vorsicht ist bei Sitzstangen aus Beton geboten, die in verschiedenen Farben erhältlich sind. Einige davon sind so rau, dass sie die zarte Haut an der Fußunterseite beschädigen.

Um die Füße zu trainieren, sollten Papageien Sitzstangen unterschiedlicher Stärke zur Verfügung gestellt werden. Oft wählen sie dann wider Erwarten die dünneren Sitzstangen. Manche Vögel mögen vertikal angebrachte Stangen und diese tragen zur Stärkung der Beinmuskulatur bei.

Müssen die Krallen (außer bei alten Vögeln) regelmäßig geschnitten werden, so deutet dies darauf hin, dass der Papagei auf der falschen Oberfläche gehalten wird. Beim Schneiden wird der Vogel in einem Handtuch eingewickelt fest gehalten, während sich eine zweite Person um die Krallen kümmert. Junge Papageien haben oft sehr scharfe Krallen, die man feilen sollte. In diesem Fall wird Krallenschneiden nicht empfohlen, weil dadurch das Wachstum der Krallen gefördert werden kann und man dann regelmäßig schneiden muss (für die meisten Papageien eine stressbeladene Prozedur). Sind die Krallen bereits so lang, dass sie sich nicht mehr normal abnutzen können, dann müssen sie geschnitten werden. An der Krallenspitze verläuft eine Vene, die bei Verletzung zu starken Blutungen und Schmerzen führt. Starke Blutungen müssen zum Stillstand gebracht werden, denn sie können lebensgefährlich sein. (Im Notfall hält man den Fuß des Papageien in Mehl).

Zu lange Krallen verfangen sich leicht in Maschendraht und machen das Klettern unangenehm und aufreibend. Der Papagei kann auch die Sitzstange nicht mehr richtig umfassen. Außerdem ist er dann vielleicht nicht mehr so bewegungsfreudig und neugierig. Bei alten Papageien kommt es vor, dass die Krallen in unregelmäßiger Form wachsen, manchmal sogar wie Korkenzieher. Sie müssen dann gegebenenfalls von einem Fachtierarzt geschnitten werden.

Frage: Warum fällt mein Papagei von seiner Sitzstange, nachdem man ihm die Krallen geschnitten hat?

Antwort: Von der Krallenlänge hängt es ab, wie gut der Papagei die Stange umfassen kann. Er muss seinen Griff den neuen Gegebenheiten anpassen, wenn er plötzlich kurz geschnittene Krallen hat. Dies geht meist recht schnell, vorausgesetzt, die Krallen wurden nicht zu kurz geschnitten.

Küsschen

Frage: Mein Nymphensittich genießt es, auf meiner Schulter zu sitzen und mir Küsschen zu geben. Wenn ich meinen Mund aufmache, dann steckt er den Kopf hinein und knabbert an meinen Zähnen. Warum tut er

das? Könnte das schädlich sein? Man hat mir erzählt, ich könnte mich bei ihm anstecken.

Antwort: Ihr Nymphensittich ist keine Ausnahme mit seiner merkwürdigen Angewohnheit. Viele Papageien verhalten sich so, wenn man sie lässt. Der Grund dafür ist unbekannt, es könnte sein, dass sie den menschlichen Speichel mögen. Es besteht nur eine geringe Chance, dass Sie sich bei Ihrem Sittich anstecken, umgekehrt, dass Sie ihm nämlich eine Infektion übertragen, ist das Risiko viel höher. Deshalb ist Küssen, bei Ihrem Nymphensittich oder irgendeinem anderen Vogel, nicht zu empfehlen, besonders nicht, wenn Sie an einer Halsentzündung leiden. Die daran beteiligten Streptokokken-Bakterien können auf Vögel übertragen werden. Das Gleiche gilt für einige menschliche Grippeviren.

Lachen

Vor allem Amazonen besitzen die ausgeprägte Tendenz, menschliches Lachen nachzuahmen. Sie empfinden den Klang anscheinend als anregend und treffen auch haargenau den Tonfall des jeweiligen Menschen. Auch Lachen im Radio oder Fernsehen kann sie zum Nachmachen anregen. Manche Graupapageien können Lachen imitieren, bei Kakadus habe ich es allerdings noch nie gehört.

Launen

Manche Papageien sind zweifellos launisch – und diese Launenhaftigkeit scheint von der Tageszeit abhängig zu sein. Ob es dabei einen Zusammenhang mit äußeren Einflüssen gibt, muss noch erforscht werden. Eine Frau besaß einen von handaufgezogenen Mohrenkopf-Papageien namens Charlie, den sie als „den lustigsten, liebenswertesten und gutmütigsten Vogel beschrieb, der die komischsten Tricks beherrschte und in Rückenlage mit seinen Füßen

Spielzeug balancierte" – jedenfalls 90 Prozent des Tages über. Früh am Morgen und eine Zeit lang auch nachmittags wurde er jedoch völlig unberechenbar und knurrte wütend um sich. Am Abend schmiegte er sich an ihr Kinn, gab leise Pfeiftöne und Klick- und Kussgeräusche von sich, während er an Kopf und Hals gekrault wurde. Er streckte seinen Hals so weit es ging nach vorne und blickte in ihr Gesicht als wollte er sagen „Gib mir einen Kuss".

Mauser

Die Mauser ist ein natürlicher Vorgang, bei dem jedes Jahr die Federn erneuert werden. Die Dauer ist je nach Art unterschiedlich. Manchmal geht die Mauser innerhalb einiger Wochen über die Bühne. Bei anderen Arten erstreckt sie sich über einen längeren Zeitraum. Besonders die Flügelfedern brauchen Monate, bis sie erneuert sind. Bei einigen Papageienarten werden die Flügelfedern im Abstand von ein bis zwei Jahren ersetzt. Im Durchschnitt beträgt der Zeitraum für die Flügelmauser beim Rosakakadu 160 Tage. Bei Vögeln, die auf der Nahrungssuche lange Strecken zurücklegen, geht die Mauser allmählich vonstatten, weil sie zu jeder Zeit flugfähig sein müssen.

Im Alter zwischen fünf und zehn Monaten mausern sich Papageien zum ersten Mal; die kleineren Arten etwas früher, die großen Aras mit etwa acht bis zehn Monaten. Für die großen Papageien – vor allem die Aras – kann dies eine schwere Zeit sein. Die steifen, neuen Federn, die noch in ihrer Umhüllung sind, bereiten dem Vogel Unbehagen und seine Stimmung kann darunter leiden. Eine tägliche Dusche hilft, die Umhüllungen zu lösen. Man sollte sehr vorsichtig sein, wenn man dem Papageien den Kopf streichelt, weil die Federkiele sehr weich sein können. Man krault ihn dann besser nicht am Kopf. Wenn die Schwanzfedern eines Aras sehr lange in ihrer Umhüllung bleiben, dann sollte man sie regelmäßig

ansprühen, um sie weicher zu machen und sie gegebenenfalls vorsichtig entfernen. In einer trockenen Umgebung können die Hüllen so hart werden, dass sie sich bei der Gefiederpflege nicht ablösen, wie es normalerweise der Fall sein müsste. Aber Vorsicht! Die meisten Papageien mögen es nicht, wenn man ihre Schwanzfedern berührt.

Mit guter Ernährung lassen sich Mauserprobleme vermeiden. Für das Wachstum der neuen Federn wird Protein benötigt: Man kann einem Papageien in der Mauser also gekochtes Huhn oder anderes Fleisch oder gekochte Hülsenfrüchte wie Bohnen und Linsen füttern, die ebenfalls einen hohen Eiweißgehalt besitzen.

Frage: Warum hat meine neu erworbene Amazone nach der Mauser einige Federn mit dunklen Rändern?

Antwort: Dies deutet auf einen Ernährungsmangel hin. Eine ausgewogene Kost mit Vitaminen und Mineralien ist für den Aufbau eines gesunden Gefieders notwendig. Wenn solche Symptome auftreten, muss die Ernährung sehr mangelhaft gewesen sein. Da Sie den Vogel noch nicht lange haben, kommt sein Zustand wahrscheinlich durch Vernachlässigung und/oder unzureichende Ernährung in der Zeit, bevor die Amazone in Ihre Pflege kam. Es ist wichtig, dass sie viel frisches Obst und Gemüse und etwas gekochtes Huhn frisst. Die meisten Amazonen lieben Huhn.

Musik

Die meisten Papageien reagieren stark auf Musik und Aufnahmen von Vogelgesang. Je nach Art stimmen sie mit ein, schnattern, schreien oder singen sogar. Zweifellos empfinden sie bestimmte Musik als sehr anregend. Es ist sicherlich eine gute Möglichkeit, einem Papageien so die Langeweile zu vertreiben, wenn er lange allein gelassen werden muss, ob mit oder ohne Partner.

Wenn das Radio tagsüber Musik spielt, dann sind Papageien gleich viel vergnügter. Nicht alle Papageien bevorzugen die gleiche Musikrichtung, aber alle reagieren auf Musik.

Amazonen – vor allem die Gelbscheitelamazonen – singen gern mit. Meine eigene Surinam-Amazone singt immer falsch (wie ihre Besitzerin!), doch einige Arten wie Gelbnacken- und Gelbkopfamazonen können uns regelrecht in Erstaunen versetzen. Eine Gelbnackenamazone, deren Besitzerin eine Opernsängerin war, nahm sogar eine Schallplatte mit dem Lied „I left my heart in San Francisco" auf. Es war die fast perfekte Nachahmung der hohen, schwingenden Stimme ihrer Besitzerin und hat mich immer wieder entzückt. Amazonen werden mehr als alle anderen Papageien durch Musik und besonders durch Sopranstimmen stark angeregt. Man sollte sich daher nicht wundern, wenn eine Amazone beim Klang einer hohen weiblichen Stimme – sei es nun gesprochen oder gesungen – ganz aufgeregt reagiert.

Nachahmung

Alle Papageienarten, die wir als Heimtiere halten, sind im Wesentlichen Schwarmvögel, die untereinander ständig Stimmkontakt halten. Deshalb reagieren sie in einem menschlichen Haushalt auf die menschliche Sprache und andere Laute. Sam Foster und Jane Hollander schreiben darüber:

„Papageien ahmen oft Geräusche nach, die sie in ihrem Zusammenleben mit uns hören, weil sie diese für Kontaktrufe halten. Afrikanische Graupapageien sind bekannt dafür, dass sie Telefonklingeln und Mikrowellensignaltöne nachmachen. Warum gerade diese Geräusche? Vielleicht weil die Papageien uns Menschen dabei beobachtet haben, wie wir auf Telefon oder Mikrowelle reagieren: Wir gehen zu diesen Geräten hin. Wir heben einfach den Telefonhörer ab oder nehmen unser Essen aus der Mikrowelle. Für die Graupapageien reagieren wir damit auf die Kontaktrufe dieser Geräte. Wenn es bei der Mikrowelle funktioniert, dann müsste es dem Graupapageien auch gelingen, uns durch diesen Kontaktruf herzulocken." (Foster und Hollander, 1999).

Viele Papageien können sowohl Geräusche als auch die menschliche Sprache nachahmen. Und sie können diese Form des Imitierens auch im richtigen Moment und Zusammenhang einsetzen. Gwen, eine Freundin von mir in Kalifornien besitzt einen Timneh-Graupapageien namens Alex und einen Hund, einen Zwergschnauzer. Wenn sich der Papagei kratzt, dann macht er dabei oft die Laute nach, die der Hund beim Kratzen von sich gibt. Wenn er Futter will, wenn sein Futternapf im Käfig leer ist, dann macht er Kaugeräusche nach. Dies tut er auch, wenn er von Gwens Essen etwas möchte. Er weiß, wie er seine Zeichen einsetzen muss. Wenn man ihm frisches Wasser gibt oder wenn er etwas davon will, das Gwen gerade trinkt, dann gibt er Trink- und Schluckgeräusche von sich. Den Ausspruch „ Hey! Komm mal her!" benutzt er nur, wenn er im Käfig ist und heraus will. Am lustigsten ist aber, wenn er „Nein!" sagt, sobald er etwas Verbotenes anstellen will!

Gwen und ihr Mann benutzen eine bestimmte Kombination von Pfeiftönen, wenn sie den Hund ins Haus rufen. Alex kann dieses Pfeifen nachmachen und benutzt es auch, wenn der Hund bellt oder wenn Gwen zur Tür geht, um den Hund hereinzuholen. Nur ein einziges Mal hat der Papagei das Pfeifen falsch eingesetzt als Gwen aus einem anderen Grund zur Haustür ging. Sie hat bisher noch nicht herausfinden können, wie der Vogel ihre Absichten erkennt, glaubt aber, dass es mit ihrer Körpersprache zu tun hat (*siehe auch* Sprechen).

Es gibt noch eine andere Form der Nachahmung bei Papageien, die viel seltener ist als das Imitieren von Stimmen und Geräuschen: die Nachahmung von Handlungen. Das wahrscheinlich beste Beispiel dafür liefert uns ein

Nasenkakadu. Im ersten Band von W. T. Greens dreibändigem Klassiker *Parrots in Captivity* (erschienen 1884) wird erzählt, wie dieser Kakadu Tätigkeiten imitiert:

„Jeden Tag zelebriert er das Teeausgießen. Zuerst wird der Zucker in die Tassen gegeben – er imitiert den Vorgang des Hineinlegens von Zucker, danach wird der Tee eingegossen. Sein Schnabel stellt den Ausgießer der Teekanne dar und er ahmt das Geräusch des Tees sowie den Vorgang des Eingießens exakt nach... Eines Morgens beobachtete er von seinem speziellen Platz auf einer alten Leiter im Garten aus, wie der Gärtner den Lorbeer schnitt. Als er später ins Haus zurück gebracht wurde, wiederholte er den gesamten Vorgang des Heckenschneidens, wobei er mit seinem Kopf bei jedem „Schnitt" ruckte – der Schnabel sollte die Heckenschere darstellen –und auch das Geräusch genau nachmachte."

Diese Form der Nachahmung sagt viel über die Beobachtungsgabe und das Merkvermögen dieses Kakadus, ganz zu schweigen von seiner Fähigkeit, das Gesehene in die Tat umzusetzen. Ich halte den Nasenkakadu für den intelligentesten und verspieltesten aller Papageien, zusammen mit dem Kea – Neuseelands Bergpapagei. Auch im Verhalten sind sie sich in vielem ähnlich.

Nahrungsaufnahme

Für Papageien ist die Nahrungsaufnahme ein wichtiger Bestandteil des Tagesablaufs – nicht nur vom Standpunkt der Ernährung aus gesehen. In der Natur ist die Nahrungsaufnahme eine soziale Aktivität, die im Familienverband oder kleinen oder großen Schwärmen stattfindet. Für Papageien in Menschenobhut spielen die Fütterungszeiten eine noch viel größere Rolle, weil sie die Monotonie des Tages unterbrechen, so wie auch die Mahlzeiten für uns. Deshalb bin ich der Meinung, dass Papageien, im Käfig oder in der Voliere, zwei Mal täglich

gefüttert werden sollten. Steht der Papageienkäfig im Esszimmer, dann wird der Vogel jedes Mal seinen Napf nach Futter untersuchen, wenn sich die Menschen zum Essen hinsetzen. Ist seine Futterschüssel leer, fängt er zu an schreien. Es schadet nichts, wenn man den Vogel vom Tisch füttert, solange man die Nahrungsmittel vernünftig auswählt. Vögel, die auf Körnerbasis ernährt werden, können sogar davon profitieren, weil sie mit Gemüse (gekocht oder roh), Teigwaren, magerem Fleisch und Käse Nährstoffe erhalten, die fast sicher in ihrem aus Saaten und Obst bestehendem Futter fehlen.

Papageien besitzen mehr Geschmacksknospen als alle anderen Vogelarten – so zwischen 300 und 400. Sie können allerfeinste Geschmacksnuancen unterscheiden. Die meisten anderen Vögel haben zwischen 100 und 200 Geschmacksknospen (Rensch und Neunzig, 1925). Gibt man Papageien ein Orangenstück, das nicht süß ist, so werden die meisten von ihnen es ignorieren. Der Besitzer glaubt dann, die Vögel hätten die Orangen satt– doch gibt man eine süße, wird sie höchstwahrscheinlich gegessen. Wenn der Papagei also plötzlich ein Nahrungsmittel ablehnt, das er normalerweise mochte, dann probieren Sie es. Es gibt andererseits auch Vögel, die ein Nahrungsmittel eine Zeit lang sehr mögen und dann den Geschmack daran verlieren. Deshalb ist abwechslungsreiche Kost wichtig.

Nahrungsmittel können dazu dienen, den Papageien anzuregen und zu beschäftigen. Vor allem für die größeren Arten kann es nie genug Betätigungsmöglichkeiten geben. In Zoos wächst das Interesse an Vorrichtungen, bei denen sich die Vögel anstrengen müssen, um an ihr Futter zu kommen. Eine solche Vorrichtung lässt sich beispielsweise leicht aus einer Plastik-Kabelspule konstruieren: Das hohle Mittelstück kann in einen rollenden Futterverteiler für Aras und Kakadus umgewandelt werden. In das Mittelstück werden

Löcher gebohrt (mit einem Bohreraufsatz für 0,5 cm große Löcher). Die Enden werden mit PVC-Stopfen verschlossen. Das eine Ende wird mit einer Klebepistole versiegelt, das andere ist zum Befüllen gedacht. Um an das Futter zu gelangen, muss der Papagei die Spule über den Fußboden rollen, damit die kleinen Stückchen durch die Bohrlöcher fallen.

Normalerweise sollten neue Papageien zu Beginn von anderen Vögel getrennt gehalten werden. Doch kann die Gegenwart anderer Vögel den Neuankömmling auch zum Fressen animieren, sofern er nicht durch die neue Umgebung zu sehr unter Stress leidet. Nahrungsaufnahme wird in der Natur die von allen Schwarmmitgliedern gleichzeitig ausgeführt, deshalb ist ein Papagei im Nachbarkäfig der beste Anreiz. Denken Sie auch daran, dass wenn beispielsweise der Papagei bisher immer aus einer braunen Plastikschüssel gefressen hat, er vielleicht zögernd aus einen Futternapf aus Edelstahl fressen wird. Versuchen Sie herauszufinden, an welche Art und Farbe der Futterschüssel der Vogel gewöhnt ist.

Frage: Wenn ich meinem Papageien Toastbrot gebe, dann taucht er es absichtlich in seinen Wassernapf ein, bevor er es frisst. Warum tut er das?

Antwort: Aus demselben Grund wie wir Menschen Kekse in unserem Kaffee aufweichen! Er mag es weich.

Nervosität

Papageien, die nicht von Hand aufgezogen wurden, werden auf engem Raum sehr leicht nervös. Der gegenwärtige Trend, einzelne Papageien in immer noch kleineren Käfigen zu halten, verschlimmert das Problem noch. Besonders Wildfänge zeigen in kleinen Gehegen nervöse Aggressionen. Setzt man diese Vögel in eine größere Voliere, so verschwindet das Verhalten und sie wirken viel entspannter.

Am besten vermeiden Sie Augenkontakt bei nervösen Papageien. Besitzer von Volierenvögeln sollten darauf achten, wie sie sich selbst im und um das Gehege bewegen. Die meisten Gehege haben an der Rückseite einen Gang, von dem aus die Fütterung vorgenommen wird. Man sollte am entfernten Ende mit der Fütterung anfangen, so dass man an den fressenden Vögeln nicht mehr vorbeigehen muss. Ein nervöser Papageien, der mit seinem Fuß gerade etwas zum Fressen festhält, lässt es fallen, wenn man an ihm vorbeigeht. Manche Menschen versetzen ihre Vögel unabsichtlich in Aufregung, indem sie mit einem Fangnetz an ihnen vorübergehen. Man sollte dies immer verbergen, weil selbst ruhige Vögel vor Netzen Angst haben. Viele mögen auch keine Handschuhe. Es gibt Papageien, die die Hand ihres Besitzers attackieren, wenn dieser Handschuhe trägt, die bloße Hand aber stets akzeptieren. Handschuhe in kräftigen Farben führen in den meisten Fällen zu einem Angriff.

Auch die zahmsten Volierenvögel reagieren nervös, wenn am Himmel ein Habicht, Reiher oder eine andere bedrohliche Silhouette vorbei fliegt. Auch Hubschrauber fallen in diese Kategorie. Nervöse Reaktionen können ebenso durch die Bewegungen eines Gartenschlauchs hervorgerufen werden, vermutlich wegen ihrer Ähnlichkeit mit Schlangen.

Was kann man als Besitzer eines nervösen Papageien tun, um den Vogel ruhiger zu machen? Man kann erstens die Hilfe eines Tierheilpraktikers in Anspruch nehmen oder Bach-Blüten geben (*siehe* Bach-Blüten). Und zweitens: geben Sie dem Papageien einen viel größeren Käfig.

Niesen

Ein einzelnes Niesen ab und zu ist kein Grund zur Sorge. Wenn der Papagei aber oft und regelmäßig niest, dann sollte der Tierarzt aufgesucht werden. Es könnte zum Beispiel eine allergische Reaktion auf Hausstaub oder Zigarettenrauch sein (*siehe* Rauchen). Es könnte auch in Zusammenhang mit einer Erkrankung wie der Papageienkrankheit (Psittakose, Chlamydien-Infektion) auftreten, die mit Ausfluss aus Nase und Augen einhergeht. Auch ein Mangel an Vitamin A in der Ernährung verursacht oft Atemwegserkrankungen.

Frage: Mein afrikanischer Graupapagei niest sehr oft. Warum? Meine Schwester sagt, ihr Graupapagei würde nie niesen. Jetzt mache ich mir Sorgen, ob mit meinem Vogel etwas nicht in Ordnung ist.

Antwort: Ihre Sorgen könnten berechtigt sein. Wenn Ihr Papagei nur auf Körnerbasis ernährt wird, kann es sein, dass er an Vitamin A-Mangel leidet: Das kommt bei dieser Art und den anderen größeren Papageien häufig vor. Dabei schwellen die Nebenhöhlenwände an und werden anfällig für Infektionen. Eine chronische Nebenhöhleninfektion erfordert eine langwierige und teure Therapie, die dem Vogel viel Unbehagen bereitet. Der Nasenausfluss kann zu vergrößerten Nasenöffnungen und sogar zu einem unansehnlichen Kanal im Oberschnabel führen.

Auch andere Erkrankungen können von Niesen begleitet werden, man sollte also unverzüglich zum Tierarzt gehen. Wenn in Ihrem Haushalt regelmäßig geraucht wird, kann der Rauch die Nasenöffnungen reizen und Niesen verursachen, ebenso wie auch eine Allergie.

Paarungsverhalten

Die „Mätzchen", die Papageien in der Paarungszeit machen, können solche Ausmaße annehmen, dass der Besitzer selbst Angst bekommt. Wenn man mit dem Verhalten geschlechtsreifer und paarungsbereiter Papageien nicht vertraut ist, dann kann man diesen Zustand leicht missdeuten und für eine Krankheit halten. Der Besitzer einer zweijährigen Amazo-

ne war sehr verwirrt, als sein Vogel jeden Abend auf dem Käfig herumwanderte, dabei mit den Flügeln flatterte und Quietschtöne von sich gab. Der Vogel schien in heller Aufregung zu sein und nichts konnte ihn ablenken. Der Besitzer hielt es für einen Anfall. Es ist aber das typische Verhalten einer paarungsbereiten Amazone – wahrscheinlich einem Männchen in diesem Fall. Man sollte im späten Frühjahr darauf gefasst sein.

Unter Papageienhaltern, die diesen Meilenstein im Leben ihres Vogels beobachten, herrscht allgemein die Meinung, der Papagei brauche nun einen Partner. Hat der Papagei jedoch eine starke Bindung zu seinem Halter aufgebaut, dann trifft dies in den meisten Fällen nicht zu. Das gilt besonders für handaufgezogene Vögel, die noch nie einen Artgenossen zu Gesicht bekommen haben. Viele dieser Vögel wissen nicht, wie sie sich verhalten sollen und reagieren dann möglicherweise aggressiv auf einen anderen Vogel. Die häufigste Reaktion ist aber extreme Eifersucht (*siehe* Eifersucht). Ein zweiter Vogel kann unter Umständen mehr Probleme bereiten als lösen.

Anders ist es bei Vögeln, die von ihren Eltern aufgezogen und in der Natur gefangen wurden und solchen, die keine starke Bindung an eine Person aufbauen wie die Unzertrennlichen. Bestimmte Kleinpapageien mit hochentwickeltem Sozialverhalten wie Loris und Sittiche akzeptieren leichter einen Partner, egal ob sie von ihren Eltern oder von menschlicher Hand aufgezogen wurden. Handaufgezogene Männchen mancher Arten – wie von Weißhaubenkakadus und Breitschwanz-Loris – können zur tödlichen Gefahr für ein Weibchen werden. Ihre Reaktion ihm gegenüber kann ein solch blitzschneller Angriff sein, dass dem unglücklichen Weibchen keinerlei Chance mehr bleibt.

Unter normalen Umständen ist die Paarungsstimmung und das Eier legen bei Heimvögeln eine Phase, die vorübergeht. Sie tut dem Verhältnis zwischen Mensch und Papagei keinen Abbruch so wie es dagegen ein echter Paarungspartner tun würde, den man dem Vogel gibt. Außerdem sollte man nicht vergessen, dass die meisten Heimvögel bis jetzt in kleinen Käfigen gehalten wurden und die Weibchen, außer sie konnten ihre Flügel genug bewegen, nicht in Brutverfassung sind. Bei übergewichtigen Weibchen in schlechter Kondition kann Eierlegen zum Tod führen.

Fallbeispiel

Dies passierte beinahe meiner Gelbstirnamazone vor mehr als zwanzig Jahren. Ich hatte damals unklugerweise entschieden, dass sie einen Paarungspartner brauchte. Immer im Mai kam sie in Paarungsstimmung, schlug mit den Flügeln und stieß leise, weinende Schreie aus. Ich setzte sie zusammen mit einem Männchen in eine Voliere, das großes Interesse an ihr hatte. Dies war jedoch einseitig: Sie interessierte sich nur für den Nistkasten. Sie saß davor und schlug mit den Flügeln, als ob sie mich dazu auffordern wollte, zu ihr herein zu kommen. Der Nistkasten, nicht das Männchen, veranlasste sie zum Eier legen.

An einem Sonntagmorgen legte sie ein Ei. Ich stellte entsetzt fest, dass sie einen Legedarm-Vorfall hatte. Jetzt hieß es blitzschnell handeln, weil dies ihren sicheren Tod bedeutet hätte. Zum Glück hatte mein Tierarzt Sonntagsdienst. Er kümmerte sich sofort um sie, indem er eine spezielle Naht machte, die es ihr zwar ermöglichte Kot abzusetzen, gleichzeitig aber auch das vorgefallene Organ zurückhielt. Ich muss wohl nicht betonen, dass ich sie nie wieder mit einem Männchen zusammen ließ. Bis heute interessiert sie sich stark für Nistkästen, wenn sie welche zu Gesicht bekommt. Sie reagiert dann prompt mit einem aufgeregten, leisen Schrei und Präsentieren des Schwanzes. Sehr wahrscheinlich würde sie, wenn sie Gelegenheit dazu hätte, trotz ihres Alters von über 30 Jahren noch Eier legen.

Heimvögel in Paarungsbereitschaft

Diese Fast-Katastrophe werde ich nie vergessen. Heimvögel sind nicht fit fürs Brüten. Die meisten schweren Papageien wie Amazonen haben jahrelang in Käfigen zugebracht und würden in einer Voliere Monate brauchen, bis sie die richtige Kondition haben. Bei den leichteren Arten verhält es sich etwas anders. Trotzdem sollte man nicht davon ausgehen, dass man einen Halsbandsittich so einfach in eine Außenvoliere setzt, ihm einen Partner und Nistkasten gibt und er dann brütet.

Das Schlimmste aber ist, wenn man einen Vogelhalter davon zu überzeugen versucht, dass sein handaufgezogener Papagei sich beim Brüten wohler fühlen würde. Durch den Umzug vom Inneren des Hauses in eine Voliere ist der arme Vogel völlig durcheinander. In diesem defensiven, verängstigten Zustand kann er leicht zum Angriffsziel des Paarungspartners werden. Natürlich gibt es Heimvögel, die zu guten Zuchtvögeln werden. Diese Umstellung funktioniert manchmal, meist wenn ein Mensch sich darum kümmert, der viel Einfühlungsvermögen hat und weiß, welche Probleme damit verbunden sind.

Frage: Können Sie mir sagen, was mit meinem Molina-Sittich los ist? Seit Neuestem reibt er seine Kloake an der Sitzstange.

Antwort: Ihr Sittich verhält sich völlig normal: Dieses Verhalten entsteht durch seinen Wunsch nach einem Paarungspartner. Da er keinen hat, versucht er sich mit der Sitzstange zu paaren. Man kann dies oft bei Einzelvögeln zu Beginn der Brutsaison beobachten. Dies dauert meist ein paar Wochen. Ignorieren Sie es einfach und geben Sie dem Sittich nicht das Gefühl, dass er dadurch Ihre Aufmerksamkeit auf sich ziehen kann.

Frage: Seit kurzem verhält sich mein Nymphensittich, vermutlich ein Weibchen, sehr merkwürdig. Es steht mit gesenktem Kopf und gewölbtem Rücken da und gibt leise Pfeifgeräusche von sich. Das geschieht meist, wenn es mit meinem Freund zusammen ist. Ich frage mich, ob das etwas mit Paarungsverhalten zu tun hat – obwohl es erst vier Monate alt ist.

Antwort: Diese Verhaltensweise ist typisch für paarungsbereite Weibchen. Nymphensittiche werden schnell geschlechtsreif – trotzdem ist Ihr Vogel sehr früh dran. Wahrscheinlich hat er eine starke Bindung zu Ihrem Freund.

Frage: Jedes Jahr macht mein zehnjähriger Graupapagei unbekannten Geschlechts eine Phase durch, während der er das Zeitungspapier auf dem Käfigboden zerrupft. Diese Zeit dauert von November bis etwa Januar. Gleichzeitig wird er sehr schmusig und versucht, mich zu füttern. Kann ich etwas dagegen tun?

Antwort: Warum möchten Sie gegen sein Verhalten etwas unternehmen? Viele ausgewachsene Papageien sind paarungsbereit, auch ohne einen Partner der eigenen Art zu haben. Offensichtlich betrachtet Ihr Papagei Sie als Partner.

Das beschriebene Verhalten ist ganz natürlich, schadet niemand und verursacht keinen Stress. Die zerfledderte Zeitung ist vielleicht eine kleine Unannehmlichkeit, die man jedoch für ein geliebtes Haustier hinnehmen kann. Wenn es Sie wirklich stört, dann können Sie die Tageslänge für ihn verkürzen, indem Sie seinen Käfig schon früh am Abend abdecken oder ihn abends in ein ruhiges, dunkles Zimmer stellen. Ich würde dies jedoch nicht empfehlen, weil Sie dem Papageien dadurch Zeit wegnehmen, die er mit Ihnen verbringen könnte. Er könnte darunter leiden und beginnen, sich die Federn zu rupfen.

Phobien

Das Wort „Phobie" wird in amerikanischen Papageienkreisen gern verwendet. Es bezieht sich auf Papageien, die sich plötzlich extrem vor etwas Bestimmtem fürchten – oft ihrem Besitzer. Gewöhnlich kennen die Halter die Ursache für dieses Verhalten nicht. Die Einstellung des Besitzers gegenüber seinem Papageien wird sich jedoch fast sicher unbewusst ändern – meist zum Negativen. Dadurch wird es noch schwieriger, das Vertrauen des Papageien zurückzugewinnen. Ganz gleich wie verärgert der Besitzer angesichts des Verhaltens seines Papageien auch sein mag, nach außen hin muss er sich gelassen geben. Wenn der Papagei große Angst empfindet und diese Angst erwidert wird – weil er vielleicht plötzlich angefangen hat, den Besitzer zu beißen, dann ist es unmöglich, eine Vertrauensbasis zu schaffen.

Eine Frau war so ehrlich, in einem Schreiben an mich mitzuteilen, dass ihr Papagei nach dem Stutzen der Flügel Phobien entwickelt hatte. Sie schrieb:

Frage: Durch das Stutzen der Flügel ist mein liebenswertes und freches Federknäuel zu einem furchtbaren Nervenbündel geworden. Er rupft sich zwar keine Federn, aber beißt an seinen Krallen herum. Ich muss darum kämpfen, dass er überhaupt zu mir herkommt. Jedes Mal wenn ich ihn anschaue, habe ich ein schlechtes Gewissen. Wird er mir jemals wieder vertrauen?

Antwort: Das ist schwer zu sagen. Er könnte seine Zuneigung auf ein anderes Familienmitglied übertragen. Wenn Sie beim Flügelstutzen dabei waren, kann es sein, dass er Sie lange Zeit damit in Verbindung bringt. Es ist nicht ratsam für den Besitzer, bei diesem traumatischen Eingriff anwesend zu sein. Sie werden viel Geduld und Liebe aufbringen müssen. Sie müssen sein Vertrauen vollständig zurückgewinnen, seien Sie sich in seiner Gegenwart zurückhaltend und unterwürfig. Vermeiden Sie Augenkontakt und bewegen Sie sich in seiner Nähe langsam und ruhig. Ich würde vorschlagen, dass Sie sich längere Zeit zu ihm setzen und dabei vielleicht fernsehen oder lesen. Verhalten Sie sich sehr ruhig und entspannt. Nichts an Ihnen sollte bedrohlich auf ihn wirken. Vor allem aber, haben Sie Geduld und erwarten Sie keine schnelle Änderung seines Verhaltens. Es kann Wochen, ja Monate dauern, bis er Ihnen wieder vertraut. Sie erwähnten, dass es schwierig sei, ihn zum Kommen zu bewegen. Zwingen Sie ihn nicht. Er muss zu Ihnen kommen wollen. Zu seinen eigenen Bedingungen – nicht zu Ihren!

Rauchen

„Passivrauchen" ist für Papageien und andere Vögel noch gefährlicher als für Menschen. Im Gegensatz zu Säugetieren ist das Atmungssystem von Vögeln in der Lage, sowohl beim Ein- als auch Ausatmen Sauerstoff aufzunehmen. Dadurch gelangen auch mehr Giftstoffe aus der Umwelt in den Körper. Ein Vogel ist zum Atmen nicht allein auf seine Lunge angewiesen. Er besitzt außerdem eine Reihe von Luftsäcken, die in der Körperhöhle einen Großteil des Raumes einnehmen, der von den Organen nicht ausgefüllt wird.

Jahrelanges Inhalieren von Zigarettenrauch kann für einen Papageien tödlich sein. Das ist nicht übertrieben! Ich kannte einen Papageien, den sein Besitzer sehr liebte und der jeden Abend auf seiner Schulter saß. Leider war dieser ein starker Raucher. Im Alter von nur fünf Jahren starb der Vogel an einer Atemwegserkrankung (die Luftsäcke waren schwer betroffen). Sein wertvolles Leben war auf traurige Art verschwendet worden.

Husten und Niesen können erste Anzeichen für die schädliche Wirkung von Zigarettenrauch sein. Andererseits

können auch keinerlei äußere Symptome auftreten, bis der Papagei plötzlich krank wird. Nebenhöhleninfektionen, Ausschläge auf der unbefiederten Haut an Füßen und Wangen sowie Infektionen der Luftsäcke sind nur einige der ernsten Folgen von Zigarettenrauch.

Raucher sollten sich auch darüber bewusst sein, dass wenn sie Zigarettenschachteln herumliegen lassen, der Papagei sie zerkaut, wenn er sie findet. Wenn der Vogel dabei Tabak verschluckt, können Erbrechen, Durchfall, Krampfanfälle und sogar der Tod die Folge sein.

Revierverhalten

Ausgewachsene Papageien, besonders Männchen können extrem aggressiv werden, wenn es um die Verteidigung ihres Reviers geht. Normalerweise verstehen sie darunter den Bereich um ihren Käfig herum, sind sie in Paarungsstimmung, können sie auch Stellen verteidigen, die sie als Nistplatz betrachten. Meist ist dies eine abgelegene, spärlich beleuchtete Stelle wie beispielsweise eine offene Schublade oder ein Schrank oder sogar die Falten von bodenlangen Gardinen. Diese Plätze können für alle Hausbewohner gefährlich werden. Betritt eine ahnungslose Person dieses Territorium, dann kann sie ohne Vorwarnung angegriffen werden. Oder Attacken im unmittelbaren Käfigbereich können an der Tagesordnung sein. Dies wird dem Besitzer die Freude am Freiflug seines Vogels trüben und führt manchmal sogar dazu, dass eine neues Zuhause für den Vogel gesucht wird.

Die Antwort darauf heißt Training oder Umerziehung, je nachdem. Disziplin ist erforderlich, um den Papageien in den Griff zu bekommen. Es kann sich um ein vorübergehendes Problem handeln, das auf hormonelle Einflüsse zurückzuführen ist oder aber um ein ständiges, weil der Papagei sich als Oberhaupt des Hauses betrachtet. In beiden Fällen müssen ihm die gängigen Kommandos (wieder) beigebracht werden. Das Training muss in einem

Raum stattfinden, der weit entfernt vom Käfig ist und man sollte dazu ein Spielgerüst oder eine transportable Sitzstange verwenden. Wenn der Papagei auf die Kommandos reagiert, dann kann man die Sitzstange allmählich immer näher an seinen Käfig heranrücken, ohne dabei das Training zu vernachlässigen. Von da an sollte der Papagei immer mit dem Befehl „Hinein" in den Käfig zurückgesetzt und mit dem Kommando „Auf die Hand" herausgeholt werden. Die Käfigtür sollte niemals offen bleiben, damit er den Käfig nicht nach Belieben verlassen kann und dadurch seine Vorstellung, er sei das Oberhaupt, noch verstärkt wird. Die Aggressionen lassen immer nach, wenn der Papagei merkt, dass dies nicht mehr der Fall ist.

Selbst zahme und gutmütige Papageien können ausgeprägtes Revierverhalten im Innern ihres Käfigs zeigen. Deshalb ist es so wichtig, dass der Vogel auf Befehl auf die Hand klettert. Dieses Kommando wird dann auch befolgt, wenn sich die Hand im Innern des Käfigs befindet. Kennt der Papagei dieses Kommando nicht, dann wird er die Hand als „Eindringling" attackieren. Besitzt man mehr als einen Ziervogel, dann sollte man niemals gestatten, dass sich einer davon auf dem Käfig eines anderen niederlässt. Selbst wenn sich die beiden Vögel auf neutralem Gebiet gut verstehen, stellt der obere Teil des Käfigs doch eine Gefahrenzone dar, sobald sich ein Vogel darin befindet. Ein Sperlingspapagei verlor sein linkes Bein, als er auf dem Käfig einer Amazone landete. Man hatte ihn unbeaufsichtigt gelassen. Ein erfahrener Besitzer hätte das vermeiden können.

Frage: Vor drei Wochen habe ich in einer Zoohandlung einen Weißhaubenkakadu gekauft. Er hatte schon mindestens einen Vorbesitzer. Er benimmt sich an für sich gut und ist auch nicht sehr laut. Seit letzter Woche ist er jedoch extrem laut und schreit und kreischt lange Zeit ununterbrochen. Warum hat sich sein Verhalten so plötzlich geändert?

Antwort: Wird ein Papagei aus seiner gewohnten Umgebung herausgerissen, dann verhält er sich ungefähr zwei Wochen lang sehr ruhig und zurückhaltend. Man hat ihn aus seinem angestammten Territorium herausgenommen und alles um ihn herum, auch die Menschen sind neu für ihn. Papageien beanspruchen eine bestimmte Stelle als ihr Territorium, indem sie laut schreien und es, falls nötig, gegen jeden verteidigen, der ihnen zu nahe kommt. Anders ausgedrückt: Das jetzige Verhalten Ihres Kakadus ist sein normales. Kakadus sind von Natur aus sehr laute Vögel – eine Tatsache, die jedem interessierten Käufer klar sein sollte. Wenn jemand behauptet, Kakadus seien ruhige Vögel, dann sollte man sofort misstrauisch werden.

Revierverhalten in der Voliere

Der Halter von Volierenvögeln sollte das Revierverhalten von Papageien verstehen. Unzählige Vögel mussten schon sterben, weil der Besitzer darüber nichts wusste. Wenn dieser Abschnitt dazu dient, nur ein Vogelleben zu retten, dann hat sich das ganze Buch schon gelohnt. Ein Papagei verteidigt sein Territorium gegen alle Eindringlinge. Stirbt bei einem Vogelpaar ein Partner und der Besitzer sorgt für Ersatz, dann sollte er diesen Vogel niemals in die vom Überlebenden bewohnte Voliere setzen. Er würde wahrscheinlich angegriffen. Am besten ist es, den neuen Vogel einige Tage lang in eine separate Voliere zu setzen, bis er sich ungestört eingewöhnen konnte und ihn dann mit seinem potenziellen Paarungspartner zusammen zu bringen. Steht kein zweites Gehege zur Verfügung, dann muss der erste Vogel in einen Käfig innerhalb der Voliere gesetzt werden. Sobald der Neuankömmling an Selbstvertrauen gewonnen hat, kann der andere herausgelassen werden. So sollte man auch vorgehen, wenn einer der beiden Partner, und zwar der weniger dominante Vogel, krank war und einige Zeit aus der Voliere entfernt werden musste. Ohne diese Vorsichtsmaßnahme kann es vorkommen, dass selbst ein lang vertrauter Partner attackiert wird, wenn er in die Voliere zurückkommt.

Rückenlage

Einigen Papageien scheint es Vergnügen zu bereiten, auf dem Rücken zu liegen. Für einen ahnungslosen Besitzer kann es sehr erschreckend wirken, wenn er einen Papageien auf dem Käfig- oder Volierenboden auf dem Rücken liegen sieht, die Beine in der Luft. Junge handaufgezogene Aras lieben es, auf den Rücken gerollt und gestreichelt zu werden. Die meisten Graupapageien würden sich nach der Entwöhnung eine solch unwürdige Behandlung nicht mehr gefallen lassen. Auch Loris spielen in Rückenlage: Wenn sie jung sind, liegen sie oft auf dem Rücken und knabbern an ihren Zehen. Oft schlafen die Jungvögel auf dem Rücken, sogar noch bevor sie Federn haben.

Bei einigen Arten ist die Rückenlage auch eine Form des Defensivverhaltens – meist bei mittelamerikanischen Papageien. Junge Aras, die von ihren eigenen Eltern aufgezogen wurden, rollen sich instinktiv auf den Rücken, wenn sie bedroht werden und schlagen mit den Füßen. Selbst frisch geschlüpfte Junge haben schon kräftige Beine und scharfe Krallen. Wenn manche Amazonen und Loris in die Enge getrieben werden, drehen sie sich auf den Rücken. Ihre Füße mit ihrem festen Griff sind Waffen – fast so beeindruckend wie ihr Schnabel.

Schlaf

Es ist sehr wichtig, dass Papageien genug Schlaf bekommen. Meistens werden sie im belebtesten Zimmer des Hauses gehalten. In vielen Haushalten wird der Fernseher erst spät am Abend ausgeschaltet. Wenn

der Papagei im selben Raum ist, dann sollte man seinen Käfig gegen 21.30 Uhr abdecken und den Fernseher etwas leiser stellen. Papageien dösen zwar auch tagsüber, brauchen aber trotzdem einen guten Schlaf in der Nacht. Besonders wichtig ist dies für junge Vögel. Man kann diese Tatsache nicht oft genug betonen. Schlafmangel war sicherlich auch mit der Grund für den Tod eines jungen, handaufgezogenen Graupapageien, nachdem er nur einige Wochen lang in seinem neuen Heim gelebt hatte. Vielleicht war er zu müde durch den ständigen Lärm und die Aktivitäten um ihn herum, um nicht richtig fressen zu können. Der Besitzer hätte dies auf jeden Fall bemerken müssen. Es ist schon traurig, wie sorglos und unbedacht manche Papageienhalter sind. Schlafmangel kann die Ursache dafür sein, dass Papageien nervös, reizbar und sogar bissig werden.

Frage: Warum schläft mein Graupapagei oft mit einem offenen Auge?

Antwort: Das könnte ein Zeichen für Misstrauen oder Wachsamkeit sein. Besitzen Sie vielleicht noch eine Katze, die plötzlich auf den Käfig springen und den Vogel erschrecken könnte? Manchmal dösen Papageien tagsüber mit einem offenen Auge – ein natürlicher Instinkt, der sie jede Gefahr rechtzeitig erkennen lässt.

Wissenschaftler der Indiana State University untersuchten am Beispiel von Stockenten die Schlafgewohnheiten von Vögeln. Die Enten schliefen in einer Reihe, wobei ihre Hirnströmungen gefilmt und überwacht wurden. Die Enten in der Mitte schliefen meist mit geschlossenen Augen, während die Tiere an den äußeren Enden eher ein Auge offen hielten. Die Aufzeichnungen ergaben, dass obwohl die Enten außen an den Reihen schliefen, sie dabei trotzdem aber wachsam waren – so wie auch die Gehirnhälfte, die für das offene Auge zuständig war. Die Gehirnhälfte, die zur Kontrolle des geschlossenen Auges diente, war jedoch im Schlaf.

Diese Schlafperiode wird USW (unihemispheric slow-wave sleep) genannt: eine Gehirnhälfte befindet sich im Tiefschlaf, während die andere aktiv ist oder nur oberflächlich schläft. In dieser Phase konnte die Aktivität der wachen Gehirnhälfte noch gesteigert werden, wenn man den Enten einen Angriff durch ein Raubtier vortäuschte (man zeigte ihnen ein Raubtier auf Video). Innerhalb einer Zehntelsekunde waren sie hellwach und fluchtbereit. Man hielt dies für den ersten Beweis dafür, dass es zum Verhaltensspektrum der Tiere gehört, in unterschiedlichen Bereichen des Gehirns Schlaf- und Wachzustand gleichzeitig kontrollieren zu können. Das gilt wahrscheinlich für die meisten Vogelarten. Damit beide Gehirnhälften ausreichend Schlaf erhielten, standen die Enten jeweils nach einer Stunde auf, drehten sich um und nahmen wieder ihre Schlafposition ein – wobei diesmal jedoch das andere Auge offen blieb.

Ich glaube, dies zeigt, dass wir erst ganz am Anfang stehen mit unseren Erkenntnissen über Vögel und uns diese andeuten, dass sie komplexere Lebewesen sind, als die meisten von uns sich jemals vorstellen können.

Schnabel wetzen

Eine Frage, die ich seit Jahren immer wieder gestellt bekomme, lautet: "Warum wetzt mein Papagei seinen Schnabel?" Das Gegeneinanderreiben des Ober- und Unterschnabels, wenn der Papagei ruht (meist nachts), ist ein natürlicher Vorgang, der nur stattfindet, wenn der Vogel völlig entspannt ist. Man nimmt an, dass dadurch die Schnabelränder scharf bleiben. Ich glaube, es stammt von dem Bedürfnis her, den Schnabel von Futterresten zu befreien (manche sind faserig oder klebrig) und entwickelte sich dann zu einem Komfortverhalten. Wie unsere Fingernägel, so wächst auch der Papageienschnabel ständig weiter. Beide bestehen aus dem selben Material, aus Keratin.

Schreien und Kreischen

Der Lärm der Vögel ist ein Problem, mit dem die meisten Besitzer besonders der großen Papageienarten eines Tages konfrontiert werden. In vielen Fällen ist es so schwerwiegend, dass der unglückliche Papagei mehrere Besitzerwechsel über sich ergehen lassen muss. Manchmal ist es auch nur vorübergehend. Wie Federrupfen ist auch Schreien immer ein Hinweis darauf, dass ein grundlegendes Problem besteht. Dieses sollte gelöst werden und dazu müssen alle den Papageien und seine Pflege betreffenden Aspekte betrachtet werden: Beschäftigung (geben Sie dem Papageien etwas zu tun!), eine anregende Umgebung (vielleicht einen Fensterplatz), eine abwechslungsreiche Ernährung aus Futtermitteln unterschiedlicher Farben, Formen und Geschmacksrichtungen und viel Zeit außerhalb des Käfigs.

Es ist extrem wichtig, dass die Menschen, die im selben Haushalt mit dem Papageien leben, verstehen, welche unterschiedlichen Faktoren solch ein Problem verursachen können. Dann können sie sich daran machen, es zu lösen.

1. Schreien um Aufmerksamkeit

Dieses Verhalten tritt oft bei Papageien auf, die von Hand aufgezogen wurden und von Menschen sehr viel Zuwendung fordern. Kakadus sind berühmt dafür: Ihre Stimme ist so laut, dass ein Zusammenleben praktisch unmöglich wird, wenn man die Situation nicht in den Griff bekommt. Die Therapie besteht aus zwei Teilen: Erziehung (*siehe* Erziehung) und eine anregendere Umgebung. Ein Papagei, der sich mit Spielzeug und Dingen beschäftigen kann, die er zernagen und zerstören darf und der nicht immer in der gleichen Position verharren muss, wird nicht so schnell vor Langeweile schreien.

Ein Grund dafür, warum Papageien zu Schreiern werden ist, dass ihre Besitzer sie unabsichtlich dafür belohnen. Die

Tiere merken bald, dass sie mit ihrer Taktik die Aufmerksamkeit auf sich lenken – sei es noch so kurz und mit dem Ergebnis, dass sie zugedeckt werden. Sehen Sie es vom Standpunkt des Papageien aus: Verhält er sich ruhig in seinem Käfig, spielt, frisst oder schläft, dann erhält er keine Zuwendung. Fängt er an zu schreien, kommen die Menschen gerannt. Von Anfang an sollte sich der neue Papageienbesitzer angewöhnen, mit seinem Vogel zu sprechen, wenn er am Käfig vorbeigeht, außer – wenn der Papagei schreit. Ein Grund für das Schreien ist, dass der Papagei mehr Zuwendung möchte. Sprechen Sie oft mit Ihrem Papageien und kraulen ihn vielleicht am Kopf im Vorbeigehen, können Sie damit verhindern, dass er mit dem gewohnheitsmäßigen Schreien anfängt.

Papageien, die den Tag über allein sind, können verständlicherweise sehr anspruchsvoll werden. Wenn man einen Papageien stundenlang allein lässt, nimmt seine Lebensqualität ab, das ist eine Tatsache. Der Papagei rebelliert, indem er nach Zuwendung schreit. Es kann zwar passieren, dass sich die Lebensumstände einer Person ändern und es unumgänglich wird, ihn alleine zu lassen. Doch wenn man von Vornherein weiß, dass er an den Arbeitstagen jede Woche stundenlang allein sein wird, sollte man meiner Meinung nach keinen einzelnen, großen Papageien kaufen.

Eine Frau berichtete darüber, wie ihr 20 Wochen alter Graupapagei ihre Nerven strapazierte, weil er ständig schrie, wenn sie ihn herausnahm und er auf ihrer Schulter saß. Sie hatte zuvor zwei Wochen lang Nachtschicht gehabt und der Papagei muss das Gefühl gehabt haben, von seiner Lieblingsperson im Stich gelassen worden zu sein (in ihrer Abwesenheit war nur ihre Tochter im Haus). In der Zeit nach ihrer Entwöhnung brauchen junge Papageien eine sichere, sich nicht verändernde Umgebung. Das ständige Geschrei war wahrscheinlich ein Ausdruck seiner Furcht, wieder allein gelassen zu werden. Ein Mensch, der sich mit der sensiblen Natur von Graupapageien auskennt, würde sich angesichts bevorstehender Veränderungen keinen sehr jungen Papageien anschaffen. Würde sich jemand einen Welpen kaufen, wenn er wüsste, dass er ihn schon bald stundenlang allein lassen muss?

Frage: Ich habe Probleme mit meiner 13-jährigen Blaustirnamazone. Mein Vater hat sie mir vor fünf Jahren gekauft. Ich bin mir darüber im Klaren, dass Amazonen nicht gerade zu den leisesten Mitbewohnern zählen, doch bei Jasper nimmt es allmählich unerträgliche Ausmaße an. Und es wird immer schlimmer. In einer Vogelzeitschrift las ich, man solle Heidekrautöl ins Trinkwasser geben, doch auch das half nichts. Jetzt bin ich verzweifelt auf der Suche nach Hilfe, bevor sich meine Familie und Freunde beschweren und ich gezwungen bin, ihn zu verkaufen. Das wäre keine gute Idee, weil er sehr stark auf mich bezogen ist und keine andere Person duldet. Ich habe versucht ihn zu erziehen, indem ich seinen Käfig abgedeckt habe, wenn er zu schreien begann. Das hat aber nur dazu geführt, dass er zwar ruhig war, solange die Decke über dem Käfig lag, danach aber sofort wieder zu schreien anfing. Er bekommt genügend Zuwendung, aber er schreit sogar, wenn ich bei ihm bin. Ich habe versucht, ihm beizubringen, dass er in den Käfig zurück muss, wenn er anfängt zu schreien, aber auch das hat nicht funktioniert.

Antwort: Mit den vorliegenden Informationen war es schwierig, eine Antwort zu geben. Ich rief daher die Besitzerin an, um weitere Auskünfte zu erhalten. Die Amazone war vorher anscheinend in einem Wohnwagen im Käfig gehalten und nie heraus gelassen worden. Vielleicht hatte sie sich dadurch das Schreien um Zuwendung angewöhnt. Nun lebt sie tagsüber mit dem Vater der Besitzerin zusammen und schreit meist morgens.

Manchmal greift sie Vater und Mutter der Besitzerin an. Wenn die Halterin sie in ihr Zimmer mitnimmt, ist sie ruhig. Das lässt darauf schließen, dass ein Grund für ihr Geschrei Eifersucht ist. Die Amazone ist eifersüchtig auf Menschen, die ihrer jungen Besitzerin nahe stehen. Ich stellte deshalb die Frage: „Versucht der Vogel, Sie zu füttern?" Die Antwort war: „Ja!" Das deutete darauf hin, dass die Amazone ihre Halterin als ihren Partner ansah und eifersüchtig auf Personen in ihre Nähe war. Sie sollte solche Konfrontationen also vermeiden.

Der zweite Schritt war, dass die Besitzerin ihre Amazone in ihrer Abwesenheit beschäftigt halten sollte. Ich schlug Weißdornzweige mit Beeren und Spielzeug vor. Die Zweige beschäftigten den Vogel eine Weile, aber sie waren schnell zernagt. An den verschiedenen Spielsachen hatte er stundenlang Spaß und er wurde auch wesentlich leiser.

Man sollte noch anmerken, dass Amazonen, besonders die Männchen sehr laut sein können. Erwachsene Vögel mit unbekannter Vorgeschichte sind von ihren früheren Besitzern vielleicht nie erzogen worden. Es braucht also viel Zeit und Geduld, um diese langjährigen Angewohnheiten zu ändern. In Fällen, in denen sich dies überhaupt als unmöglich erwiesen hat, ist es am besten, den Vogel in eine Voliere zu setzen und wenn das Verhalten des Männchens es zulässt, ein passendes Weibchen der gleichen Art dazu zu kaufen. Männchen, die keine Paarungspartnerin haben, sind dann am lautesten, wenn normalerweise Brutsaison wäre.

2. Angst und Stress

Jeder unbekannte oder bedrohlich wirkende Gegenstand, der in der Nähe des Käfigs auftaucht, kann einen Papageien ängstlich machen und laut werden lassen. Dies wird oft übersehen, weil das Objekt für uns Menschen nicht Furcht einflößend ist. Die Leserin der Heimtierseite einer Sonntagszeitung wollte wissen, warum ihr neunjähriger Nymphensittich seit kurzem laut und aggressiv geworden war. Sie hatte ihm zur Beruhigung ein Seil in den Käfig gehängt und wollte nun wissen, was sie noch tun könne, damit das Geschrei aufhört. Die in der Zeitung veröffentlichte Antwort eines Tierarztes war, dass es dem Nymphensittich wahrscheinlich „todlangweilig" sei und dass ein Seil wohl kein Ersatz für einen Paarungspartner sei. Sein Rat war, dem Vogel viel Freiflug zu gewähren, für genügend menschliche Gesellschaft zu sorgen und eventuell einen zweiten Nymphensittich dazu zu kaufen.

Die erste Frage, die mir durch den Kopf ging war, warum ein neun Jahre alter Nymphensittich sein Verhalten plötzlich änderte. Schließlich war er schon acht Jahre lang geschlechtsreif. Wenn das Problem wirklich das Fehlen eines Paarungspartners gewesen wäre, wäre es früher zum Vorschein gekommen. Es hätten mehr Fragen gestellt werden müssen, zum Beispiel auch nach den Geräuschen der Umgebung. Ein Tierarzt hätte sich auch nach der Gesundheit des Vogels erkundigen müssen. Eine Verhaltensänderung könnte durch Schmerzen hervorgerufen werden. Der Vogel hätte von einem Fachtierarzt für Vögel untersucht werden müssen.

3. Laute Umgebung

Viele Menschen bestärken ihren Papageien unabsichtlich darin, laut zu sein. Ein Radio oder Fernseher, aus dem die Musik dröhnt, ist eine Aufforderung zum Mitmachen. Schalten Sie das Gerät ab, ist der Papagei meist sofort ruhig. Wenn sie zugleich das Licht dämpfen, wirkt die ebenfalls beruhigend.

4. Kommunikationsversuch mit dem Besitzer

Nach 30 Jahren mit meiner Amazone verstehe ich, was sie mir versucht mitzuteilen. Es braucht nicht viel, um ihre Schreie zu interpretieren: Ich will raus! Ich möchte auf meinen Ständer. Ich will in den Käfig zurück! oder Mein Fressnapf ist leer!

Als Besitzer sollten Sie schnell lernen, dieses raue Krächzen zu unterscheiden von den Schreien, die ein Papagei seinem Besitzer gegenüber aus Unsicherheit von sich gibt. Ein junger oder neu gekaufter Papagei oder einer, der bisher kaum Sozialkontakte hatte und gerade dabei ist, eine Bindung zu seinem Besitzer aufzubauen, wird große Angst empfinden. Er wird natürlich nach seiner Lieblingsperson rufen, sobald sich diese außer Sicht bewegt. Dies ist ein Kontaktruf, der für soziale Vögel wie Papageien ein wichtiger Bestandteil ihres Lebens ist. Wenn diese Kontaktrufe nicht beantwortet werden, wird er weiter rufen – oder schreien. Dadurch gerät der Halter in eine Zwickmühle: Wenn er ins Zimmer zurückgeht, um den Papageien zu beruhigen oder um ihm zu sagen, er solle ruhig sein, lernt dieser schnell, dass Schreien ein effektiver Weg ist, den Menschen zurück zu bringen. Der Halter muss lernen, das Rufen aus „Berechnung" zu unterscheiden vom Rufen aus Unsicherheit, bei dem der Vogel auf jeden Fall den Stimmkontakt braucht. Dann kann es schon reichen, aus dem Nachbarzimmer seinen Namen zu rufen, um ihn zu beruhigen. Als Alternative kann der Besitzer für den „Kontaktruf" auch eine spezielle Pfeife benutzen.

Frage: Warum wird mein Papagei während unserer Mahlzeiten so laut? Sein Käfig steht im Wohnzimmer, wo wir auch essen.

Antwort: Nahrungsaufnahme ist für Papageien eine soziale Aktivität. Ich würde vorschlagen, dass Sie die Futterschüssel Ihres Papageien (Sie können ihm ja zwei Mal täglich kleinere Futtermengen geben) auffüllen oder ihm Obst oder andere frische Nahrungsmittel füttern, wenn Sie sich zum Essen hinsetzen. Viele Papageien gehen instinktiv zu ihrem Fressnapf, wenn sie ihre menschlichen „Schwarmmitglieder" essen sehen. Ist der Napf dann leer, schreien sie nach Futter. Oder, weil sie lieber das Essen von Ihren Tellern in der Futterschüssel haben wollen.

5. Kommunikation mit anderen Vögeln

Dieses ist ein natürliches Verhalten, das wohl kaum geändert werden kann. In der Natur halten Papageien durch ihre Rufe Kontakt untereinander über große Entfernungen hinweg. Hält man im und außerhalb des Hauses Papageien, so muss man sich darauf einstellen, dass Vögel der gleichen oder verwandten Arten einander rufen. Mein Frauenlori (*Lorius lory*) ist am lautesten, wenn er auf die Rufe der Loris in den Außenvolieren antwortet. In diesem Fall geht man am besten aus dem Zimmer, weil er nicht aufhören wird, so lange er die Rufe anderer Vögel hört.

6. Kontaktruf zum Heranholen des Besitzers

Loris und Fledermauspapageien ernähren sich von Blüten, Pollen und Nektar. Die meisten sind Schwarmvögel, wobei Paare innerhalb des Schwarms immer engen Kontakt halten.

Frage: Vor neun Monaten haben mein Mann und ich ein Breitbinden-Allfarblori-Weibchen (*Trichoglossus h. haematodus*) gekauft. Sie ist ein sehr liebenswerter und aufmerksamer Vogel, der viel Zeit außerhalb des Käfigs zubringt und unsere Hunde fest im Griff hat. Das Problem ist, dass sie immer mit meinem Mann zusammen sein will, der nachts arbeitet. Sie ruft ununterbrochen nach ihm, bis sie ihn aufgeweckt hat. Was kann man dagegen tun?

Antwort: Ihr Lori sieht mit Ihrem Mann seinen Partner. Diese Papageienart ist bekannt dafür, dass sie sehr starke Paarbindungen entwickelt. Für die Partner ist es natürlich, dass sie sich untereinander durch Rufen verständigen, sobald sie sich aus den Augen verloren haben. Die meiste Zeit macht das Paar alles gemeinsam. Ich halte es für sehr schwierig, dieses instinktive Verhalten zu ändern, das in Ihrem Fall schon äußerst unangenehm ist. Es gibt zwei Lösungsmöglichkeiten. Entweder Ihr Mann nimmt den Lori mit ins Schlafzimmer. Sie könnten dort einen kleinen Käfig aufstellen. Der Vogel ist vielleicht zufrieden, wenn er noch einige Minuten vor dem Schlafengehen mit ihrem Mann verbringen und ihn dann sehen kann. Oder Sie kaufen einen männlichen Breitbinden-Allfarblori dazu und setzen beide Vögel zusammen in eine Innen- oder Außenvoliere mit einem Nistkasten. Wenn Ihr Weibchen sich mit dem anderen Vogel angefreundet hat, wird ihr lautstarkes Verhalten nachlassen.

7. Antwort auf bestimmte Geräusche

Ich habe zwei Papageien als Heimtiere. Einer davon ist ein Frauenlori, der seinen Käfig im gleichen Raum hat, in dem auch das Telefon steht. Er kann es hören, aber nicht sehen. Wenn das Telefon klingelt und ich nicht im Zimmer bin, gibt er einen bestimmten Ruf von sich. Ich bin mir nicht sicher, ob er damit auf das Klingeln des Telefons antwortet oder mich tatsächlich herrufen möchte, weil er weiß, dass ich normalerweise auf diesen Ton reagiere. Jedenfalls ist der Vogel als Telefonmelder unentbehrlich. Wenn ich mich zum Schreiben in einem anderen Zimmer bin, lasse ich dabei oft so laut die Musik laufen, dass ich das Telefon nicht höre. Sein „Telefonruf" ist aber so durchdringend und laut, dass ich ihn trotz der Musik höre.

Lösungsvorschläge

Was kann man gegen laute Papageien tun? Die allgemein übliche Antwort ist: Den Käfig abdecken. Das sollte jedoch das letzte Mittel sein, zu dem Sie nur greifen sollten, wenn Sie vielleicht in Ruhe telefonieren möchten und den Anrufer sonst nicht hören könnten. Viele Papageien fangen dann zu schreien an, weil sie merken, dass Sie Ihre Aufmerksamkeit dem Telefon zuwenden.

Bevor Sie irgendwelche Schritte unternehmen, sollten Sie sich zuerst fragen, warum der Papagei so laut wird. Oft versucht er seinem Besitzer etwas mitzuteilen und dieser hört ihm

nicht zu. Wenn er nur zum Vergnügen schreit, versuchen die Ablenkungstechnik – beschäftigen Sie ihn mit irgend etwas. Dies sollte aber nicht immer gleich ablaufen, weil es sonst als Belohnung betrachtet wird. Als allerletztes Mittel kann man ihn ansprühen oder – was ich manchmal mit meiner Amazone mache – im Garten einen Löwenzahn ausgraben. Sie liebt die Wurzeln und ist dann sofort ruhig. Außerdem liefert der Löwenzahn wichtiges Vitamin A!

Fallbeispiele

In einer englischen Papageien-Zeitschrift beschreibt Julie Brinklow eine effektive Methode, ihren Kakadu zum Schweigen zu bringen. Immer wenn er anfing zu schreien, steckte sie sich vor seinen Augen Ohrstöpsel in die Ohren. Danach ignorierte sie ihn völlig – kein Augenkontakt, nichts! Bald merkte der Kakadu, dass das Einsetzen der Ohrstöpsel bedeutete, dass er ignoriert würde und sein Geschrei sinnlos ist. Heute kommen die Ohrstöpsel kaum noch ins Spiel. Als Schreien nichts mehr nützte, versuchte der Vogel andere Methoden, um die Aufmerksamkeit auf sich zu ziehen: Er warf seine Futterschüsseln herum, schlug mit seinem Spielzeug gegen die Käfigstangen oder versteckte sich unter dem Papier im Käfig – doch es war alles umsonst. Seine Besitzerin hielt sich an den Leitsatz: „Ignoriere deinen Papageien, wenn er schreit und belohne ihn für gutes Benehmen."

Eb Cravens aus Hawaii hat eine Reihe interessanter Vorschläge. Er bringt jungen Papageien, die er mit der Hand aufzieht bei, nachts in einem Karton zu schlafen. Wenn sie tagsüber sehr laut sind, dann setzt er sie in den Karton und verstopft zehn Minuten lang die Eingangsöffnung mit einem T-Shirt. Wenn er das T-Shirt wieder entfernt, haben sich die Papageien beruhigt. In einer solchen Schlafbox für kleine Papageien schlafen sie morgens eine halbe bis eine Stunde länger. Das funktioniert gut bei Arten, die sich gern in Höhlen und Schachteln aufhalten, wie Sittiche, Weißbauchpapageien und Loris. Schlimm wäre das für Graupapageien und andere Arten, die sich von Natur aus keine Höhlen suchen. Bei großen Papageien lässt man morgens den Käfig länger abgedeckt und „verzögert den Sonnenaufgang" so ein wenig, damit sie sich frühmorgens ruhig verhalten.

Ein Lösungsvorschlag, der sicherlich bei einigen Amazonen funktioniert, ist ihnen das Singen beizubringen. Eb Cravens sagt dazu: „Wenn der Papagei zu kreischen anfängt, dann stimmen Sie wie ein Opernsänger mit ‚lalalalala' in das Schreien ein. Tun Sie das einige Monate lang und beobachten Sie, was passiert." Viele Papageien genießen die Kommunikation mit einem Menschen, besonders wenn er singt. Einige Arten – darunter die Graupapageien – reagieren auf Pfeiftöne und lernen auch pfeifen. Das könnte also noch eine andere Möglichkeit sein, einen lauten Papageien abzulenken.

Man sollte einen Papageien jedoch nie für sein Schreien bestrafen (*siehe* Bestrafung). Schreien gehört nun einmal zu zu den fundamentalen Lebensäußerung eines Papageien – Strafe ist nur selten oder nie ein Mittel, um eine unerwünschte Verhaltensweise zu korrigieren.

Schwanzbewegungen

Der Schwanz wird normalerweise beim Atmen kaum merklich bewegt. Sind Schwanzbewegungen dabei aber sehr ausgeprägt, könnte es sich um eine Erkrankung der unteren Atemwege handeln und man muss sofort einen Tierarzt konsultieren.

Selbstverstümmelung

Dies ist ein sehr ernstes Problem. Dabei geht es nicht um das Ausrupfen von Federn, sondern um körperliche Verletzungen meist auf der Brust oder an den Füßen.

Der Papagei beißt tatsächlich ein großes Loch in sein Fleisch. Am häufigsten lässt sich dieses Verhalten bei nervösen Arten wie den weißenKakadus oder Fächerpapageien beobachten. Normalerweise wird ein solcher Vogel zum Tierarzt gebracht und dieser legt ihm eine Halskrause an. Der Plastikkragen hält den Vogel davon ab, mit dem Schnabel an andere Körperpartien zu kommen und sich zu verstümmeln. Theoretisch kann der Kragen abgenommen werden, wenn die Wunde verheilt ist. So wird allerdings nur die Wunde behandelt, nicht aber die eigentliche Ursache des Problems. Nach Entfernen der Halskrause kann alles wieder von vorn anfangen. Solange der Vogel den Kragen trägt, sollte man ihm ein Mittel wie Baldrian geben, das eine beruhigende Wirkung hat.

Ein Plastikkragen bedeutet sehr großen Stress für den Vogel und kann bei extrem nervösen Papageien mehr schaden als nützen. Ich habe einen Fächerpapageien-Männchen, des sich zwei Mal selbst verstümmelte, einmal am Rücken und einmal am Kropf. Letztere Stelle war durch lang anhaltendes Federrupfen völlig kahl. Die Selbstverstümmelung war scheinbar durch Brutverhalten ausgelöst worden, weil sich sonst in der Umgebung des Vogels nichts verändert hatte. Ich wusste instinktiv, dass der Stress eines Tierarztbesuches den Papageien umbringen und er eine solche Halskrause nie akzeptieren würde. Ich wollte ihm nicht noch mehr Stress bereiten, indem ich ihn aus seiner gewohnten Umgebung heraus riss. Zum Glück hörte er beide Male nach einigen Wochen mit der Verstümmelung auf und die Wunden konnten abheilen. Bei anderen Papageien kann diese Angewohnheit bis zum Tod führen.

Sexualität – Mensch und Papagei

In einem Leserbrief einer Sonntagszeitung wurde eine interessante Frage gestellt: Können Papageien zwischen hetero- und homosexuellen Menschen unterscheiden? Der Wortlaut war folgender: „Meine Schwiegereltern besaßen eine Gelbnackenamazone, die sehr zärtlich gegenüber Frauen und homosexuellen Männern war, heterosexuelle Männer und lesbische Frauen jedoch angriff. Da mein Partner und ich homosexuell sind, benutzten wir Lorre dazu, herauszufinden ob manche Männer wirklich heterosexuell waren. Es war lustig, wie der Papagei auf manche Ehemänner reagierte. Wir glauben, Lorres Instinkte waren fast perfekt. Alle Männer außer einem, mit denen Lorre geflirtet hatte, bekannten sich zu ihrer Homosexualität nach ihrer Scheidung."

Einem Papageien zu unterstellen, er könne zwischen hetero- und homosexuellen Männern unterscheiden, das ist pure Vermenschlichung! Papageien leben nicht in einer Welt menschlicher, sexueller Moral! Ich glaube, dass die Gelbnackenamazone unbewusst darauf reagierte, dass homosexuelle Männer meist sensibler sind als heterosexuelle und ihre Körpersprache weniger aggressiv ist. Sie gehen deshalb meistens auf Vögel in einer Weise zu, die diese als weniger bedrohlich empfinden. Natürlich wirken heterosexuelle Männer nicht absichtlich bedrohlich – aber ihr Verhalten ist anders.

Beziehungen unter Papageien können genau so komplex sein wie die von Menschen. Oft entwickeln zwei gleichgeschlechtliche Papageien eine starke Bindung zueinander, obwohl Partner des anderen Geschlechts da sind. Dies tritt häufig bei jungen Vögeln vor der Geschlechtsreife auf, kann aber auch bei erwachsenen Papageien vorkommen. Auf keinen Fall sollte man einen Vogel des anderen Geschlechts zu den beiden in die gleiche Voliere setzen. Er würde als Eindringling attackiert werden, genauso wie wenn das „Paar" aus Weibchen und Männchen bestünde. Die Bindung zwischen zwei gleichgeschlechtlichen Vögeln kann ebenso stark sein wie zwischen Männchen und Weibchen und – sie zu trennen ebenso schlimm. Ihr Wohlbefinden und Glück sollten an erster Stelle stehen.

Frage: Neulich habe ich eine Blaustirnamazone gekauft durch den DNA-Test als Weibchen bestimmt. Sie ist zwei Jahre alt und war früher schon ein Heimtier. Ich wollte schon immer eine Amazone haben, doch leider ist sie völlig auf meinen Mann fixiert und möchte immer bei ihm sein, wenn man sie aus dem Käfig lässt. Mir wurde nun erzählt, dass Papageien immer das jeweils andere Geschlecht vorziehen. Stimmt das?

Antwort: Würde man eine Umfrage durchführen, dann würde sich wahrscheinlich schon ergeben, dass die meisten Papageien einen Menschen des anderen Geschlechts als Bezugsperson bevorzugen, doch ich bezweifle, dass man aus diesem Ergebnis Schlüsse ziehen kann. Frühere Erfahrungen können die Bindung eines Papageien in Richtung Frau oder Mann beeinflussen. Ein Beispiel dafür ist ein weiblicher Graupapagei, der vorher sehr schlecht behandelt worden war und Frauen nicht mochte. Das Weibchen schloss sich sofort dem Mann der Familie an und fütterte ihn, indem es die Nahrung in seine Hand hervorwürgte. Allmählich akzeptierte es auch die Frau des Hauses, sie durfte es füttern, aber sie durfte es nicht anfassen. Es kann sein, dass sich im vorherigen Haushalt Ihrer Amazone sich in erster Linie ein Mann am meisten sie kümmerte. Andererseits glaube ich, dass viele Papageien Frauen vorziehen, weil ihre Stimmen ansprechender sind und oft auch sanfter als eine Männerstimme.

Sonne

Viele Besitzer nehmen fälschlicherweise an, dass Papageien die Sonne lieben. Die meisten mögen sie aber überhaupt nicht. Volierenvögel genießen oft die Morgensonne, suchen jedoch Schutz, wenn die Sonne über Tag stärker wird. Man sollte sich daran erinnern, dass Papageien Waldvögel sind und nur selten dem direkten Sonnenlicht ausgesetzt sind. Im Haus sollten sie auf jeden Fall Sonnenlicht überhaupt nicht ausgesetzt sein. Wenn der Käfig in Fensternähe steht, sollte man den Vogel durch ein Rollo vor Sonneneinstrahlung schützen. Ich erinnere mich an einen trüben Tag, an dem ich meine Amazone auf ihrem Ständer ans Fenster stellte. Ich arbeitete in einem anderen Zimmer und bemerkte nicht, wie die Sonne herauskam. Sie war vielleicht eine halbe Stunde direkter Sonne ausgesetzt gewesen. Als ich es bemerkte, rückte ich sie sofort vom Fenster weg. In meiner Abwesenheit hatte sie sich einige Bauchfedern ausgerissen. Es war das einzige Mal in dreißig Jahren, dass sie sich Federn ausgerissen hatte.

Sie mag nicht länger als ein paar Minuten in ihrem Käfig im Freien sein. Sobald die Sonne ihren Käfig erreicht, beißt sie verzweifelt in die Käfigstangen und stößt einen kurzen, lauten Ton aus, den man sonst nie von ihr zu hören bekommt. Eine Freundin von mir hat einen Graupapageien, der nie im Freien sein wollte, bis ihr die Idee kam, seinen Käfig unter einen Sonnenschirm zu stellen. Ob die Abneigung gegen Draußen auf die Furcht vor dem offenen Himmel zurückzuführen ist, ist schwer zu sagen.

Nicht alle Papageien haben eine Abneigung gegen die Sonne. Es gibt auch echte Sonnenanbeter unter ihnen. Ganz oben auf der Liste stehen die Vasa-Papageien (*Coracopsis*) aus Madagaskar. Damit sie so viel Sonnenlicht wie möglich abbekommen, nehmen sie bizarre Haltungen ein: auf der Seite liegend und einen oder beide Flügel von sich gestreckt.

Sozialisation

Bei Papageien versteht man unter Sozialisation normalerweise den guten und Vertrauen bildenden Kontakt von handaufgezogenen Papageien zum Menschen in ganz jungem Alter. Genauso wichtig kann aber auch der Kontakt zu anderen Papageien sein – unabhängig davon, ob der Papagei als Hausgenosse oder zur Zucht gehalten wird. Wird ein junger Papagei einzeln von seinen Eltern oder von Menschenhand aufgezogen, kann er Verhaltensstörungen entwickeln, wenn er nicht bald nach seiner Entwöhnung Gesellschaft von Artgenossen bekommt. Von anderen Vögeln wird er dann möglicherweise nicht akzeptiert.

In einer großen Außenvoliere wurde ein Schwarm Augenring-Sperlingspapageien (*Forpus conspicillatus*) beobachtet und die Ergebnisse in einer Fachzeitschrift veröffentlicht (Garnetzke-Stollmann und Franck, 1998). Der Schwarm bestand aus etwa zehn bis dreißig Vögeln. Die Aktivitäten des Schwarms liefen meist synchron ab: mal gingen alle auf Nahrungssuche, mal putzten alle das Gefieder oder ruhten sich aus. Wenn der Schwarm durch irgendetwas aufgeschreckt wurde, dann verteilten sich die einzelnen Vögel und verhielten sich ruhig. Sobald die Gefahr vorüber war, verständigten sie sich durch Kontaktrufe und versammelten sich auf ihrem Schlafbaum. Beobachtet wurden die gerade flüggen Jungen. Spielen war anscheinend von großer Bedeutung für das Erlernen des Sozialverhaltens. Dabei spielten die Beziehungen der Geschwister untereinander eine Schlüsselrolle. Es wurde oft beobachtet, dass Jungvögel vor anderen Vögeln, sogar vor den eigenen Eltern, flüchteten, selten jedoch vor ihren Geschwistern.

Einige Monate nach dem Flüggewerden begannen sich erste Paarbindungen herauszukristallisieren, aber durch diese wurden die engen Geschwisterbeziehungen nicht beeinträchtigt. Starke Paarbeziehungen bildeten sich erst im Alter von etwa einem Jahr. Erst dann wurde das Verhältnis zu den Geschwistern abgebrochen. Wenn sich jedoch die Paarbindung auflöste, dann konnte das Geschwisterverhältnis wieder aufgebaut werden. Die Bedeutung von Geschwisterbeziehungen konnte am Schicksal von Einzelvögeln beobachtet werden. Aufgrund der fehlenden Geschwister versuchten diese, eine enge Beziehung zu ihren Eltern aufzubauen. Dies gelang manchmal, wenn die Eltern die Phase der Trennung von ihrem Jungen bereits hinter sich hatten. Einige dieser Einzelvögel halfen dann sogar bei der Aufzucht von jüngeren Geschwistern.

Sechs geschwisterlose Jungvögel wurden beobachtet. Vier davon hatten Schwierigkeiten bei der Bildung oder Aufrechterhaltung einer Paarbeziehung und ein Weibchen blieb sozial völlig isoliert. Nur ein Jungvogel hielt eine Bindung erfolgreich aufrecht und pflanzte sich fort. Er hatte das Glück, zwei junge Weibchen an sich zu binden, die ungefähr zur selben Zeit flügge geworden waren wie er selbst.

Fehlende Sozialisierung von Papageien mit Artgenossen in jungem Alter kann eindeutig ihre Fortpflanzungsfähigkeit beeinflussen. Nach meiner Erfahrung werden solche jungen Männchen ungewöhnlich aggressiv und aufsässig und junge Weibchen können Schwierigkeiten bei der Paarbindung zeigen, wenn sie geschlechtsreif werden. Auch ihr Charakter kann stark davon beeinflusst werden und damit ihre Eignung als Heimtiere.

Fallbeispiel

Zwei Freunde von mir besitzen zwei Graupapageien, die von verschiedenen Eltern abstammen. Sie werden selten allein gelassen und es wird ihnen viel Freiflug im Haus gewährt. Beide sind männlich und charakterlich sehr verschieden. Gilbert, der Graupapagei, den sie als Ersten erworben hatten, war in seiner Jugendzeit monatelang extrem aufsässig. Er ließ sich nicht in den Käfig zurückbringen und seine Besitzer glaubten schon nicht mehr an eine Besserung. Aber er besserte sich. Jetzt ist er sehr artig, obwohl er ab und zu noch leicht zubeißt, wenn ihm etwas nicht behagt. Gus, der zweite Graupapagei, bereitete dagegen keinerlei Schwierigkeiten in seiner Jugend – außer einer etwas schwierigen Zeit von ein paar Wochen. Gus hat

einen wundervollen Charakter und lässt sich auch von Fremden anfassen. Er beißt nie. Wenn ihm etwas nicht gefällt, dann legt er den Schnabel um einen Finger und schubst den Finger weg. Er ist ein außergewöhnlich intelligenter Vogel.

Warum sind Temperament und Charakter dieser beiden Graupapageien so verschieden? Beide wurden vom gleichen, ausgezeichneten Züchter aufgezogen und beide haben immer im gleichen Haushalt gelebt. Der Grund dafür ist unklar. Es ist aber interessant, sich die ersten Wochen ihres Lebens näher anzuschauen. Gilbert war erst neun Wochen, als er in sein neues Heim kam. Er entwickelte sofort eine Bindung zum Mann des Hauses, Ian, der von zu Hause aus arbeitet. Als Gilbert zwölf Wochen alt war, musste Ian für zwei Wochen verreisen. Gilbert war völlig außer sich und konnte kaum zum Fressen überredet werden. Einige Monate später kam Gus ins Haus. Er schloss sich sofort Tracy an. Tracy ist Lehrerin und an den Werktagen nur für einige Stunden außer Haus. Gus hatte immer die Gesellschaft von Ian und Gilbert. Er wurde zusammen mit zwei Geschwistern aufgezogen, in einem sicheren Umfeld. Gilbert dagegen war ein Einzelvogel. Gus hatte klare Vorteile in seinem Leben, vor allem eine frühe und sichere Sozialisierung und dies kann der Grund dafür sein, dass er einen so stabilen und liebenswerten Charakter besitzt.

Spielzeug

In den letzten zehn Jahren hat sich im Bereich des Spielzeugs für Papageien schier Unglaubliches getan. Dies liegt an dem neuen Verständnis über die Bedürfnisse von Heimvögeln.

Papageien brauchen Gegenstände, um Schnabel und Geist in Form zu halten. Vor zehn oder zwanzig Jahren konnte sich ein Papagei schon glücklich schätzen, wenn er eine hözerne Garnrolle zum Knabbern bekam. Heute geben viele Besitzer ein kleines Vermögen für spezielles Spielzeug aus. Das ist nicht unbedingt nötig, zeigt aber, dass viele Halter sich darüber bewusst sind, wie wichtig eine Beschäftigung für Papageien ist. Die Tauglichkeit eines Spielzeugs hängt nicht so sehr davon ab, wie teuer es war, sondern wie lange sich der Vogel damit beschäftigen kann. Ein weiterer Aspekt ist die Sicherheit. Spielzeuge mit offenen Verbindungsstellen, aus Kunststoff, der leicht kaputt gehen kann oder mit verzinkten Drahtteilen, sind potenziell gefährlich oder können zum Tod des Vogels führen.

Bei verzinktem Metall sollte man darauf achten, dass es galvanisiert und nicht im Schmelztauchverfahren hergestellt wurde. Weil Tierärzte heute Schwermetallvergiftungen erkennen können, wird von immer mehr solcher Fälle berichtet. Wirkt der Papagei apathisch und krank und geben die üblichen Tests keinen Aufschluss über seinen Zustand, dann sollte man den Tierarzt bitten, ihn auf eine Schwermetallvergiftung zu untersuchen. Lassen Sie Ihren Papageien niemals mit Schlüsseln oder anderen, potenziell giftigen Metallgegenständen spielen. Bei einem Kakadu wurde eine Zinkvergiftung diagnostiziert, die Ursache lag völlig im Dunkeln. Schließlich stellte sich heraus, dass der Grund eine silberne Halskette war, die der Besitzer trug. Der Kakadu hatte gern damit gespielt, doch die Kette war aus versilbertem Zink.

Bei Papageien mit ungestutzten Flügeln sollten solche Spielsachen, bei der Vogel sich wild bewegen kann, befestigt werden. So kann man an der Zimmerdecke beispielsweise ein Seil mit einer Schaukel daran anbringen. Solche Dinge verbessern die Fertigkeiten beim Landen und die Beweglichkeit des Vogels in der Luft. Außerdem bereiten sie ihm dem Beobachter großes Vergnügen. Ein von der Decke herabhängendes Seil ist genau so gut. Man kann auch Spielzeug selbst herstellen, indem man Abfälle von Hartholz auf Leder an-

bringt. Das ist vollkommen sicher und befriedigt das Kaubedürfnis des Papageien (*siehe* Destruktives Verhalten). Anfangs sollte solches Spielzeug noch klein sein, weil es sonst als Bedrohung angesehen werden könnte.

Sprechen

Einem Papageien das „Sprechen", also die Nachahmung der menschlichen Sprache beizubringen, gelingt nur wenn man viel Zeit mit ihm verbringt und regelmäßig mit ihm spricht. Wird in einem Haushalt wenig gesprochen, dann kann man von ihm nicht erwarten, dass unsere Sprache gut zu imitieren lernt. Außerdem muss zwischen Papagei und Halter eine gute Beziehung bestehen. Der Papagei muss Vertrauen und darf keine Angst haben. Ein nervöser oder unglücklicher Vogel wird kaum sprechen lernen.

Viele Menschen haben unrealistische Vorstellungen davon, wie lange es dauert, bis ein Papagei einige Wörter sprechen kann. Die meisten Graupapageien können das beispielsweise nicht vor einem Jahr. Dagegen gibt es Aras, die bereits vor ihrer Entwöhnung ein paar Wörter sprechen können. Das sind meist kurze, gebräuchliche Begriffe wie „Hallo!" und „Na, komm schon!". Bei Graupapageien und anderen Arten sind die ersten imitierten Laute nicht als Worte erkennbar, sie üben. Es kann einige Wochen dauern, bis das Wort zum ersten Mal richtig ausgesprochen wird. Andererseits gibt es auch erwachsene Vögel – vor allem Graupapageien, die neue Wörter und Sätze innerhalb einiger Tage erlernen, ohne üben zu müssen.

Eine oft gestellte Frage lautet, ob Männchen oder Weibchen die besseren „Sprecher" sind. Bei einigen Arten wie Wellensittichen und Nymphensittichen sind ganz klar die Männchen die talentierteren und manche Weibchen lernen das Sprechen niemals. Bei den meisten Papageien ist das Nachahmungstalent jedoch nicht auf ein bestimmtes Geschlecht beschränkt. Die Sprechfähigkeit steht auch in keinem Zusammenhang mit der Größe: Viele große Papageien wie die Kakadus lernen nie mehr als ein paar Wörter, während Wellensittiche und die winzigen Sperlingspapageien (*Forpus*) einen erstaunlichen Wortschatz aufbauen können. Die kleinen Arten sprechen Wörter jedoch nur leise und ohne den richtigen Tonfall zu treffen. Graupapageien übertreffen alle anderen Arten, was die fehlerfreie Aussprache von Wörtern anbelangt und man kann bisweilen nicht mehr zwischen Papagei und Besitzer unterscheiden. An zweiter Stelle kommen bestimmte Amazonen, beispielsweise die Gelbnackenamazone. Kakadus und Aras besitzen nicht so viel Talent bei der Nachahmung der menschlichen Sprache.

Es gibt Menschen, die es lustig finden, ihren Vögeln das Fluchen beizubringen. Man sollte sich jedoch darüber im Klaren sein, dass wenn man den Vogel in der Zukunft abgeben müsste, er wegen seines Fluchens nur schwer zu verkaufen wäre. Dieser Umstand führte 1999 zum „Rausschmiss" eines Papageien. Eine Gelbstirnamazone namens Percy wurde engagiert, um in einer pantomimischen Produktion der „Schatzinsel" als Long John Silvers Papagei mitzuwirken. Percy lernte und spielte seine Rolle gut. Während einer Kostümprobe begann er jedoch lästerlich zu fluchen, und zwar in einer so farbenfrohen Sprache, die selbst sein Gefieder in den Schatten stellte!

Der Sprachmechanismus

In der Vogelwelt besitzen nur bestimmte Papageien, Stare und Krähen die Fähigkeit, die menschliche Stimme akkurat zu imitieren. Ein Grund dafür ist die fleischige Zunge der Papageien. Bei vielen Vögeln ist die Zunge sehr dünn – wie bei Tukanen beispielsweise. Eine fleischige Zunge ist eine der Voraussetzungen für die Nachahmung von Stimmen. Erst vor noch nicht allzu langer Zeit wurden Studien darüber durchgeführt, wie Papageien menschli-

che Laute imitieren. Gegenstand dieser Studie war der berühmte Graupapagei Alex. Die Wissenschaftler zeichneten die Bewegungen seines Schnabels und seiner Zunge auf Video auf. Die Zungenbewegungen wurden mit Hilfe einer Infrarotkamera festgehalten, die innen ablaufenden Bewegungen mit Röntgenaufnahmen.

Die Methode wie die einzelnen Arten Laute produzieren, kann unterschiedlich sein. Bei den Graupapageien stellte sich heraus, dass sie die Laute in der Resonanzblase im unteren Teil des Kehlkopfes produzieren, dort wo auch die Singtöne herrühren. Der Kehlkopf ist die Stelle des Halses, wo sich beim Menschen – nicht bei Vögeln – die Stimmbänder befinden. Im Kehlkopf eines Papageien können Töne nur modifiziert werden. Bei einem Vogel kann die Luftröhre gedehnt oder zusammengedrückt werden, wodurch ebenfalls Töne modifiziert werden können. Da beim Papageien der untere Teil des Schnabels aufgehängt ist, besitzt er mehr Bewegungsfreiheit als bei den meisten anderen Vögeln, was ebenfalls von Bedeutung ist. Wenn Graupapagei Alex einen „i"-Laut von sich gab, war sein Schnabel weit geöffnet und die Zunge befand sich vorn im Mund. Bei einem „a"-Laut war der Schnabel geschlossen und die Zunge befand sich hinten im Mund (Warren *et al*, 1996).

Wir Menschen machen uns beim Sprechen keine Gedanken über die Stellung der Zunge oder die Form des Mundes, wir tun es instinktiv. Unsere Sprache hat sich offensichtlich aus den Lauten heraus entwickelt, die uns von Natur aus gegeben wurden. Wenn wir jedoch einmal über das Nachahmungstalent der Papageien nachdenken, ist es da nicht bemerkenswert, dass diese Vögel nicht nur unsere Sprache, sondern auch unsere Sprechmethode imitieren können – und das trotz der anatomischen Unterschiede? Die natürliche Sprache der Graupapageien besteht aus einer Reihe verschiedener Pfeiftöne und Krächzlauten (bei Stress).

Verstehen Papageien die menschliche Sprache?

Eine der häufigsten Fragen in Bezug auf Papageien ist die: „Versteht ein Papagei eigentlich das, was er sagt?" Die Antwort lautet: „ Unter Umständen; wenn man es ihm wie einem Kind beibringt." Anders ausgedrückt: Papageien lernen durch Assoziation. Sie begreifen schnell, dass „Hallo!" zur Begrüßung und „Tschüss!" beim Verlassen des Hauses gesagt wird. Wenn man dem Papageien das Wort „Traube" vorsagt und ihm gleichzeitig eine gibt, dann wird er schon bald nach einer „Traube" verlangen, vorausgesetzt er mag sie. Wenn man beim Auffüllen des Wassernapfes jedes Mal „Wasser" zu ihm sagt, dann kann er um Wasser bitten, wenn sein Napf leer ist. Bringen man ihm aber einen Satz wie „ Ich kann sprechen, kannst du auch fliegen?" bei, dann wird er die Bedeutung wohl kaum verstehen können. Dies wäre selbst für einen Papageien wie Alex, der seit vielen Jahren sprechen lernt, unmöglich. Er kann Substantive, Adjektive und selbst abstrakte Begriffe verstehen. So kann er beispielsweise auf Fragen bezüglich der Größe eines Gegenstands antworten, indem er sie als „größer" oder „kleiner" einstuft. Man darf jedoch nicht erwarten, dass er Hilfsverben verstehen könnte, um damit Sätze zu bilden!

Oft geschieht es, dass Papageien eine passende Antwort auf etwas geben, was gerade gesagt wurde. Dafür gibt es verschiedene Gründe. Einer davon ist, dass der Papagei die Wörter nicht deutlich ausgesprochen hat und der Besitzer etwas hinein interpretierte, was gar nicht existierte. Laut Aussage einiger Papageienhalter können Papageien Wörter so umstellen, dass sie einen sinnvollen Satz ergeben. Eine solche Form echter Kommunikation kann eventuell unter bestimmten Voraussetzungen bei sehr intelligenten Vögeln entstehen. Vögel stellen jedoch oft gelernte Wortfolgen so um, dass sie zufällig wieder einen Sinn ergeben.

In einem sehr bekannten Buch über Papageienhaltung wird die Geschichte eines Kakadus erzählt. Die Autorin fungierte als Beraterin bei einem Kakadu, der völlig unberechenbar um sich biss. Die Autorin schrieb, sie hätte den Vogel nach seinem Problem gefragt und dieser hätte ihr geantwortet, er wolle „heiraten". Die Besitzer des Kakadus beteuerten, dem Vogel dieses Wort niemals beigebracht zu haben. Die Schlussfolgerung war, dass er einen Paarungspartner brauchte. Während Alex zeigte, dass Papageien in der Lage sind, abstrakte Begriffe zu verstehen, übersteigt die Antwort dieses Kakadus selbst meine Vorstellungskraft. Selbst wenn der Kakadu dieses Wort schon einmal gehört hätte, wie konnte er seine Bedeutung erfassen?

Es kann purer Zufall sein, wenn ein Papagei eine scheinbar intelligente Antwort gibt, vor allen Dingen wenn es sich dabei um Ausrufe handelt, die in verschiedenen Situationen verwendet werden können. Andererseits kann der Tonfall eines Menschen unbewusst die Verwendung bestimmter Begriffe auslösen: Ein bestimmter Tonfall kann beispielsweise Gelächter hervorrufen, weil dieser Tonfall nur auftritt, bevor ein Mensch zu lachen beginnt.

In meinem eigenen Haushalt trug sich eine amüsante Begebenheit zu. Als ich von den Kanarischen Inseln nach England zurückkehrte, musste mein Hund für sechs Monate in Quarantäne. Meine Amazone genoss seine Abwesenheit, weil sie den Hund immer als Rivalen betrachtete, der ihr meine Streicheleinheiten streitig machte. Als ich meinen Hund aus der Quarantäne abholte und mit ihm zum ersten Mal wieder das Haus betrat, hielt ich ihn zum Käfig meiner Amazone empor und sagte: „Schau, Lito, Fenny ist wieder da!". Meine Amazone antwortete darauf: „Oh, nein!" Ich fand das sehr interessant, weil ich dieses „Oh, nein!" immer nur sagte, wenn mich etwas ärgerte, beispielsweise wenn mir etwas zu Boden fiel. Zu dieser Zeit lebte meine Amazone bereits seit 28 Jahren bei mir und konnte genau begreifen, wann ich leicht verärgert war. Ich kann mich nicht erinnern, dass sie dieses „Oh, nein!" bei anderer Gelegenheit davor oder danach benutzt hätte. Weil ich sie jedoch so nachdrücklich auf Fennys Rückkehr aufmerksam gemacht hatte, ihr den Hund in Augenhöhe entgegengehalten habe, erschien ihr diese Antwort angemessen. Hätte ich sie nicht auf den Hund hingewiesen, dann hätte sie ihn nur mit Interesse beobachtet. Statt dessen zeigte sie ihren Ärger auf eine Weise, die ich nachvollziehen konnte.

Frage: Ich bin sehr enttäuscht darüber, dass mein Papagei nicht sprechen lernt. Soll ich eine Kassette verwenden, um es ihm beizubringen?

Antwort: Das Abspielen von Kassetten, auf denen der gleiche Satz immer wiederholt wird, verspricht nur wenig oder überhaupt keinen Erfolg. Ein Papagei reagiert am ehesten auf die Stimme seines Besitzers oder anderer Familienmitglieder. Außerdem findet ein Vogel das Anhören solcher Kassetten genau so langweilig wie wir. Nach einer Weile wären sie für ihn nur noch Hintergrundgeräusche. Solche Kassetten haben nichts zu bieten, was die Aufmerksamkeit des Papageien wecken könnte. Ein intelligenter Vogel wie ein Graupapagei muss einem oft gehörten Satz auch eine Bedeutung beimessen können. Das ist wahrscheinlich auch der Grund, warum die meisten Papageien die Begriffe „Hallo!" und „Tschüss!" so schnell begreifen. Sie benutzen sie im richtigen Zusammenhang, weil sie es bei den Menschen beobachten konnten. Für einen Papageien bedeutet Nachahmung eine Art der Kommunikation mit seinen menschlichen „Schwarmmitgliedern". Es ist nichts an einem mechanisch produzierten Geräusch, das ihn zum Sprechen motivieren, kein Sinn, den er damit verknüpfen könnte.

Stubenreinheit

Es war etwas schwierig, sich an dieser Stelle für den richtigen Begriff zu entscheiden. Nachdem aber jeder den Ausdruck „Stubenreinheit" im Zusammenhang mit Hunden kennt, scheint er auch hier geeignet.

Frage: Kann ich meinen Nymphensittich zur Stubenreinheit erziehen, wenn er frei im Zimmer fliegt?

Antwort: Ja, natürlich – wenn man ein guter Beobachter ist. Bevor ein Vogel Kot absetzt, hebt er leicht den Schwanz oder ändert seine Körperhaltung etwas. Wenn Sie dies beobachten, dann nehmen Sie Ihren Sittich rasch auf die Hand und setzen ihn auf seine Sitzstange, in seinen Käfig oder halten ihn über etwas Zeitungspapier. Wie Sie vorgehen, müssen Sie natürlich festlegen, bevor Sie mit dem Training anfangen. Wenn der Vogel dann seinen Kot absetzt, geben Sie ihm einen Befehl (bleiben Sie immer bei dem gleichen!) und loben ihn danach. Der Sittich wird sich diesen Ablauf schnell merken, der Rest liegt bei Ihnen. Wenn der Vogel frei fliegt, dann sollten Sie ihm alle 30 bis 45 Minuten die Gelegenheit zum Kotabsetzen geben, und zwar an dem von Ihnen festgelegten Ort. Den richtigen Zeitpunkt erkennen Sie an seiner Körperhaltung. Ein kleiner Vogel wie ein Sperlingspapagei oder Wellensittich muss alle 15 bis 30 Minuten Kot absetzen. Größere Arten wie Amazonen oder Aras halten über eineinhalb Stunden durch. Schlafende Papageien kommen stundenlang ohne Darmentleerung aus. Es ist im Allgemeinen recht einfach, einen Papageien zur „Stubenreinheit" zu erziehen.

Tierärzte

Frage: Warum kennt sich mein Tierarzt mit Papageien überhaupt nicht aus?

Antwort: Während der Ausbildung zum Tierarzt werden oft die Vögel, außer Geflügel, nur am Rand behandelt. Die wenigen Fachtierärzte für Vögel haben ihre Kenntnisse über die Behandlung von Papageien und anderen exotischen Vögeln von erfahrenen Vogelhaltern, von internationalen Fachtierarzt-Kongressen und durch den Internet-Kontakt mit anderen Fachtierärzten. Anders ausgedrückt: Sie haben sich ihr Fachwissen hart erarbeitet. Obwohl man oft einen weiten Weg zu einem Fachtierarzt für Vögel in Kauf nehmen muss, lohnt es sich meist doch. Viele Tierärzte, die den Umgang mit Papageien nicht gewöhnt sind, wissen nicht, wie man sie behandelt – und manche wollen nicht dazulernen.

Traditionelle chinesische Heilmethoden

Meine Gelbstirnamazone lebt nun seit über 30 Jahren bei mir, doch habe ich erst kürzlich festgestellt, wie sehr sie es genießt, wenn man sie an den Füßen reibt. Ich fand das merkwürdig. Warum mochte sie das so sehr? Dann las ich einen Artikel von Dr. Rosina Sonnenschmidt, über Akupunktur bei Vögeln. Sie entwickelte eine Technik, die sie Akupressur-Kraulen nennt. Sie schreibt, dass jeder Vogelhalter über die einzelnen Energiepunkte Bescheid wissen sollte. Massiert man beispielsweise die Unterseite des Fußballens, so kann man dadurch den Stoffwechsel anregen und beruhigen. Das ist wichtig, weil viele Erkrankungen durch eine Energieblockade in den Nieren verursacht werden. Sie schrieb, dass fast alle Formen von Federnrupfen, Unfruchtbarkeit, Angst und Leberproblemen von zu niedriger Energie der Nieren stammen. Meine Amazone – Alter unbekannt – ist nicht ganz gesund. Beim letzten Tierarztbesuch wurden Röntgenaufnahmen gemacht, die leicht vergrößerte Nieren zeigten. Ein Bluttest deutete

auf einen geringfügig erhöhten Leberenzymspiegel hin. Langsam verstand ich, warum sie die Fußmassage so genoss.

Dr. Sonnenschmidt hat durch Akupressur an bestimmten, lebenswichtigen Punkten schon Vögeln das Leben gerettet und hat diese Technik auch an andere Menschen weiter gegeben. Bei einer Gelegenheit erhielt sie einen dringenden Anruf von einer Frau, deren Weißhaubenkakadu plötzlich zusammengebrochen war. Es handelte sich um einen sehr aggressiven, ungezähmten Vogel. Normalerweise griff er jeden an, der die Voliere betrat. Dr. Sonnenschmidt faxte der Besitzerin eine Zeichnung durch, auf der die wichtigen Akupressurpunkte angegeben waren. Dann geschah Folgendes:

Als sie den Nierenpunkt an der Fußsohle berührte, entspannte sich der Kakadu und genoss die Akupressur an allen anderen Punkten. Als die (aufgeregte) Besitzerin mit der Behandlung aufhörte, gab der Vogel deutlich zu verstehen, dass er weiter massiert werden wollte. Dieser wilde, aggressive Vogel hatte begriffen, dass die Finger seiner Besitzerin für ihn in diesem Moment keine Bedrohung waren, sondern eine Quelle der Energie! (Sonnenschmidt, 1996b).

Trauern

Es besteht kein Zweifel, dass Papageien über den Verlust eines Menschen oder Artgenossen trauern können. Dies kann sich auf ihr Verhalten auswirken. Der Appetit lässt nach und sie werden ruhig und zurückgezogen. So verhielt es sich auch mit einem jungen Graupapagei-Weibchen, das ich von Hand aufgezogen hatte. Dieses Weibchen ging zu einem Freund von mir, dem ich einen Edelpapageien gegeben hatte. Später kam noch ein Graupapagei-Männchen hinzu – doch die beiden Graupapageien wurden nie Freunde. Das Graupapagei-Weibchen und der Edelpapagei waren aber ganz eng befreundet und „unterhielten" sich stundenlang. Als der Edelpapagei 13 Jahre später starb, hörte das Weibchen auf zu sprechen. Sie schien ihm noch Monate lang nachzutrauern.

Tricks

Papageien kann man eine ganze Menge Tricks beibringen. Zwar gibt es viele Menschen, die dies für eine Entwürdigung dieser Vögel halten, tatsächlich ist es aber so, dass sich Papageien sehr gern zur Schau stellen. Sie würden sonst nicht mitmachen. Tricks können sehr nützlich sein, weil:

– jede Handlung, die der Vogel auf Kommando durchführt, von ihm Disziplin erfordert und
– der Papagei die Zuwendung, die nötig ist um ihm den Trick beizubringen, genießt und seinen monotonen Tagesablauf unterbricht.

Ihr Papagei wird es ebenso genießen, im Mittelpunkt stehen, wenn er seine Tricks vor anderen Menschen vorführt.

Die Fähigkeit der Papageien, Tricks zu erlernen machte sie schon früh zu beliebten Hausgenossen. In einem 1928 erschienenen Buch werden die Fähigkeiten eines Mohrenkopfpapageien namens Joey beschrieben. Zu dieser Zeit gab es noch keine gezüchteten Papageien, der Vogel war ein Wildfang.

„... der Besitzer sagt „eins" und der Vogel steht aufmerksam bereit, „zwei" und Joey erstarrt; „drei – und stirb" und langsam sinkt der Papagei auf den Rücken, verkrampft seine Füße und lässt den Kopf nach hinten über die Kante der Hand seines Besitzers fallen. Er sieht aus wie ein echter, toter Vogel und er bleibt so lange reglos, bis er zum Aufstehen aufgefordert wird. Seine Bewegungen wirken immer gelassen – egal ob er stirbt oder wieder aufersteht – und er führt seinen Trick vor, immer und immer wieder.." (Sidebotham, 1928)

Einer der bemerkenswertesten Vögel, der Tricks vorführte, war ein Halsbandsittich. Er war 1910 von Alfred Ezra in Kalkutta gekauft worden. Ein Inder hatte ihm Tricks beigebrachte, die er vor riesigen Zuschauermengen für Geld vorführte. Er konnte eine brennende Fackel (ein Stock, doppelt so lang wie der Sittich selbst, an beiden Enden brennend) in der Luft herumwirbeln, mit einem kleinen Holzeimer Wasser holen, Gegenstände zurückholen, die bis ans andere Ende des Zimmers geworfen wurden und eine kleine Kanone laden und mit lautem Getöse abfeuern. Sein schwierigster Trick bestand darin, Perlen aufzufädeln. Auf einen Tisch wurden ein paar Glasperlen und ein Stück Bindfaden gelegt, an dessen einem Ende sich ein Knoten, am anderen eine kurze, stumpfe Nadel befand. Er fädelte die Perlen mit Hilfe von Zunge und Schnabel auf. Alfred Ezra berichtet darüber Folgendes: „... nur Freundlichkeit und die Aussicht auf eine Weintraube oder Nuss brachten ihn dazu, seine Tricks schnell vorzuführen. Als ich einmal in Eile war und ungeduldig wurde, weigerte er sich, nur einen einzigen Trick vorzuführen und flog jedes Mal davon, wenn ich ihn zum Tisch brachte." (Ezra, 1929)

Manche Vogelparks und Zoos zeigen Shows mit Papageien, die auf einem Fahrrad fahren, einen Karren ziehen und verschieden geformte Teile durch die entsprechenden Öffnungen in einem Brett schieben. Doch Papageien können noch viel schwierigere Tätigkeiten erlernen. Zur Trainingsmethode gehören meist Futterentzug und Belohnung mit Sonnenblumenkernen. Ich halte Nahrungsentzug für völlig falsch und denke, dass man diesen Vögeln Tricks beibringen kann, indem man sie zur Belohnung am Kopf krault statt Nüsse oder Sonnenblumenkerne zu geben.

Frage: Können Sie mir sagen, wie ich meinem Gelbbrustara das Händeschütteln beibringen kann?

Antwort: Wenn der Ara auf Ihrer Hand sitzt, dann halten Sie zwei Finger Ihrer anderen Hand direkt über einen seiner Füße. (Achten Sie darauf, ob er

„Links- oder Rechtsfüßer" ist und halten Sie die Finger über den entsprechenden Fuß.) Damit er nicht denkt, er solle auf die andere Hand klettern, strecken Sie ihm nur die beiden Finger entgegen und verstecken die übrigen in der Handfläche. Geben Sie ihm den Befehl: „Gib mir die Hand!" Zu Beginn wird er natürlich nicht begreifen, was Sie von ihm wollen. Es könnte sein, dass er versucht auf die andere Hand zu klettern. Versuchen Sie ihn dazu zu ermutigen, dass er Ihre Fingerspitze mit seinem Fuß festhält. Wenn er es tut, dann bewegen Sie Ihren Finger langsam auf und ab und wiederholen dabei das Kommando „Gib mir die Hand!". Loben Sie ihn die ganze Zeit, während er mitmacht. Zuerst wird er sich unsicher sein, was Sie von ihm erwarten, daher müssen Sie ihn immer wieder loben. Bei einem erwachsenen Vogel sollten Sie nicht erwarten, dass er diesen Trick mit anderen Menschen vorführt, denn wenn sich ihm jemand mit einer negativen Haltung nähert, dann könnte er zubeißen.

Umgang mit Menschen

Wenige Papageien – vor allem junge – lassen sich von jedem Menschen anfassen, die meisten aber nicht. Alle Familienmitglieder sollten sich mit dem Papageien gleich von Anfang an beschäftigen, wenn sie später mit ihm umgehen wollen. Einen jungen Vogel sollte man (wenigstens) einmal täglich aus dem Käfig nehmen, mit ihm im Haus herumgehen und ihm verschiedene Dinge zu zeigen. Ihm nur ein paar Leckerbissen, vielleicht in den Käfig, zu reichen ist nicht genug, um ein Vertrauensverhältnis aufzubauen. Leckerbissen sollte man in einem Zimmer anbieten, das der Papagei noch nicht gut kennt (*siehe* Erziehung).

Soll ein Papagei von Fremden angefasst werden dürfen? Meiner Meinung nach ist es unvernünftig, von einem

Papageien, selbst wenn er sich von verschiedenen Leuten anfassen lässt, zu erwarten, dass er zu jemand hingeht, den er nie zuvor gesehen hat. Wenn diese Person nervös oder mit Papageien unerfahren ist, besteht die Gefahr, dass er beißt. Kommt jemand regelmäßig zu Besuch, dann kann es sein, dass der Papagei sich von diesem Menschen anfassen lässt. Steht dieser Mensch jedoch der Bezugsperson des Papageien sehr nahe (oder schlimmer noch: handelt es sich um deren Lebensgefährten), dann könnte Eifersucht jeden Umgang mit dieser Person unmöglich oder gefährlich machen.

Da ist aber noch der andere Typ von Papagei, vor allem Kakadus, die sehr freundlich sind, immer im Mittelpunkt stehen wollen und jede Gelegenheit nutzen, sich mit interessierten Personen abzugeben. Tatsächlich kann durch diesen Umgang mit vielen Menschen unerwünschtes Verhalten wie Schreien verhindert werden. Von vorsichtigeren Arten wie den Graupapageien sollte man nicht erwarten (außer sie sind noch sehr jung), dass sie auf Befehl zu anderen Menschen hingehen. (*Siehe auch Erziehung.*)

Unterbringung im Urlaub

Wer kümmert sich um Ihren Papageien, wenn Sie nicht da sind? Diese Frage sollte sich jeder Papageienhalter stellen. Es wäre falsch anzunehmen, man könne den Vogel allein im Haus lassen und einen Nachbarn bitten, mal reinzuschauen und ihn zu füttern. Ohne menschliche Gesellschaft kann ein Papagei das Futter verweigern, sich die Federn rupfen oder sich verstümmeln. Solcher Stress kann langfristige Auswirkungen haben. Wenn das ganze Haus leer ist, dann bringt man den Vogel am besten zu jemand, den er kennt und mag. Für viele Menschen ist dies nicht möglich und sie müssen den Papageien gegen Bezahlung in Pflege geben.

Jedermann kann Papageien in Pflege nehmen, er muss nur eine entsprechende Anzeige aufgeben. Wenn Sie dringend eine geeignete Pflegestelle suchen, können Sie bei der nächstgelegenen Zoohandlung nachfragen, manche nehmen Vögel während des Urlaubs in Pflege. Natürlich ist dies keine optimale Lösung, vor allem wenn dort Vögel verkauft werden. Für Ihren Papageien besteht dann ein enormes Gesundheitsrisiko. Ähnlich, vielleicht nicht ganz so schlimm ist es, wenn jemand mehrere Papageien bei sich zu Hause in Urlaubspflege hat.

Urlaubspflegestellen findet man über Anzeigen in Fachzeitschriften, ortsansässige Vereine oder den Tierarzt. Auf alle Fälle sollte man sich die Pflegestelle vorher ansehen, bevor man den Papageien dort hinbringt. Meist findet man niemand in nächster Nähe, so dass man sich auf eine längere Fahrt einstellen muss.

Wenn die Pflegeperson den Anforderungen entspricht, dann sollte man den Vogel in seinem eigenen Käfig (er braucht vertraute Dinge um sich), zusammen mit genauen Fütterungs- und Verhaltensinformationen wegbringen. Einige Papageien gewöhnen sich schnell an eine neue Umgebung, besonders dann, wenn sie die Pflegeperson mögen. Andere ziehen sich tagelang zurück, sind misstrauisch und fressen nicht gut. Es ist daher nützlich, wenn man einen Vorrat an besonderen Leckerbissen mitliefert.

Vermenschlichung

Wenn einem Tier menschliche Eigenschaften oder Wesensmerkmale zugeschrieben werden, spricht man von Vermenschlichung. Viele Papageienhalter tun dies mit ihren Vögeln und das kann dazu führen, dass sie ihre Handlungen fehlinterpretieren. Andererseits muss man bedenken, dass die Emotionen von Papageien mit unseren insoweit verglichen werden können als dass sie Artgenossen oder Menschen gegenüber starke Zuneigung (Liebe) oder das Gegenteil, Abneigung empfinden und zweifellos sind sie auch eifersüchtig. Durch ihre

Handlungen zeigen sie, dass sie mit einem Artgenossen mitfühlen. Anzuerkennen, dass Papageien diese Emotionen empfinden, heißt nicht, sie zu vermenschlichen, sondern einfach das zu verstehen, was eine Tatsache ist.

Ich finde es merkwürdig, wenn Papageienhalter sich als „Mami" oder „Papi" ihres Papageien bezeichnen und das Tier selbst ihr „Baby". Ein Papagei bleibt ein Tier und sollte mit Würde behandelt werden. Wenn man ihn wie ein „gefiedertes Spielzeug" behandelt, raubt man ihm diese Würde. Besonders für allein stehende Menschen kann ein Papagei ein wertvoller Begleiter sein – das ist jedoch kein Grund, ihn als Kindersatz zu behandeln. Wenn man ihn nicht als das bemerkenswerte Tier respektieren kann, das er ist, dann wird man ihn zwangsläufig missverstehen.

Verschmust sein

Dies gilt vor allem für junge, handaufgezogene Kakadus (besonders die Weißhaubenkakadus *Cacatua sp.*) und Aras. Sie sehnen sich nach Zuneigung und brauchen ihre Schmuseeinheiten. Die meisten anderen Papageien wehren sich gegen Berührungen am ganzen Körper. Sie wollen nur am Kopf gekrault werden – Kakadus hingegen genießen Kontakt an sämtlichen Körperstellen.

Die Tatsache, dass Kakadus gern schmusen, verfälscht oft das Bild, das wir Menschen von ihnen haben. Sie sind keine geflügelten Hunde oder Katzen. Und auch kein Kinderersatz – oder sie sollten es zumindest nicht sein.

Meist ist es so, dass ein noch nicht entwöhnter aber voll befiederter, neu erworbener Kakadu regelrecht liebeshungrig ist. Er sehnt sich nach Zuwendung und der Halter findet ihn unwiderstehlich und lässt ihn so gut wie nie allein. Ein großer Fehler! Sobald sich die erste Begeisterung gelegt hat, wird das Schmusen langsam und fast unmerklich immer weniger. Der Kakadu meldet daraufhin seine Ansprüche an und schreit und schreit. Er lässt sich nur beruhigen, indem man ihn aus dem Käfig nimmt und „knuddelt". In diesen Teufelskreis dürfen Sie erst garnicht kommen.

Schon wenn Sie Ihren neuen Kakadu nach Hause bringen, sollten Sie sich überlegt haben, wie viel Zeit Sie für ihn aufbringen können und wann. Ich würde vorschlagen, dass man sich vor der Arbeit eine halbe Stunde und am Abend dann mehrere Stunden lang mit ihm beschäftigt. Mit weniger gibt sich ein Kakadu nicht zufrieden. Wenn Sie nicht so viel Zeit erübrigen können, dann sollten Sie sich keinen Kakadu anschaffen.

Vorbeugung

Verhaltensproblemen vorzubeugen ist viel einfacher als diese später zu beheben! Die meisten dieser Probleme entstehen durch mangelnde Disziplin, Training und Erziehung. Jeder weiß, dass man einen Welpen erziehen muss, dass dasselbe für Papageien gilt, die als Heimtiere gehalten werden, scheint noch nicht generell anerkannt zu sein. (*siehe* Erziehung)

Wimmern

Bei Kakadus ist Wimmern und Hinundherwiegen immer ein Zeichen dafür, dass der Vogel zwangsentwöhnt (also zu früh entwöhnt) oder ohne Gefühl entwöhnt wurde. Entwöhnung bedeutet nicht nur, dass sich der Vogel selbst mit Nahrung versorgen kann sondern auch, dass er reif dafür ist, sich von der Bindung zu seiner Pflegeperson zu lösen. In der Natur bleiben die größeren Kakadus (außer Rosakakadus und Nacktaugen-Kakadus), ganz sicher aber die schwarzen Kakadus und mit großer Wahrscheinlichkeit auch die Molukken- und Weißhaubenkakadus, monatelang – ja bis zu einem Jahr – bei ihren Eltern. Es wurden zwar noch keine Studien mit frei

lebenden Molukken- und Weißhaubenkakadus durchgeführt, doch sie gehören, zusammen mit den schwarzen Kakadus zu den Arten mit der längsten Entwöhnungsphase. In Menschenobhut lassen sich Jungpapageien, die zusammen mit Geschwistern oder Jungvögeln der gleichen oder einer verwandten Art von Hand aufgezogen werden, im allgemeinen schneller entwöhnen als ein einzelner Jungvogel. Im letzten Fall kann es um Monate länger dauern, bis er selbstständig ist. Werden Molukken- und Weißhaubenkakadus mit Artgenossen zusammen von Hand aufgezogen, dann sind sie nach meiner Erfahrung im Alter von fünf bis sechs Monaten entwöhnt. Es ist grausam, wenn man versucht, sie bereits im Alter von 14 Wochen zu entwöhnen: fast sicher folgen daraus lange oder lebenslange psychische Störungen, von denen das Wimmern nur ein Symptom ist.

Zähmen

Einen von seinen Eltern aufgezogenen oder der Natur entnommenen Papageien zu zähmen, erfordert viel Geduld: den Vorgang beschleunigen zu wollen, wäre ein Fehler. Da die meisten Papageien ihren Käfig als ihr Revier ansehen, riskiert man einen Angriff, wenn man mit der Hand hinein fasst. Sie sind ein Eindringling in seinen Bereich. Der Papagei muss aus seinem Käfig herauskommen und Sie müssen sich mit ihm ein neutrales Territorium teilen. Der erste Schritt ist, den Vogel dazu zu überreden, aus dem Käfig zu kommen. Das ist einfacher, wenn der Käfig einen ausziehbaren Boden besitzt. Man trägt den Papagei mit dem Käfig in ein kleines Zimmer, das im Idealfall mit Teppichboden ausgelegt und nur spärlich möbliert ist. Dann entfernt man den Käfigboden. Entweder dreht man den Käfig auf die Seite, dass der Vogel herausklettern kann oder man entfernt die Sitzstange, so dass er sich bewegen muss. Sobald er aus dem Käfig kommt, stellt man diesen beiseite. Man sollte ihm einen Ständer mit einer kleinen Leiter oder Sitzstange zur Verfügung stellen, damit er sich darauf setzen kann.

Dann setzt man sich mindestens eine halbe Stunde hin, liest oder sieht fern und ignoriert den Papageien völlig. Ziel dabei ist es, ihn merken zu lassen, dass man nichts Bedrohliches an sich hat. Nach einiger Zeit versucht man, den Käfig über den Papageien zu stülpen oder ihn auf möglichst stressfreie Art einzufangen. Man kann den Käfig auch einfach ins Zimmer stellen und abwarten, ob er von selbst hineinklettert. Diese Zähmungsmethode erfordert viel Geduld und anfangs sieht man kaum Fortschritte. Eines Tages jedoch kommt der große Durchbruch.

Ich erinnere mich, dass ich diese Methode vor vielen Jahren angewendet habe, um einen wild gefangenen Massena-Allfarblori zu zähmen. Eines Tages flog er auf meine Stuhllehne. Ich tat, als ob ich es nicht bemerkt hätte. Danach machte der Zähmungsprozess große Fortschritte. Sobald ein Papagei seine Angst überwunden hat, siegt seine Neugier. Er möchte dann zum Beispiel an Ihrer Hand „knabbern". Das ist ein Zeichen, dass Sie auf dem richtigen Weg sind, eine gute Beziehung aufzubauen. Aber Sie sollten immer den Papageien auf sich zukommen lassen und ihn zu nichts zwingen.

Ist es möglich, einen schreienden, beißenden Papageien zu zähmen, der jahrelang im Käfig zugebracht hat? Eine Geschichte, die in einer amerikanischen Fachzeitschrift für Graupageienhalter erschien, zeigt dass dies mit Einfühlungsvermögen durchaus gelingen kann.

Der Papagei hieß Laurie. Nachdem seine Besitzerin gestorben war, hatte er sechs Jahre mit ihrem Mann zusammen verbracht, der ihn jedoch nicht mochte. Als der Mann zu alt war, um ihn zu versorgen, brachte der Sohn den Papageien in eine Zoohandlung. Der Geschäftsinhaber rief bei einer Papageien-Hotline an, die sich mit Margaret in Verbindung setzte und sie fragte, ob sie Interesse an einem Graupapageien hätte, der biss, schrie, fluchte und sich die

Federn ausrupfte. Sie sagte zu, den Vogel zu übernehmen.

Sie brachte ihn zum Tierarzt, wo er so in Panik geriet, dass man ihm Sauerstoff verabreichen musste. Margaret nahm ihn mit nach Hause und stellte seinen Käfig in ein Gästezimmer. Ihre Tochter setzte sich zu ihm, während sie ihre Hausaufgaben machte und sprach leise mit ihm (ohne Augenkontakt!). Margaret musste sich schon bald die Frage stellen, ob sie sich nicht zuviel aufgebürdet hatte.

„Laurie war ein dominanter, herrschsüchtiger Papagei, der vernachlässigt und misshandelt worden war, so dass er hysterisch reagierte, wenn man ihn berühren oder aus dem Käfig holen wollte. Er hatte sich die Federn ausgerupft und befand sich in einem sehr schlechten Gesundheitszustand, der auf falsche Ernährung, Bewegungsmangel, fehlende geistige Stimulation und unhygienische Verhältnisse zurückzuführen war... Er fürchtete sich vor Handschuhen und wurde in einem Käfig mit Vorhängeschloss gehalten." (Black und Black, 2000).

Laurie waren nie irgendwelche Kommandos beigebracht worden. Nach einer Woche begann seine Erziehung. Sein Lieblingsfutter – Erdnüsse – wurde entfernt. Er erhielt sie nur noch aus der Hand als Vorbereitung fürs Training. Ein Ständer wurde gebaut, dessen Sitzstange sich auf gleicher Höhe mit der Käfigtür befand. Wenn er Erdnüsse wollte, musste er herauskommen und sie sich aus dem Futternapf auf dem Ständer holen. Nach einigen Tagen nahm Margaret den Ständer, brachte ihn ins Badezimmer, setzte sich hin und stellte ihn so ab, dass sich Lauries Kopf knapp über ihrer Schulter befand.

So konnte sie ihn erreichen und war dennoch in der stärkeren Position – so dachte sie wenigstens. Er hüpfte vom Ständer. Also setzte sie sich vor ihm auf den Fußboden und sprach mit leiser, vertrauensvoller Stimme zu ihm. Sie streckte ihre Hand aus. Er schlug, krallte und schrie – Margaret

113

wich aber nicht zurück. Während sie mit ihm sprach, berührte sie ihn sanft am unteren Teil der Brust. Schließlich warf er sich auf den Rücken und schrie. Es war eine erschütternde Reaktion, doch Margaret wusste, dass sie weitermachen musste. Wenn sie jetzt aufgab, ginge die erste Runde an ihn und das Training würde in Zukunft noch viel schwieriger werden. Sie hielt durch. Er bearbeitete ihre Hände – doch eine Minute später saß er auf ihrer Hand. Sie sprach sanft mit ihm und setzte ihn in den Käfig zurück. Dann erhielt er seine Erdnüsse als Belohnung.

Am folgenden Tag fand wieder eine Trainingsstunde statt. Laurie sprang jedes Mal von der Stange, wenn man ihn dorthin zurücksetz-te. Schließlich blieb er darauf sitzen, wurde in seinen Käfig zurückgebracht und mit Erdnüssen belohnt. Am dritten und vierten Tag lernte er, auf Befehl auf die Stange zu klettern und wieder herunter zu kommen und seine Brust streicheln zu lassen. Dies zeigt, wie schnell ein intelligenter Vogel lernt, wenn er sich nicht mehr bedroht fühlt. Er hat dann seinen Trainer als Respektsperson akzeptiert. Trotzdem rebellierte er noch, weil er die Dinge nicht mehr unter seiner Kontrolle hatte. Er schenkte Margarets Tochter seine Zuwendung, die sich am Trainingsprogramm nicht beteiligt hatte. Er rief nach ihr und wollte sich von ihr durch die Gitterstäbe hindurch den Kopf kraulen lassen.

Nachwort

Heute sind fast ein Drittel aller Papageien-arten vom Aussterben bedroht. Der Haupt-grund dafür ist die Zerstörung der Lebensräu-me und der großen Bäume, in denen sie nisten. Die Mehrzahl der Papageien bewohnt die tro-pischen Wälder, von denen jährlich ungefähr 180.000 Quadratkilometer abgeholzt werden. Die Jagd der Vögel zu Handelszwecken gefähr-det viele andere Arten.

In den letzten zehn Jahren wurden viele Feld-studien und Aufklärungskampagnen und in-tensive Programme zur Rettung bestimmter Arten der Papageien durchgeführt. Diese Arbeit ist sehr teuer und wurde größtenteils vom World Parrot Trust ausgeführt. Bisher wurden beispielsweise 80.000 Pfund in ein Programm zur Rettung des vom Aussterben bedrohten Echo-Sittichs aus Mauritius investiert. Im Jahr 1987 existierten nur noch zehn Vögel dieser Art und man hatte die Hoffnung auf eine Rettung bereits aufgegeben, heute sind es über 130 Exemplare.

Für andere Arten sieht es gegenwärtig sehr schlecht aus. Sie können nur gerettet werden, wenn genügend Gelder dafür zur Verfügung stehen. In einigen Jahren wird für sie jede Hilfe zu spät kommen und einige der am stärksten bedrohten Arten wie der Lear-Ara und die Gel-bohramazone könnten bereits unwiderruflich ausgestorben sein.

Der World Parrot Trust ist auf die Mithilfe ei-nes jeden Papageienhalters angewiesen – auf al-le die Menschen, denen ihr Papagei schon un-aussprechliche Freude bereitet hat. Würde jeder Papageienbesitzer Mitglied werden, dann be-stünde die echte Chance, die gegenwärtig be-drohten Arten für zukünftige Generationen zu bewahren. Der Trust braucht die Unterstützung aller, die sich der weltweiten Problematik eines Rückgangs der Artenvielfalt bewusst sind. Der Schutz der Lebensräume der Papageien kommt auch unzähligen, anderen Lebewesen zugute – einschließlich dem Menschen.

Wenn Sie eine Spende an den World Parrot Trust machen oder Mitglied werden möchten, wenden Sie sich bitte an folgende Adresse:

World Parrot Trust
Glanmor House
Hayle
Cornwall TR27 4HB
Großbritannien
Tel: (44) 01736-751026
E-Mail: uk@worldparrottrust.org

Adressen, Literatur und Quellen

Vereinigung für Artenschutz,
Vogelhaltung und Vogelzucht (AZ) e. V.
Geschäftsstelle :
Helmut Uebele
Postfach 1168, 71501 Backnang

Vereinigung « Ziergeflügel-
und Exotenzüchter e. V. » (VZE)
Geschäftsstelle :
Anita Wöhrmann
Spreeaue 14, 03130 Spremberg/L.

Verband Exotis,
Verbandspräsident
Bruno Steffen
Dorfstrasse, CH-3364 Seeberg

■ Literatur und Quellen

Englische Literatur

Black, M. and S. (2000). A New Life for Louie, The Grey Play Round Table, Winter, 10-12.

Christian, L. (1998). Tammy come home! Parrots, April/May, 42.

Clark, P. (2000). Humans and Greys...the subtler side of things, The Grey Play Round Table, Winter, 24-25.

Ezra, A. (1929). Death of a famous Ring-necked Parrakeet, Avicultural Magazine, fifth series VII, 3, 58-59.

Foster, S. and Hallander, J. (1999). The theory of behavioural compatibility as it applies to African Greys and cockatoos, Pet Bird Report, 8, 5, 18-23.

Garnetzke-Stollmann, K. and Franck, D. (1998). Sibling Relationships as a Means to Acquire Reproductive Ability in Spectacles, Internatoinal Parrotlet Society, VII Nov/Dec., 19-24.

Glendell, G. (1998a). Wing-clipping, The debate continues..., Parrots, April/May, 38-39.

Glendell, G. (1998b) Freddie's story, Parrots, June/July, 42-43.

Hallander, J. (1999). Congos and Timnehs, is there a difference? The Grey Play Round Table, Spring 4, 17-19.

Hess, G. (1951). The Bird: its life and structure, Herbert Jenkins, London.

Marsden, S.J. (1995). The ecology and conservation of the parrots of Sumba, Indonesia, PsittaScene, 7, 2, 8-9.

Sawkins, L. (1996-7). Trust takes time, Just Parrots, Dec./Jan., 28-29.

Shay, K.E. (1999/2000). In my experience, Parrots, Dec./Jan., 440-42.

Sidebotham, H.M. (1928). Round London's Zoo, Herbert Jenkins Ltd.

Sonnenschmidt, R. (1995-6a). Holistic treatment for birds, Just Parrots, Dec./Jan., 36-38.

Sonnenschmidt, R. (1996b). Holistic treatment for birds, Just Parrots, April/May, 58-61.

Wagner, M. and Sonnenschmidt, R. (1997). Just Parrots, Feb./Mar., 42-43,

Warren, D., Patterson D. and Pepperberg, I. (1996). Mechanisms of English vowel production in a Grey Parrot (Psittacus erithacus), The Auk, 113, 1, 41-58.

White, K. (1999). Dinosaur and the sock monster, Pet Bird Report 8, 6, 64-65.

Zadalis, E. (1996). Feather Picker's Forum, The Grey Play Round Table, Fall, 7.

Deutsche Literatur

Arndt, Thomas (1986). Papageien. Ihr Leben in Freiheit. Horst Müller Walsrode, Bomlitz.

Bielfeld, Horst (1999). Grassittiche. Neophema – Neopsephotus. Verlag Eugen Ulmer, Stuttgart.

De Grahl, Wolfgang (1990). Papageien. Verlag Eugen Ulmer, Stuttgart.

De Grahl, Wolfgang (1991). Der Graupapagei. Pflege, Zucht und Zähmung. Eine Chronik aus 100 Jahren. Verlag Eugen Ulmer, Stuttgart.

Deimer, Petra (1992). Was ist Was. Papageien und Sittiche. Tessloff Verlag, Nürnberg.

Fergenbauer-Kimmel, Angelika (1992). Edelpapageien. Horst Müller Walsrode, Bomlitz.

Hieronimus, Harro (1990). Der Wellensittich. Verlag Eugen Ulmer, Stuttgart.

Hoppe, Dieter (1987). Amazonen. Die Arten und Rassen, ihre Haltung und Zucht. Verlag Eugen Ulmer, Stuttgart.

Hoppe, Dieter (1990). Langflügelpapageien. Verlag Eugen Ulmer, Stuttgart.

Hoppe, Dieter (1992). Aras. Die Arten und Rassen, ihre Haltung und Zucht. Verlag Eugen , Stuttgart.

Hoppe, Dieter (2000). Sittiche und Papageien. Verlag Eugen Ulmer, Stuttgart.

Kolar, Kurt (1995). Nymphensittiche. Verlag Eugen Ulmer, Stuttgart.

Kolar, Kurt (1996). Wellensittiche. Verlag Eugen Ulmer, Stuttgart.

Kolar, Kurt (1999). Unzertrennliche. Agaporniden richtig pflegen und verstehen. Graefe und Unzer, München.

Kolar, K./Spitzer K. H. (1995). Großsittiche. Haltung, Verhalten und Zucht. Verlag Eugen Ulmer, Stuttgart.

Lantermann, Werner (1987). Aras. Horst Müller Walsrode, Bomlitz.

Lantermann, Werner (1987). Die Blaustirnamazone. Horst Müller Walsrode, Bomlitz.

Lantermann, Werner (1998). Verhaltensstörungen bei Papageien. Ferdinand Enke, Stuttgart.

Lantermann, Werner (1999). Papageienkunde. Parey Buchverlag, Berlin.

Lantermann, Werner (2000). Graupapageien. Oertel und Spörer, Reutlingen.

Lantermann, Werner (2001). Agaporniden. Oertel und Spörer, Reutlingen.

Luft, Stefan (2001). Ihr Hobby Papageien richtig halten. Bede Verlag, Ruhmannsfelden.

Luft, Stefan (2001). Ihr Hobby Unzertrennliche Agaporniden. Bede Verlag, Ruhmannsfelden.

Nachweisbuch über Aufnahme, Erwerb, Besitz, Abgabe und Behandlung von Papageien und Sittichen. Landbuch Verlag, Hannover.

Pagel, Theo (1998). Loris. Freileben, Haltung und Zucht der Pinselzungenpapageien. Verlag Eugen Ulmer, Stuttgart.

Radtke, Georg A. (1994). Unsere Agaporniden. Kosmos Verlag, Stuttgart.

Radtke, Georg (1998). Nymphensittiche. Haltung, Zucht und Farbmutationen. Verlag Eugen Ulmer, Stuttgart.

Robiller, Franz (1990). Papageien Band 3. Mittel- und Südamerika. Verlag Eugen Ulmer, Stuttgart.

Robiller, Franz (1997). Papageien Band 2. Neuseeland, Australien, Ozeanien, Südostasien und Afrika. Verlag Eugen Ulmer, Stuttgart.

Robiller, Franz (2001). Papageien Band 1. Australien, Ozeanien und Südostasien. Verlag Eugen Ulmer, Stuttgart.

Schmidt-Röger, Heike (1999). Unzertrennliche Agaporniden. Augustus Verlag im Weltbild Verlag, München.

Sonnenschmidt, R., Wagner M. (1996). Vögel. Akupunktur, Homöopathie, Bach-Blütentherapie, Kinesiologie. Verlag Eugen Ulmer, Stuttgart.

Sonnenschmidt, R., Wagner M. (1997). Kraulschule für zahme Vögel. Verlag Eugen Ulmer, Stuttgart.

Spitzer, Karl Heinz (1992). Sperlingspapageien. Arten und Rassen, Haltung und Zucht. Verlag Eugen Ulmer, Stuttgart.

Strunden, Hans (1992). Alexandersittiche. Horst Müller Walsrode, Bomlitz.

Vins, Theo (1993). Wellensittiche. Kennen und Pflegen. Verlag Eugen Ulmer, Stuttgart.

Wolter, Annette (1999). Graupapageien. Graefe und Unzer, München.

Wolter, Annette (1999). Papageien richtig pflegen und verstehen. Graefe und Unzer, München.

Zeitschriften

Englische Zeitschriften

Auk, The, American Ornithological Union Montana Co-op Wildlife Research Unit, University of Montana, Missoula, Montana 59812, USA.

Avicultural Magazine, The Avicultural Society, c / o Bristol Zoo, Clifton, Bristol BS8 3HA, UK.

Grey Play Round Table, The, P.O.Box 190, Old Chatham, NY 12136-0190, USA.

International Parrotlet Society, The, P.O.Box 2428, Santa Cruz, Ca 95063-2428, USA.

Parrots (formerly Just Parrots), Imax Publishing Ltd, Unit B2, Dolphin Way, Shoreham-by-Sea, West Sussex BN43 6NZ, UK.

Pet Bird Report, The, 2236 Mariner Square Dr 35, Alameda, Ca 94501-1071, USA.

PsittaScene, The World Parrot Trust, Glanmor House, Hayle, Cornwall TR27 4HB.

Deutsche Zeitschriften

Gefiederte Welt, Verlag Eugen Ulmer, Postfach 70 05 61, 70574 Stuttgart.

Papageien, Thomas Arndt, Brückenfeldstr. 30, 75015 Bretten-Rinklingen.

Geflügelbörse, Verlag Jürgens GmbH, Postfach 1538, 82102 Germering.

AZ-Nachrichten

Verbandsorgan der AZ, siehe dort

Gefiederter Freund, Verbandsorgan der Exotis, Redaktion : Markus Lüscher, Kestenholzerstr. 6, CH-4628 Wolfwil.

Register

119

■ Bildquellen

Thorsten Schroer, Witten: Titelbild groß.
Juniors Bildagentur, Ruhpolding: Titelbild klein und Umschlagrückseite.
Die Zeichnungen fertigte Christiane Gottschlich, Berlin, nach Vorlagen aus der Literatur.

■ Impressum

Die Deutsche Bibliothek – CIP-Einheitsaufnahme
Ein Titeldatensatz für diese Publikation ist bei Der Deutschen Bibliothek erhältlich.
ISBN: 3-8001-3299-0

Haftung:
Autor und Verlag haben sich um richtige und zuverlässige Angaben bemüht. Fehler können jedoch nicht vollständig ausgeschlossen werden. Eine Garantie für die Richtigkeit der Angaben kann daher nicht gegeben werden. Haftung für Schäden und Unfälle wird aus keinem Rechtsgrund übernommen.

© 2001 Verlag Eugen Ulmer GmbH & Co.
Wollgrasweg 41, 70599 Stuttgart (Hohenheim)
E-Mail: info@ulmer.de
Internet: www.ulmer.de
Printed in Germany
Lektorat: Dr. Eva-Maria Götz
Herstellung & DTP: Ulla Stammel
Druck und Bindung: Georg Appl, Wemding

Wenn Sie mehr über Vögel...

Loris gehören zu den farbenprächtigsten und deshalb attraktivsten Papageien für den Vogelliebhaber. Aber sie sind anspruchsvolle Pfleglinge. Dieses Buch schafft für Liebhaber und Züchter von Loris die theoretische Grundlage für die Pflege, Haltung und Zucht dieser wunderschönen Papageiengruppe. So werden das Freileben in der Natur, Haltung und Zucht, Krankheiten, Verletzungen, Pflege, Gattungen und Arten dieser eindrucksvollen Papageiengruppe besprochen.
Loris. Freileben, Haltung und Zucht der Pinselzungenpapageien. T. Pagel. 2. Auflage 1998. 240 Seiten, 94 Fotos, 25 Zeichnungen, 13 Verbreitungskarten. ISBN 3-8001-7352-2.

Kanarienvögel gehören zu den beliebtesten Zimmervögeln. Wer sich für sie entscheidet, sollte vor dem Kauf über Fragen der Unterkunft, des Umfeldes, der Ernährung und Gesunderhaltung informiert sein. Auf all das gibt dieses Buch Antwort und hält Tipps und Hinweise für viele Probleme des Alltags bereit.
Kanarien. Hans Claßen. 2001. 96 Seiten, 53 Farbfotos, 16 Zeichnungen. ISBN 3-8001-3184-6.

In diesem Buch werden Agaporniden als farbenfrohe, kleine Papageien vorgestellt. Bevor man sich entscheidet, Unzertrennliche zu halten, sollte man einige Dinge im Vorfeld klären. Worauf es dabei ankommt, erfährt der Leser auf praxisbezogene Weise und mit vielen Tipps und Hinweisen.
Agaporniden. Unzertrennliche. Jörg und Renate Ehlenbröker, Eckhard Lietzow. 2001. 94 Seiten, 54 Farbfotos, 21 Zeichnungen. ISBN 3-8001-3152-8.

Dieses Buch beschreibt alles Wissenswerte über den Graupapagei: Gattungen, Haltung und Eingewöhnung, sowie Zucht, Zähmung und Krankheiten.
Der Graupapagei. Pflege, Zucht und Zähmung. Eine Chronik aus 100 Jahren. Wolfgang de Grahl. 8. Auflage 1991. 203 Seiten, 26 Farbfotos, 13 sw-Fotos, 13 Zeichnungen, 1 Verbreitungskarte. ISBN 3-8001-7249-6.

Papageien. Wolfgang de Grahl. 9. Auflage 1990. 293 Seiten, 141 Farbfotos, 63 sw-Fotos und Zeichnungen, 4 Übersichtskarten. ISBN 3-8001-7226-7.

...und deren Haltung wissen wollen.

Dieses Buch erklärt, wie man durch das Kraulen bestimmter Energiepunkte das Immunsystem gerade zahmer Vögel stimulieren, Streßsymptome reduzieren und bei vielen Krankheiten den Heilungsprozeß beschleunigen kann. Die Autorinnen nennen konkrete Behandlungsmethoden für 28 Krankheitsbilder, sollten doch einmal Krankheiten auftreten. Erfolgreich hierbei sind homöopathische Präparate, Heilkräuter, das Kraulen von Energiepunkten und die Farbbestrahlung.

Kraulschule für zahme Vögel. Rosina Sonnenschmidt, Marion Wagner. 1997. 126 Seiten, 70 Farbfotos, 12 Zeichnungen. ISBN 3-8001-6872-3.

Was muß man tun, wenn der Wellensittich, der Papagei oder die Zebrafinken krank sind? Das Buch vermittelt allen Ziervogelhaltern das nötige Basiswissen zur Erkennung und Einschätzung der häufigsten Krankheiten. Die wichtigsten werden besprochen und in Farbfotos gezeigt, um das Erkennen der Symptome zu erleichtern. Ein Kapitel über Erste Hilfe gibt Tipps für die richtige Behandlung von Vögeln in Notfallsituationen.

Ziervogelkrankheiten. D. Quinten. 1998. 127 Seiten, 65 Farbfotos. ISBN 3-8001-7379-4.

Die Naturheilkunde mit ihren seit Jahrhunderten erprobten und bewährten Heilmethoden spielt heute nicht nur in der Humanmedizin eine Rolle. Mit diesen ganzheitlichen Heilweisen haben sich auch für die Haltung von Vögeln und bei der Behandlung ihrer Krankheiten neue Wege und Lösungen aufgetan. Dazu werden hier erstmals die Naturheilverfahren der Akupunktur, Akupressur, Homöopathie, Bach-Blüten- und Farbtherapie sowie das Kinesiologische Testverfahren – allein auf Vögel bezogen – eingehend vorgestellt.

Vögel. R. Sonnenschmidt, M. Wagner. 1996. 158 Seiten, 36 Farbfotos, 53 sw-Abbildungen, 6 Tabellen. ISBN 3-8001-7332-8.

Für Graupapageien in Menschenobhut ist es besonders wichtig, dass sie ihrem natürlichen Verhalten entsprechend untergebracht und gepflegt werden. Viele Ideen und Tipps, wie Graupapageien untergebracht und beschäftigt werden können, sollen Besitzer von Graupapageien dazu ermutigen, ihren Vögeln das Leben abwechslungsreicher zu gestalten.

Graupapageien. D. Schratter. 2001. 94 Seiten, 53 Farbfotos, 21 Zeichnungen. ISBN 3-8001-3176-5.

Weitere Literaturempfehlungen...

Diese Monographie über die Papageien der Welt besteht aus drei Bänden. Sie beschreibt alle Papageienarten mit sämtlichen Unterarten, Verbreitung, Habitus und Lebensweise der Vögel, ihren Status in der Natur und in Menschenhand. Verbreitungskarten der Arten und Unterarten sowie eine tabellarische Kurzcharakteristik zu jeder Spezies dienen der schnellen Information. Ein weiterer Beitrag hilft, anhand von Gefiedermerkmalen verwandte Arten, Unterarten oder sogar Mischlinge eindeutig zu bestimmen.

Handbuch der Vogelpflege - Papageien. Bd. 1: Hygiene, Krankheiten, Brut und Aufzucht Papageienvögel Australiens, Ozeaniens und Südostasiens. F.Robiller. 2. Aufl. 477 S., 290 Farbf., 154 farb. Karten, 49 Strichzeichn. ISBN 3-8001-7485-5.

Handbuch der Vogelpflege - Papageien. Bd. 2: Neuseeland, Australien, Ozeanien, Südostasien, Afrika. F. Robiller. 1997. 464 S., 250 Farbf., 141 farb. Zeichn. u. Karten. ISBN 3-8001-7229-1.

Handbuch der Vogelpflege - Papageien. Bd. 3: Mittel- und Südamerika. F. Robiller. 1990. 504 S., 337 Farbf., 11 Farbzeichn., 137 Farbkarten. ISBN 3-8001-7207-0.

Wer Papageien und Sittiche art- und tiergerecht halten will, braucht Kenntnisse über die Lebensbedingungen, die Nahrung und das Sozialverhalten dieser Vögel. Ziel dieses vorzüglichen Buches ist es, dieses Wissen allgemeinverständlich zu vermitteln. Die Auswahl der vorgestellten Papageien und Sittiche bietet dem Anfänger einen Überblick, welche Arten besonders geeignet sind und leicht gepflegt werden können. Auch Fortgeschrittene werden von dem konzentriert dargebotenen Wissen profitieren.

Papageien und Sittiche. H. Pinter. 1997. 124 S., 101 Farbf., 17 Zeichn. ISBN-3-8001-7354-9.

Dieter Hoppe befaßt sich seit über zwei Jahrzehnten mit Sittichen und Papageien. Er hat zahlreiche Arten selbst gehalten und gezüchtet und kennt ihre heimatlichen Lebensräume. In seinen Büchern geht es ihm vor allem um den verantwortungsbewußten Schutz und um die Nachzuchtmöglichkeiten der durch Lebensraumveränderungen vom Aussterben bedrohten Papageienarten.

Sittiche und Papageien. D. Hoppe. 4. Aufl. 2000. 127 S., 49 Farbf., 21 Zeichn. ISBN 3-8001-3160-9.